苦干实干　三老四严

石油精神读本

周洪成　编著

中国石化出版社
HTTP://WWW.SINOPEC-PRESS.COM

内容提要

该书共分“石油精神总论”“革命年代的石油精神”“新中国建设初期的石油精神”“改革开放时期的石油精神”“新时代的石油精神”“石油精神的主要元素”“石油精神的经典故事”七章。全书系统梳理、全面总结提炼了石油精神的内涵，进一步丰富完善了石油精神的体系架构，不仅是百万石油职工的思想道德教育读本，也是全国产业职工新时期学习石油精神、大庆精神、铁人精神的重要文献资料。

图书在版编目（CIP）数据

石油精神读本 / 周洪成编著 .
—北京：中国石化出版社，2019.10（2023.8 重印）
ISBN 978-7-5114-5580-2

Ⅰ . ①石… Ⅱ . ①周… Ⅲ . ①报告文学—中国—当代
Ⅳ . ① I25

中国版本图书馆 CIP 数据核字（2019）第 234969 号

未经本社书面授权，本书任何部分不得被复制、抄袭，或者以任何形式或任何方式传播。版权所有，侵权必究。

中国石化出版社出版发行
地址：北京市东城区安定门外大街58号
邮编：100011　电话：（010）57512500
发行部电话：（010）57512575
http：//www. sinopec-press. com
E-mail：press@ sinopec. com
北京柏力行彩印有限公司印刷

*

710×1000 毫米　16 开本　22.25 印张　262 千字
2019 年 11 月第 1 版　2023 年 8 月第 6 次印刷
定价：49.00 元

序

石油精神礼赞

在全国各地亿万产业职工正在深入学习习近平总书记致大庆油田发现60周年的贺信，大力弘扬石油精神，自觉传承大庆精神、铁人精神，推动企业高质量发展之际，《石油精神读本》即将出版发行，实在是可喜可贺！

2019年9月26日，习近平总书记在致大庆油田60周年的贺信中鲜明指出："大庆精神、铁人精神已经成为中华民族伟大精神的重要组成部分。"早在2016年6月，习近平总书记作出重要批示，强调大力弘扬以"苦干实干""三老四严"为核心的石油精神，深挖其蕴含的时代内涵，凝聚新时期干事创业的精神力量。习近平总书记关于石油精神、大庆精神和铁人精神的重要指示，是新时代产业职工的行动指南和根本遵循，必须要深入学习宣贯，大力弘扬石油精神，自觉传承大庆精神、铁人精神，迅速把习总书记的重要指示精神转化为生动实践。

令人欣喜的是，在全国亿万产业职工认真学习习近平总书记致大庆油田60周年贺信之际，《石油精神读本》正式出版发行，有着十分重要的现实意义，这部书是新中国70年第一次系统梳理、全面总结提炼石油精神的内涵，进一步丰富完善石油精神的体系架构，不仅是百万石油职工的思想道德教育读本，也是全国产业职工新时期学习石油精神、大庆精神、铁人精神的重要文献资料，十分适合新时代党政干部与亿万优秀产业职工阅读，是正在开展的“不忘初心，牢记使命”主题教育组织党员干部集体学习不可多得的书籍，亦是高等石油院校为大学生设置政治教育课程的生动教材。

石油精神是宝贵精神财富。石油精神的灵魂在于对党忠诚、矢志报国。以“苦干实干”“三老四严”为核心的石油精神，是中国共产党人在推动伟大社会革命中创造的宝贵精神财富，是石油石化战线的立身之本、创业之魂，是整个中国工业战线精神层面的巍巍丰碑。无论过去、现在还是将来，我们都要传承石油精神、弘扬优良传统，凝聚广大职工干事创业正能量，不断开创改革发展新局面。

新时代催人奋进，新征程任重道远。新中国70年工业战线波澜壮阔的改革发展历程启示我们：改变历史的只能是坚定者、奋进者、搏击者。我们要以习近平新时代中国特色社会主义思想为指导，将石油精神、优良传统在新时代不断发扬光大，继续在新的长征路上艰苦奋斗、奉献奋进、开拓创新、攻坚克难，为实现“两个一百年”奋斗目标、实现中华民族伟大复兴的中国梦作出新的更大的贡献。

《石油精神读本》是历史上第一次把一代又一代中国石油人用智慧血汗铸就的石油精神做系统梳理总结、提炼，编著成书，字里行间浸透着编著者艰辛劳作的汗水。中国石化党建管理领域高级专家、中国能源化学地质工会兼职副主席周洪成组织带领各位专家潜心研究，乘机、驱车、搭船深入各大油田收集上千万字的资料，行程达50多万千米，历时近两年，终于将这部融理论性与史料性于一炉的精品佳作呈现在广大读者面前。中国石化、中国石油、中国海洋石油、延长石油有关部门对这部书的编写工作给予大力支持，分别把各个年度的年鉴、工作报告等史料毫无保留地提供给编著者参考，组织召开近20个由领导、老石油、劳模、专家参加的座谈会议和专题研讨会议，广泛征求各个方面的意见、建议。尤为感人至深的是，本书编著者正是用“苦干实干”“三老四严”为核心的石油精神来精心锻造《石油精神读本》，为搜集第一手资料，他们乘坐直升机置身于波涛汹涌的深海钻井平台上采访一线工人，炎炎夏日里驱车两千多千米深入到塔克拉玛干沙漠腹地塔中1井实地采集珍贵史料，在大庆精神、铁人精神的发源地大庆油田一住就是两个礼拜，与“新时期铁人”、国家荣誉称号获得者王启民进行长达4个多小时的访谈，遍访大庆油田近百个井站。数不清有多少个日日夜夜，他们在办公室通宵达旦地鏖战，困了就伏在办公桌上小憩片刻，之后坚持连续作战，饿了泡一盒方便面充饥，接连数十小时不停地敲击键盘、翻阅史书，手指磨得肿疼难忍，只得打上一盆热水烫一烫僵硬的手指，喝一杯浓酽的咖啡，继续伏案笔耕不辍，编著者本人正是用顽强拼搏的铁人精神，用自己怀抱石油工业的一腔滚烫情怀，奉献一曲以颂扬石油精神为主题感天动地的磅礴交响。历史不会忘记编著者的辛勤耕耘。

是为序。

中国能源化学地质工会全国委员会主席 

2019年10月27日

目录

第一章

石油精神总论

习近平总书记一贯高度重视民族精神、革命精神的强大精神力量，他在重要讲话中强调指出："精神是一个民族赖以长久生存的灵魂，唯有精神上达到一定的高度，这个民族才能在历史的洪流中屹立不倒、奋勇向前。"要深入学习习近平总书记系列重要指示批示，深刻领会精神力量、理想信念对一个人、一个企业乃至一个国家、一个民族的重要作用，自觉燃旺精神之火，鼓足奋斗之气，接过历史的"接力棒"，走好新时代的长征路。

关于石油精神的精髓，习近平总书记于2016年6月作出的大力弘扬以"苦干实干""三老四严"为核心的石油精神的重要批示中，高度概括石油精神的精髓，饱含着对石油石化工业发展的厚望，充分体现对石油人、石化人的亲切关怀。石油精神形成于火热的建设年代，鼓舞着全国人民，激励着各行各业，是石油石化战线立身之本、创业之魂，成为激励全国亿万产业工人永远奋斗的强大精神动力。大力弘扬石油精神，首先要深化对国有企业强根固魂的认识，切实增强贯彻落实习近平总书记重要指示批示精神的思想自觉、行动自觉，奋力推动习近平总书记重要指示批示精神落地生根，迅速转化成推进央企高质量发展的生动实践。

2019年9月，习近平总书记在致大庆油田发现60周年的贺信中鲜明指出："大庆精神、铁人精神已经成为中华民族伟大精神的重要组成部分。"对石油精神、大庆精神和铁人精神如何传承与弘扬，习近平总书记提出更高的要求。

关于大庆精神的精髓，要深刻挖掘其形成背景与深厚积淀。大庆精神的主要内涵是：

爱国——为国争光、为民族争气的爱国主义精神。

创业——独立自主、自力更生的艰苦创业精神。

求实——讲究科学、"三老四严"的求实精神。

奉献——胸怀全局、为国分忧的奉献精神。

1964年4月20日，《人民日报》刊发的长篇通讯《大庆精神大庆人》中明确指出：大庆精神，就是无产阶级的革命精神。大庆人，是特种材料制成的人，是用无产阶级崇高精神武装起来的人。这种精神、这种人，正是我们学习的崇高榜样。长篇通讯《大庆精神大庆人》第一次提出大庆精神这一概念。1964年2月，毛泽东同志发出"工业学大庆"号召。1978年9月，邓小平同志第三次视察大庆油田，作出"发扬大庆精神，建设美丽的大庆油田"的重要指示。

1981年12月18日，中共中央转发国家经委党组《关于工业学大庆问题的报告》，以中央文件的形式肯定了国家经委党组对大庆精神的概括，即发愤图强、自力更生，以实际行动为中国人民争气的爱国主义精神和民族自豪感；无所畏惧、勇挑重担，靠自己双手艰苦创业的革命精神；一丝不苟、认真负责、讲究科学、"三老四严"、踏踏实实做好本职工作的求实精神；胸怀全局、忘我劳动、为国家分担困难、不计较个人得失的献身精神。

1990年2月，江泽民同志到大庆油田视察工作，高度评价大庆精神，并把大庆精神概括为"为国争光、为民族争气的爱国主义精神；

独立自主、自力更生的艰苦创业精神；讲究科学、'三老四严'的求实精神；胸怀全局、为国分忧的奉献精神"，简述为"爱国、创业、求实、奉献"八个字。

1998年8月、2006年6月，胡锦涛同志先后两次到大庆油田视察工作，充分肯定大庆人的奋斗业绩，高度评价大庆精神，希望大庆油田"珍惜大庆光荣史，再创大庆新辉煌"。

2009年9月，在庆祝大庆油田发现50周年之际，习近平同志亲临大庆油田视察工作，高度评价大庆油田的贡献，作了重要讲话："大庆油田的开发建设，铸就了以'爱国、创业、求实、奉献'为主要内涵的大庆精神和铁人精神，造就了一支敢打硬仗、勇创一流的优秀职工队伍，涌现了铁人王进喜、'新时期铁人王启民'等不少在全国很有影响的先进典型，形成了团结凝聚百万石油人的强大精神动力，集中体现了中国工人阶级的崇高品质和精神风貌。大庆精神、铁人精神已经成为中华民族伟大精神的重要组成部分，永远是激励中国人民不畏艰难、勇往直前的宝贵精神财富。"

关于铁人精神的精髓，就是"爱国、创业、求实、奉献"的大庆精神的典型化体现和人格化浓缩，是中华民族伟大精神的重要组成部分，主要包括："为祖国分忧、为民族争气"的爱国主义精神；为早日把中国石油落后帽子"甩到太平洋里去""宁可少活20年，拼命也要拿下大油田"的忘我拼搏精神；干事业"有条件要上，没有条件创造条件也要上"的艰苦奋斗精神；"要为油田负责一辈子""干工作要经得起子孙万代检查"，对工作精益求精，为革命"练一身硬功夫、真本事"的科学求实精神；不计名利、不计报酬、埋头苦干的"老黄牛"精神。

关于"石化传统"的精髓，就是以"求真务实、精细严谨、家国情怀"为主要内涵的优良传统。石化战线广大职工传承和发展石油精神，始终以“苦干实干”“三老四严”为基本要求，坚定“爱我中华、振兴石化”，“为美好生活加油”的使命担当，形成了以“求真务实、精细严谨、家国情怀”为主要内涵的石化传统，锻造出以志存高远、质朴厚重、奉献奋进为鲜明特征的优秀企业文化，这是石化人的性格和气质，是石油精神在石化战线的传承、弘扬与发展创新。

弘扬石油精神薪火相传，践行初心使命勇挑重担。新时代要认真学习贯彻习近平总书记关于大力弘扬石油精神的重要批示指示精神，深入解析与传承、展示与弘扬伟大石油精神，迅速把习近平总书记的重要批示指示精神转化为攻坚克难、干事创业的生动实践。在新时代的伟大征程中，要实现高质量发展，我们需要从红色精神谱系中汲取强大精神力量，大力传承石油精神、大庆精神和铁人精神，弘扬石化传统，引导广大职工永葆干事创业、真抓实干的激情，永葆谦虚谨慎、艰苦奋斗的作风，不断夯实、筑牢应对挑战、推动发展的共同思想基础和艰苦奋斗的巍巍精神支柱。

第一节　大力弘扬石油精神的重要意义

石油工业因精神而矗立，靠精神而恒久。

打开璀璨耀眼的红色精神谱系，井冈山精神、长征精神、延安精神、雷锋精神、大庆精神、两弹一星精神、改革开放精神、铁人精神、石油精神宛如一颗颗星辰熠熠生辉，石油工业正是因石油精神而巍然矗立。石油精神薪火相传、历久弥新，厚植中国石油文化优势。新时代更需要坚持用石油精神育人铸魂，加强思想理论武装，真正使石油精神入脑入心、真信笃行。大力弘扬石油精神要与推动企业高质量发展相结合，用石油精神凝聚起新时代石油石化工业腾飞的羽翼。

中国石油工业的发展史，既是一部艰苦创业奋斗史，也是一部优良传统传承史。石油会战期间，面对极端艰苦的生产生活条件，老一辈石油人发扬“宁可少活二十年，拼命也要拿下大油田”“有条件要上，没有条件创造条件也要上”的顽强拼搏精神，在艰苦奋斗、拼搏奉献中培育了“严细实”的优良作风，形成了“三老四严”“四个一样”的光荣传统，孕育了大庆精神、铁人精神。中国石化成立以来，在继承大庆精神、铁人精神的基础上，形成的“爱我中华、振兴石化”的企业精神和“精细严谨”的管理特色，成为石油石化传统的重要内涵。2016年6月，习近平总书记作出重要批示，强调石油精神是攻坚克难、夺取胜利的宝贵财富，什么时候都不能丢。要大力弘扬以“苦干实干”“三老四严”为核心的石油精神，深挖其蕴含的时代内涵，凝聚新时期干事创业的精神力量。2019年9月26日，习近平总书记在致大庆油田发现60周年的贺信中指出：大庆精神、铁人精神已经成为中华民族伟大精神的重要组成部分。习近平总书记的重要指示批示，充分体现了对石油石化人的亲切关怀，饱含着对石油石化工业的厚望，深刻揭示了“物质变精神、精神变物质”的辩证法，向我们发出了不忘初心、牢记使命、永远奋斗的动员令。我们要增强“四个意识”、坚定“四个自信”、做到“两个维护”，大力弘扬大庆精神、铁人精神，大力传承石油精神、弘扬石化传统，以强烈的奉献精神和奋进姿态走好新时代的长征路，加快实施“两个三年、两个十年”打造世界一流战略部署，为实现中华民族伟大复兴中国梦作出更大贡献。

大力传承石油精神、弘扬石化传统，是坚持党的领导、牢记初心使命的迫切需要。习近平总书记在庆祝改革开放40周年大会上说，信仰、信念、信心，任何时候都至关重要。小到一个人、一个集体，大到一个政党、一个民族、一个国家，只要有信仰、信念、信心，就会愈挫愈奋、愈战愈勇，否则就会不战自败、不打自垮。石油精神和石化传统是石油石化人信仰、信念、信心的集中体现，是我们攻坚克难、夺取胜利的强大精神力量。各级党组织要提高政治站位，深刻理解习近平总书记一系列重要指示批示精神的内涵与实质，做到融会贯通、系统把握，增强传承石油精神、弘扬石化传统的思想自觉和行动自觉。特别是要从关系企业长远发展、实现基业长青的高度，充分认识传承石油精神、弘扬石化传统的重要意义，用石油精神激发奉献之志，用石化传统凝聚奋进之力，服从服务于国家发展战略，坚定不移走中国特色现代国有企业发展壮大之路。

传承使命担当作为，汲取力量继续奋斗。要对新中国70年来石油精神内涵全面、系统地进行深入挖掘与总结、解析与阐释、梳理与提炼、展示与弘扬、传承与发展，进一步丰富完善石油精神整体的体系架构，赋予石油精神崭新的时代内涵，从而催化伟大的石油精神迸发出无穷的磅礴力量，鼓舞人、启迪人、升华人。习近平总书记关于“石油精神”的重要指示批示，代表着新时代石油精神的发展方向，代表着石油精神研究的最新高度，要深刻领会其中所蕴含的真理力量、闪耀的思想光芒、彰显的实践伟力，务必在学懂弄通上下硬功夫，在创造性贯彻落实上下硬功夫，这是石油战线广大职工奋力推进企业实现高质量发展的根本遵循与行动指南。要始终把学习贯彻习近平总书记重要讲话、贺信和指示批示精神作为首要政治任务，以此武装自己的头脑，切实做到入心入脑、真信笃行，筑牢石油石化铁军的思想基础。大力弘扬石油精神要融入企业党建中，坚持用石油精神育人铸魂，推动全面从严治党有效落实。切实把大力弘扬石油精神与持续深化改革创新相结合，着力增强企业发展动力活力。切实把大力弘扬石油精神与推进高质量发展相结合，进一步提升保障国家能源安全的能力。因此，要深刻认识大力弘扬石油精神的重大历史意义，充分了解伟大石油精神为我国石油工业和经济社会发展做出的巨大贡献，坚定不移地传承宝贵精神，使之薪火相传、历久弥新，发挥厚植于中国石油文化的极其强大优势。与此同时，更要深刻认识大力弘扬石油精神的重大现实意义，更加精确理解和把握石油精神的核心要义，不断深挖新的时代内涵，确保石油精神在新时代大力弘扬传承中得到进一步的丰富和发展，在新时代实现新发展。

石油精神是干出来的。越是发展的关键期，越需要精神的力量，而传承则是对石油精神最好的致敬。“苦干实干”“三老四严”是我们石油人的传家宝，绝不能丢；为国分忧、产业报国、为油而战，是一代代石油石化人对党的初心使命的具体实践，绝不能忘。中国石油工业铸就一个又一个辉煌的业绩，靠的就是坚定不移、对党忠诚的政治信念，靠的就是产业报国的家国情怀，靠的就是改革创新的开拓精神，靠的就是精细严谨的优秀品格，靠的就是“聚是一团火、散是满天星”的使命担当，靠的就是“严细认真、负责到底”的工作作风。石油精神是石油战线独特精神文化优势的集中体现，在石油工业发展的不同阶段都发挥了重要作用。大力弘扬石油精神，是石油石化行业必须要答好的政治答卷，是牢记使命、持续奉献奋进的强大动力，是保障能源安全、建设世界一流企业的现实需要。没有先进的思想，就不可能有创新的实践。当前，面对时代需求和可持续高质量发展需要，迫切需要从石油精神中寻找智慧、汲取力量，迫切需要强化观念转变，强化开放心态，在更大的社会平台上创造价值，在经济社会发展中体现央企作为。

大力弘扬石油精神，永葆对党忠诚的坚定信念，切实强化“永远听党话跟党走”的政治自觉，是国有企业的政治属性要求。进入新时代，大力弘扬石油精神，首要的就是继承发扬老一辈石油人听党话、跟党走的坚定信念，始终把坚持党的领导、加强党的建设贯穿企业改革发展全过程。永葆产业报国的家国情怀，坚定扛起“我为社国献石油”的责任担当，是党的初心使命在石油石化系统的具体实践。永葆改革创新的开拓精神，积极响应“培养具有全球竞争力的世界一流企业”的动员号召，是推动石油石化行业不断发展的强大动力。永葆精细严谨的政治品格，坚决强化从严管理、规范管理，是石油石化人一以贯之的工作准则。永葆求真务实的科学态度，始终坚持“一切从实际出发”的思想路线，是石油石化人用科学理论指导实践的宝贵经验。

激发奉献之态，凝聚奋进之力。要通过引导广大职工深化学习石油精神内涵，唤醒传统意识，回归优良传统，自觉做石油精神的传承者、践行者，用石油精神引领主题教育走深走实、引领党建工作质量提升、引领企业实现高质量发展。“我为祖国献石油”不是抽象的而是具体的，不是固化的而是发展的，是在一个目标接一个目标的接续奋斗中实现的。新时代大力弘扬石油精神，要把调动广大职工“我为祖国献石油”的积极性、主动性、创造性放在重要位置，使“我为祖国献石油”不仅仅停留在口头上，而是与每一名石油人的使命感、荣誉感、幸福感直接相关，成为每个人发自内心的行动自觉，永远保持老一代石油人产业报国的家国情怀，永远保持对党忠诚的坚定信念，更好履行“我为祖国献石油”的神圣职责，全力保障国家能源安全。

大力弘扬石油精神，增强“我为祖国献石油”的使命感，坚持以保障国家能源安全为首要任务。国内油气对外依存度攀升、大国政治博弈以及行业竞争加剧的新形势，要求我们必须进一步贯彻落实好习近平总书记关于加大国内油气勘探开发力度的重要指示批示精神，切实增强危机感和紧迫感，更加坚定信心，振奋精神，主动作为，牢牢把握发展的主动权。

要认真研判形势，认清国家油气对外依存度攀升的严峻势态。当前我国原油和天然气对外依存度持续攀升，2018年原油对外依存度已经达到70%左右，天然气对外依存度超过40%。习近平总书记高度关注能源安全问题，在2014年提出的“四个革命、一个合作”的能源安全新战略，从全局和战略的高度指明了保障我国能源安全、推动我国能源事业高质量发展的方向和路径。这一战略强调，要还原能源产品的商品属性，构建有效竞争的市场结构和市场体系。近年来，国内油气行业全产业链的市场化改革日益向纵深推进，“放开两头、管住中间”的市场化改革取得重要突破，油气市场竞争日趋激烈。种种迹象表明，国内油气产业将迎来市场竞争全面升级的新时代。在全新的市场环境下，国内油气产业要做好与国际石油巨头和各类所有制企业同场竞技的准备。如何尽快适应市场环境变化，加快转变经营机制，优化产品结构，延伸产业价值链和提高产品附加值，以及在更大范围、更深层次践行对外合作，成为摆在我国石油人面前的重要课题。现阶段石油人改革创新、奋勇开拓的发展历程，生动传承和诠释了“苦干实干”“三老四严”的石油精神的核心要义，更以讲求合作共赢、追求质量效益、专业化发展等新发展理念，进一步丰富和拓展了“我为祖国献石油”的精神内涵。习近平总书记指出，当今世界正处于百年未有之大变局。世界各国对未来科技主导权的竞争，必将对世界政治经济发展和格局重塑带来深远影响。要勇于接受国际形势新变化对国内油气产业可持续发展的新挑战，打破惯性思维，创新工作方法，强化自主创新能力建设，着力解决技术“卡脖子”问题，采取革命性手段解决制约增储上产瓶颈问题，努力实现高质量高效益的增储上产目标。

大力开展传承石油精神专题教育，意义深远。石油精神是新中国社会主义建设时期广大石油工人报效祖国、舍身忘我、战天斗地过程中形成的宝贵精神财富，是石油人用热血、汗水和忠诚浇铸的一座不朽的丰碑，是指引和激励石油铁军矢志报国、奋发有力、干事创业的精神宝典，是一代又一代石油工人接力奋斗的文化积淀，是石油石化战线的立身之本、创业之魂，也是国有企业核心竞争力和独特文化优势的高度浓缩与凝炼。进入新时代，中国石油石化产业正处于转型升级、爬坡过坎的关键时期，推动石油工业高质量发展，建设世界石油工业强国，越发需要优秀精神文化的支持，需要培养大批新时代具有“铁人精神”的干部职工，需要“筑牢信仰之基、补足精神之钙，把稳思想之舵”。大力弘扬铁人精神，要真正做到“四铁”标准，“四铁”即：“铁志守初心，铁肩担使命，铁纪严要求，铁心跟党走。”大力弘扬石油精神，务必要自觉提高政治站位，迅速把习近平总书记关于石油工业的重要指示批示精神转化为广大职工干事创业的生动实践。当前，紧迫的政治任务是以石油精神对广大职工进行深刻有效的思想洗礼、灵魂净化、作风锤炼，塑造共同价值观。要加强教育引导，把石油精神纳入党委中心组学习、党支部“三会一课”、培训课程、职工岗前学习等范畴，作为日常思想教育的一部分，实行常态化运行，尤其要做好新入职青年职工传统教育，植入优秀基因，扣好职业生涯“第一粒扣子”。要把“学”和“改”有机结合起来，深入开展“在优良传统上我们丢掉了什么，对比先进典型我们缺少什么”大讨论，切实把思想上作风上的问题找准找实，做到边学边改、学用结合。要坚持典型引路，高唱新时代奋斗者之歌，学习好宣传好先进人物的事迹，讲好新时代铁人、时代楷模、劳模工匠等各类典型故事，发挥好示范引领作用。各级党组织要注重把石油精神人格化、形象化，深入发掘本单位“苦干实干”、“三老四严”、敬业奉献、矢志报国的先进典型，用身边生动感人的典型影响人、带动人、鼓舞人，引导扩大职工永葆艰苦奋斗、干事创业的旺盛斗志。

新时代弘扬伟大的石油精神，首先要认真学习、深刻领会习近平总书记对石油精神、大庆精神、铁人精神做出的重要指示批示精神。习近平总书记的重要讲话、贺信和指示批示，充分体现了对石油石化人的亲切关怀，向广大职工发出了不忘初心、牢记使命、永远奋斗的动员令。每一名石油石化人都要倍感自己肩头责任重大、使命光荣，要更加深刻地认识中国石油石化工业在党和国家事业发展中的地位和作用，更加坚定地牢记和践行初心使命，更加积极地服从服务国家战略，自觉从大庆精神、铁人精神中汲取营养、自觉传承石油精神，凝聚干事创业强大力量，以打造世界一流能源企业、建设世界能源强国的实际行动做到“两个维护”。

《石油精神读本》正是认真学习、深刻领会习近平总书记关于石油精神重要指示批示精神的一本辅助性读物。该书共分“石油精神总论”“革命年代的石油精神”“新中国建设初期的石油精神”“改革开放时期的石油精神”“新时代的石油精神”“石油精神的主要元素”“石油精神的经典故事”七章，附加四则经典文献资料作为“附录”部分呈现给广大读者，分别是“1964年4月20日《人民日报》长篇通讯《大庆精神大庆人》”“1966年铁人王进喜在全国工业交通工作会议和全国工业交通政治工作扩大会议上的发言《宁肯少活二十年 拼命也要拿下大油田》”“《石油之子——记‘新时期铁人式好工人’王为民》”“新时期铁人王启民同志在1997年在人民大会堂举行的的王启民先进事迹报告会上的发言《宁肯把心血熬干 也要让油田稳产再高产》”。全书七个篇章，加上附录在书中的四则经典文献资料，构成《石油精神读本》的“四梁八柱”，进一步丰富完善了石油精神的体系架构。

回顾发展历程，我们就会发现，新中国石油石化工业的发展与党和国家的命运紧紧联系在一起。在石油工业方面，1949年年底，全国只有8台浅井钻机，40多名石油技术人员，原油产量(不包括台湾)只有12万吨，其中天然油7万吨，人造油5万吨。到2018年，原油产量达1.92亿吨，是建国初期原油年产量的1600倍。新中国成立伊始，国内石油供应尚不足国家建设需求量的10%，国际上又遭到帝国主义“石油禁运”的封锁，石油工业被称为最薄弱的环节。“一五”计划结束时，用于进口油品的外汇花费占了第一位。在这种情况下，老一辈石油人听从党的召唤，始终怀着一颗为国分忧的赤子之心，战天斗地、人拉肩扛，艰苦奋斗、为国找油，走出了一条独立自主的中国特色石油工业发展之路。大庆油田、克拉玛依油田、胜利油田相继投入勘探开发，一个又一个重要石油生产基地横空出世。在石油炼制方面，1949年全国原油加工能力仅为17万吨，当年实际加工原油11.6万吨，石油产品只有12种，汽油、煤油、柴油、润滑油等4大类产品的产量仅为3.5万吨，当时国内消费的石油产品90%以上依赖进口，远远不能满足国民经济发展的需要。早在1960年2月20日，中共中央批准石油部提交的报告，大庆石油会战由此正式开始，铁人王进喜等老一辈石油人，怀着为国分忧、为民族争气的雄心壮志，在极端困难的条件下，人拉肩扛运钻机，破冰取水保开钻，高速度、高水平地拿下了大油田，一举把祖国贫油的帽子“甩到了太平洋里”，并孕育形成了大庆精神、铁人精神。1959年年底，全国石油产品销售量为504.9万吨，其中自产原油仅有205万吨，自给率为40.6%。到了1963年，全国原油产量达到647.8万吨，其中大庆油田年产量达439.3万吨，占全国原油产量的

67.8%。1963年12月4日，周恩来总理在第二届全国人民代表大会第四次会议上郑重宣布："我国需要的石油过去绝大部分依靠进口，现在已经可以基本自给了。"大庆油田从此横空出世，举世闻名，一举打破了中国是"贫油国"的论调。1963年12月26日，《人民日报》又在头版头条发表重要新闻："中国人民使用'洋油'的时代，即将一去不复返了。"在基础薄弱、技术落后、人才紧缺等艰苦条件下，引进苏联的炼油技术和设备，以1958年在兰州建成年加工100万吨原油的兰州炼油厂为标志，中国初步拥有了现代化的炼油工业。20世纪60年代初，大庆油田开发和胜利油田等新油田的陆续发现，为石油炼制工业奠定了物质基础，原油年产量跨上了千万吨级台阶。这时候，面临苏联停止援助和美国的技术封锁，国家果断决策要在自力更生的前提下发展炼油工业，掀开了中国炼油技术发展全新的一页，到1978年原油年加工能力超过了1亿吨，轻质油品基本满足了当时国民经济的需求。在石油化工方面，为了迅速改变旧中国遗留下来的一穷二白的落后面貌，党和国家立足中国人口多、耕地少的实际，从解决几亿人民吃饭穿衣这个头等大事出发，在积极发展化肥工业的基础上，适当发展酸、碱、橡胶、染料等工业。第一个五年计划建设期间，化工产品产量成倍增长，产品品种从1952年的460多种增加到1957年的1400多种。但由于基础薄弱、原料缺乏，石油化工仍处于落后状态，远远不能满足工业、农业、国防和人民生活的需要。20世纪60年代，石油化工工业开始起步，提出以自力更生为主、争取外援为辅的方针，中国石化工业艰难地向前推进。1978年，中国原油产量达到1亿吨，如何用好这笔财富、提高经济效益、增加国家财政收入，成为关系国民经济发展的重大战略问题。1981年，国务院领导几次提到充分利用石油资源、发展石油化工综合利用、提高经济效益的问题。1983年2月，党中央下发中发

〔1983〕7号文件，决定正式组建中国石化总公司，对国内原来分属石油部、化工部、纺织部等部门管理的炼油、石油化工和化纤企业，实行产供销、人财物、内外贸集中领导、统筹规划、统一管理。为成立一个公司由党中央直接发文，这是前所未有的。1983年7月12日，中国石化总公司在北京正式成立。因此，中国石化从成立之时起就肩负着国家的希望和民族的重托，把祖国的需要和发展当成自己义不容辞的责任。正是老一辈石油石化人在最困难的年代、在国家最需要的时期，肩负为国分忧的责任，依靠“革命加拼命”的实际行动，通过长期的艰苦奋斗和拼搏奉献，在实践中孕育形成了石油精神和石化传统，并激励着一代代石油石化人自力更生、奋发图强，相继开发了一个又一个大油田，建设了一个又一个炼化企业，建立了完整的现代石油石化工业体系，为国家提供了大量的石油、天然气和石化产品，为国民经济和社会发展、国防建设以及人民生活改善作出了重要贡献。

经过36年的发展，中国石油石化工业从无到有、从小到大、从弱到强，中国石化连续9年位列《财富》世界五百强前五，2019年中国石化跃居世界五百强第2位，中国石油名列第4位，中国海洋石油位于63位，2018年全国原油产量达到1.92亿吨。中国从一个依赖“洋油”“洋布”的国家发展成为位居世界前列的石油石化大国。今后，中国石化要继续成为党和人民可以信赖和依靠的“大国重器”，就要大力传承石油精神、弘扬石化传统，牢记“中国石化生来为党为国家为人民”的初衷，服从服务于国家战略，把忠诚、担当、奉献、奋进作为座右铭，保持“朝受命、夕饮冰，昼无为、夜难寐”的斗志，把个人的奋斗梦想、公司的发展愿景融入“为中国人民谋幸福、为中华民族谋复兴”的初心和使命中，坚定不移在党的领导下走中国特色现代国有企业发展壮大之路。中国海洋石油人近40年来战天斗海、奋勇开拓的艰苦创业历程，生动传承和诠释了苦干实干、三老四严的“石油精神”的核心要义，更以讲求合作双赢、追求质量效益、专业化发展等新发展理念，进一步丰富和拓展了“我为祖国献石油”的精神内涵，汇聚起新时代全体海油人能源报国的强大精神力量。中国海洋石油铁军坚持“引进来”，从合作促进发展到发展引领合作，不断放大国有资本功能；坚持“走出去”，在“一带一路”沿线参与国际能源合作，勇担央企责任使命。当前，中国海洋石油集团有限公司在世界5大洲45个国家和地区开展能源合作，建立海外油气生产基地，不断提高油气资源保障能力和综合实力，海外油气勘探开发业务涉及20多个国家和地区，勘探作业面积近6万平方公里，掌控石油探明可采储量达19亿桶及大量油砂和页岩油气资源，在大西洋两岸发现了数十亿吨级的“世界级”油田及油气构造。

大力传承石油精神、弘扬石化传统，是打造世界一流的迫切需要。中国经济已由高速增长阶段转向高质量发展阶段，正处在转变发展方式、优化经济结构、转换增长动力的攻关期。中国石化既面对着发展的机遇期，也面临多方面的困难和风险。从国际环境看，中美经贸摩擦是影响中国经济社会发展的最大变数。国有企业特别是中央企业作为中国国民经济的重要支柱，在经贸摩擦中必然受到影响。从国内改革开放来看，中国将深化市场化改革、扩大高水平开放，加快建设现代化经济体系，公司所处的能源化工行业将进入优胜劣汰的新阶段。特别是，国家正在酝酿改革成品油定价机制，可能显著压缩炼油毛利空间，部分炼油企业将由盈转亏，一些企业甚至出现边际贡献为负；2020年起《外商投资法》及其配套政策将正式实施，一些跨国公司纷纷入场，将进一步推动国内化工产能增长，部分高附加值产品也将面临过剩风险。从炼化产业竞争态势来看，近年来，各类资本纷纷涌入炼化产业，加上国内成品油需求增速放缓、化工景气周期下行、中美经贸摩擦等因素叠加影响，产能过剩问题更加突出，行业格局面临深刻调整，全方位、全产业链竞争态势加速升级明显。比如，一批大型炼化一体化项目规划建设或建成投产，这些项目在规模、技术、装备等方面具有比较优势，将深度重构现有的供需平衡、市场流向，进一步挤压小规模高成本企业的生存发展空间。从科技创新发展趋势来看，当前，全球科技创新进入空前密集活跃的时期，新一轮科技革命和产业变革正在重构全球创新版图、重塑全球经济结构，一些颠覆性技术可能引发能源化工行业变革。当前公司资产主要分布于传统产业，亟须在新能源、新材料、新业态等新兴领域加快布局，亟待运用融合机器人、数字化、新材料等先进制造技术推进传统产业向智能化、绿色化转型。如果我们与前沿性技术失之交臂，就会严重影响转型升级、新动能接续，甚至可能在未来市场竞争中提前掉队。从发展后劲看，油气资源接替不足，原油硬稳定、天然气上产压力较大；产业结构调整任务艰巨，转型升级面临不少挑战；人工成本持续攀升，劳动生产率仍然偏低。

越是发展的关键期，越需要精神的力量。面对“两个三年、两个十年”打造世界一流战略部署，面对“第一个三年”时间已经过半的实际，当前，中国石化要实现决胜全面可持续发展、迈向高质量发展、打造世界一流，就要大力传承石油精神、弘扬石化传统，发扬“有条件要上，没有条件创造条件也要上”的实干精神，抢抓机遇，攻坚克难，敢于竞争，推动公司发生根本性变革、实现历史性跨越，早日实现更高水平的“振兴石化”。

大力传承石油精神、弘扬石化传统，是加强队伍建设的迫切需要。石油精神和石化传统激励着一代代石化员工砥砺奋进，不懈奋斗。但目前在一些单位和干部员工中，还存在石油精神和石化传统有所淡化弱化的现象。

光辉的事业需要思想统一、步调一致、行动有力的干部员工队伍。解决当前队伍思想和作风建设中存在的问题，就要坚定不移将石油精神和石化传统发扬光大，善于从优良传统中吸收养分、汲取力量，强根魂、壮筋骨、扬正气，始终保持政治本色不变、优良传统不丢、奋斗精神不减，锻造政治坚强、本领高强、意志顽强的高素质专业化干部队伍，培育一支敢打硬仗、勇创一流、敬业奉献的员工队伍，敢于担当、勇于作为，破解前进道路上的一道道难题，不断开创改革发展的新局面。

我们只有大力传承石油精神、弘扬石化传统，植入优秀基因，培育先进文化，提升精神风貌，坚持高标准、严要求，从细处入手，向实处着力，一环扣一环地抓工作，一步一个脚印地干事业，才能增强凝聚力、向心力和战斗力，才能过得硬、打得赢，才能做出经得起实践和历史检验的实绩。

第二节　石油精神的形成背景与厚重历史积淀

历史车轮滚滚向前，精神大潮浩浩荡荡。

进入新时代，研究石油精神的形成背景与厚重历史积淀，既不能妄自菲薄，也不可坐井观天，要有世界眼光、国际视野，更要抱着历史唯物主义的科学态度，放在人类历史长河的座标系上观察石油梦的形成与演变，切不可用极其狭隘、近视的目光对待石油精神研究工作。

把时光的长镜头摇到一百多年前，沉重的历史背后暗藏着一条人类社会的发展规律——能源驱动着人类文明的进程。1859年，从美国小镇泰特斯维尔肇始的现代石油工业，如风暴一般席卷世界各地，从根本上改变了人类的生产、生活方式。石油，不仅是现代工业经济的血液，也是影响当今世界政治格局的重要因素。很明显，人类社会控制权既来自成桶的石油，也来自信息技术革命产生的大数据，对个人、企业和整个国家来说，石油仍一如既往是财富的滚滚源泉，是关乎国家能源安全的重要战略物资。二战时期“三巨头”之一的罗斯福总统的一句关于石油的话，依然放之四海而皆准，他说：“石油简直就是金钱的化身。”中东海湾地区爆发的一场名为“沙漠风暴”的大规模战事，导火索便是石油。战况异常惨烈的伊拉克战争，仍然是“石油”惹的祸。如今，美国人依然丝毫没有减退对石油的青睐，依然伴随着《美利坚石油波尔卡》和《石油热潮急行曲》的旋律翩翩起舞，曾风靡一时的《脑中的石油》《石油之光》等摇滚歌曲，再度卷起乐坛旋风。

世界自有各式油脂，鱼肝油、海狸脂散发清香，
能使病人摆脱痛苦，不再卧病床上；
然而，我们创出了奇迹，获得了一孔深井，
人人都为深井冒出的石油如痴如狂。
有个邻居史密斯，贫穷的年轻人一文不名，
他的衣服补丁摞补丁，严冬中挡不住阵阵风寒。
可现在他花里胡哨真时髦，戴着钻石戒指、羊皮手套，摇着手杖，
要问这一切哪里来？
石油对他吉星高照。

石油能改变史密斯那样一个穷小子的命运，在一定程度上也能决定一个国家的命运。伟大中华民族是最早发现和利用石油的民族。“石

油”一词诞生于鄂尔多斯盆地。周代的《易经》记载了石油从地下溢出，在水面燃烧的现象：“泽中有火。”北魏的《水经注》介绍了从石油中提炼润滑油的方法。北宋科学家沈括在《梦溪笔谈》中对石油性质进行了描述：“生于水际砂石，与泉水相杂，惘惘而出”，且预言“此物后必大行于世”。到了近代，中国石油工业的发展却大大落后于西方工业国家。1914年，美国美孚石油公司地质师克拉普受北洋政府的委托在陕北勘探石油，结果一无所获。1938年，美国美孚石油公司的总经理富勒来到中国，四处打井钻探，结果也是徒劳而返。几番折腾之后，外国地质专家得出了“中国贫油”的结论。自此，“中国贫油论”甚嚣尘上，中国石油工业几近空白。1949年，我国的石油年产量仅为12万吨。石油成了中华民族落后的象征，振兴中国石油工业是每一个中华儿女的梦想。新中国成立后，以民族复兴为己任的中国共产党人，来不及洗去战火的烟尘，就吹响了石油大会战的号角。自此，一代又一代新中国石油人，相继打响大庆石油会战、胜利石油会战、辽河石油会战，之后石油铁军挥师西征茫茫沙海，打响了举世瞩目的塔里木石油大会战，东部的中国海洋石油人在碧波汹涌的渤海之上建成了年产3000多万吨原油的海上大油田。大庆石油会战孕育出了大庆精神、铁人精神，之后历经半个多世纪的峥嵘岁月，以“苦干实干”“三老四严”为核心的石油精神横空出世。

石油精神之花光彩夺目，美丽而芬芳，中国石油工业的辉煌更待明日，对石油精神弘扬、传承与发展之路永无止境，永远在路上。

不忘本来，才能面向未来。追溯石油精神、石化传统的形成和积淀，有助于更好地认识和把握中国石油石化行业不断发展前行的力量之源。1952年2月，毛泽东主席亲自发布命令，决定将中国人民解放军19军57师转为石油工程第一师，支援石油工业建设。近8000名指战员投身共和国的石油建设事业，将部队纪律严明、能征善战的传统和吃苦耐劳、敢于拼搏的作风深深融入石油工人的血脉，成为石油精神、石化传统的重要源头。石油石化传统形成于石油会战时期，丰富于创新发展的历程中，是一代又一代石油石化人在建设和发展石油石化工业的艰苦奋斗过程中铸就的精神财富，是中央领导集体精心培育的智慧结晶，是铁人王进喜等一大批英雄人物的理想、信念、情感和意志在广大职工中扩展而形成的群体意识，是石油石化人取之不尽、用之不竭的精神富矿。

党和国家领导人的亲切关怀为培育石油精神、石化传统提供了思想指引。石油石化工业发展，始终得到党和国家领导人的亲切关怀和充分肯定，为石油石化传统的培育形成提供了思想源泉，提升了历史地位。党和国家领导人十分关心石油工业的发展，早在“一五”计划开始时，毛泽东主席就专门请来地质部部长李四光，询问中国石油资源问题，并语重心长地说：“要进行建设，石油是不可能少的，天上飞的、地下跑的，没有石油都转不动。”1955年，当他得知一些世界先进的石油勘探开发技术还没有掌握，用于天然石油勘探的资金很紧张，在戈壁、荒滩、沙漠野外开展勘探开发工作十分辛苦时，很有感慨地说：“看来发展石油工业还得革命加拼命。”1959年，周恩来总理在了解大庆石油会战的情况后指出“要用毛泽东思想指导大会战，用辩证唯物主义的立场、观点、方法，分析解决大会战中遇到的各种问题”，成为大庆油田“两论”起家基本功的开端。邓小平、江泽民、胡锦涛、习近平等党和国家领导人，也先后莅临石油石化企业视察工作，为建设好、发展好中国石油石化事业作出指示和部署。1983年7月12日，中国石化总公司成立大会在人民大会堂举行，时任国务院副总理姚依林在石化总公司成立大会上代表党中央、国务院致辞说：“为了实现党的十二大提出的到本世纪末全国工农业总产值翻两番的宏伟目标……党中央、国务院经过充分论证，下了最大的决心，把分散在各部门、各地区的39个大中型石油化工企业高度地联合起来，组成全国最大的石油化工总公司。”并强调“国家对你们寄予很大的希望，希望你们在八十、九十年代，为整个国民经济的振兴，作出更大的贡献”。1989年12月，国务院总理李鹏与石化总公司部分经理（厂长）座谈时说：“现在来看，走集团化的道路，就石化总公司来讲，是成功的。”2016年，在庆祝中国共产党95周年诞辰前夕，习近平总书记作出重要批示，强调要大力弘扬以“苦干实干”“三老四严”为核心的石油精神。2019年9月26日，习近平总书记在致大庆油田发现60周年的贺信中指出：大庆精神、铁人精神已经成为中华民族伟大精神的重要组成部分。正是由于党和国家的坚强领导和亲切关怀，石油石化传统从根基和源头上就继承了党的优良传统和作风，能够坚持遵循以国为重、自力更生、艰苦奋斗、实事求是的价值追求，从而引领广大石油石化产业工人始终听党话、跟党走。中国海洋石油人争做国内原油增储上产“主力军”，“国内原油靠海上，海上原油增长靠海洋”成为中国海油广大职工的共识，制定并启动海上石油增储上产“七年行动计划”，提出2025年国内原油上产新目标，采取革命性手段解决制约增储上产瓶颈问题，把“七年行动计划”目标落到实处。

艰苦创业的伟大实践为培育石油精神、石化传统提供了深厚土壤。“一部艰难创业史，百万覆地翻天人”。石油石化的创业发展史，是一部波澜壮阔的奋斗史，是由石油石化产业工人的伟大实践所书写的。1960年大庆石油会战率先展开，松辽盆地草原覆盖、沼泽遍地、人烟稀少，数万名石油人一下子涌进了荒凉的萨尔图草原。面对极度恶劣的自然环境和严重匮乏的财力物力，以王进喜为代表的广大石油工人响亮地喊出了“有条件要上，没有条件创造条件也要上”的口号。1961年4月16日，以华八井喜获工业油流为标志，发现了胜利油田，揭开了华北地区大规模石油勘探开发会战的序幕，老一辈石油人发扬艰苦奋斗、自力更生的精神，没有水喝就自己打水井，粮食不够就挖野菜、找菜籽，边生产边生活、边发展边建设，逐步形成了以“坚定不移的政治信念，以国为重的主人翁意识，以苦为荣的奉献精神，求实创新的科学态度”为主要内容的“胜利精神”，推动胜利油田建设“从创业走向创新，从胜利走向胜利”。1967年，北京大房山下还是一片荒山秃岭，可谓“乱石滚滚满山坡，吃喝都用毛驴驮”。为满足人们衣、食、住、行的需要，以及首都和华北地区对燃料油的需求，从祖国各地汇集到这里的广大工人、农民、工程技术人员、解放军指战员和大专院校的师生们，在这个沟壑纵横、杂草丛生的山沟里，展开了一场战天斗地的大会战，建起了中国自行设计、自行制造的一座大型的东方红炼油厂(燕山石化的前身)。伟大的实践孕育伟大的精神，伟大的精神推动伟大的实践。经过艰苦会战和创业洗礼的实践锤炼，培养了石油石化人过硬的作风、过硬的技术、严密的组织、严明的纪律，孕育形成了石油精神和石化传统，引领和激励着一代代石油石化人奋斗奉献、一路向前。

行业板块特色文化为培育石油精神、石化传统注入了丰富内涵。在中国石化发展过程中，每个业务板块都结合实际，将石油精神、石化传统融入管理，形成了各具特色的文化特征。同时，各板块形成的特色企业文化，不断拓展了石油精神、石化传统的丰富内涵。在油田板块，针对生产点多线长面广且需长期野外作业，工作环境多在沙漠、戈壁、山区，工作对象在地下，未知因素多、情况复杂，投资大、风险高的情况，企业文化集中体现为大庆石油会战时期形成的大庆精神、铁人精神，“我为祖国献石油”的报国情怀，以及“三老四严”“四个一样”“宁要一个过得硬，不要九十九个过得去”的“严细准狠”作风。在炼化板块，针对炼化企业作业流程复杂、设备密集、生产规模大，以及易燃、易爆、高温、高压、真空、腐蚀、有毒等特点，生产过程中时刻需要精益求精、严细认真，坚持总结和发展有效的传统管理经验，借鉴吸收国际先进企业管理方法，形成了以“精细严谨”为特征的管理精髓，企业文化集中体现为艰苦创业精神、开拓进取意识、认真办事的“严细实”作风、亲密团结的集体荣誉观，以及积极向上的队伍风貌等。在销售板块，经历了从计划经济体制下强调保障供应、稳定市场秩序到市场经济条件下注重竞争和效益意识的转变，成品油经营也由严格的计划管理逐步实行开放经营、配置管理。中国石化销售公司在加快市场化进程中，为有效调动员工积极性和提升企业市场竞争力，更加强调市场意识、效益意识、竞争意识和灵活机动的战略战术，不断强化人本意识、质量意识，认真践行“每一滴油都是承诺”“易捷万店无假货”的要求，保障了市场供应，取得了良好经济效益。石油工程板块和炼化工程板块干部员工在长期的施工作业中，形成了“招之即来、来之能战、战之能胜”的“铁军”作风，在推动石油石化工业发展中发挥了重要保障作用。科研板块干部员工在长期的科研工作中，形成了“崇尚科学，求实创新”的精神，推动了创新驱动、科技兴企战略的实施。机关部门在长期的指导协调、服务保障工作中，形成了“讲政治、讲大局、讲责任、讲奉献，精细严谨、务实创新”的优良作风，为公司整体高效运行提供了坚强保证。

第三节　新时代需要大力弘扬石油精神

“艰难困苦，玉汝于成。”踏平坎坷成大道，苦干实干铸精神。伟大石油精神正是因宝贵而珍惜，因优良而传承，因“管用”而捍卫，因崇高而弘扬，必须在新时代永葆其强大生命力长盛不衰、代代相传。

石油精神历尽艰难与困苦孕育而生成，是石油人对党忠诚、以国为重、艰苦创业、苦干实干、“三老四严”、改革创新的生动写照，又是石油精神与文化的长期累积、沉淀、淬炼和升华。通过多年的宣传、弘扬、接受、认知、作用与反作用的过程，通过长期的“实战、认识、再实践、再认识”的反复，已经成为作用于广大职工、推动企业高质量发展的强大力量，成为石油人的传家宝，鼓舞着全国人民，激励着各行各业，堪称是石油石化战线的立身之本、创业之魂、行动指针和思想灯塔，任何时候、任何情况下都不能丢，而且还要继续发扬光大。

进入新时代，改革开放力度在进一步加大。改革开放作为我们党在新形势下带领人民进行的一场新的伟大革命，激发着中国人民逐梦前行的巨大激情，激扬起中华民族再创奇迹的雄心壮志，使石油石化战线改革发展各项事业进入了新的境界。没有改革开放就没有石油石化工业现在这样蓬勃兴盛的生机活力，就没有今天这样和谐生动的发展局面。看不到这一点，就无法解释国家和石油石化工业取得的辉煌成就。但事物都有两面性，都是矛盾的统一体。改革既带来了经济体制的深刻变革、社会结构的深刻变动、利益关系的深刻调整，也带来了职工群众思想观念的深刻变化。应当说广大职工整体上保持着积极进取的态度和良好的精神风貌，但有些人也产生了怕改革、不愿改革的思想苗头，只顾眼前不看长远的消极意识，只考虑局部利益、个人利益，不顾大局和整体利益的落后观念，苦干实干的好劲头、“三老四严”的好传统、“四个一样”“五到现场”的好作风，在少数干部和职工中坚持得还不够，主人翁思想、社会责任感在有些人身上有所淡化，这些必须引起各级党组织的高度重视。改革开放使我们国家能够吸收和借鉴人类的文明成果，但也良莠并存，泥沙俱下。应当看到，当今世界正处于百年未有之大变局，在一个开放多元的社会里，年轻一代接触到的是越来越多的来自不同文化的事物，从网吧充斥的日本动画到带有色情、暴力乃至恐怖主义内容的“口袋书”，从韩国言情电视连续剧到宣扬“美国至上”价值观的好莱坞电影大片，以及西方一些腐朽、强权文化无孔不入的渗透、蔓延，这些国外的舶来品夹带着它们所倡导的精神追求和价值理念，无时无刻不在影响、演变着转型时期的石油新生代，于无声处潜移默化地改变着一些年轻人的思想观念、行为方式、思维习惯、价值取向。个别青年人崇尚“歌星”“影星”，痴迷“超女”“快男”，带有某些歇斯底里的“粉丝”情结。一些“大款”“大腕”“大咖”在有些人那里无比耀眼夺目，而王进喜、王为民、王启民、闵恩泽、陈俊武等模范人物则变得越来越遥远、模糊。因此，把石油精神的接力棒顺利一棒一棒地传递给新一代石油人的任务，显得十分紧迫、十分繁重。古往今来，多有哀兵而夺胜利之师，也不乏骄兵致惨败之旅；多有负重奋起之邦，也不乏因安逸而灭亡之国。因此，在传承石油精神时要居安思危，保持头脑清醒，强化忧患意识，唯此才能保证石油战线基业长青。越是改革开放，越是从“赶上时代”到“引领时代”，越要大力加强宣传教育，强化思想政治工作，引导年轻一代发扬石油精神、牢记石化传统，确保石油精神不断代、不断层或出现变异。只要中国产业工人大军高举石油精神的大旗，保持坚定理想信念和坚强革命意志，就能把一个个坎都迈过去。

古往今来，任何一个伟大的民族、任何一个成功的企业，无不依赖于强大精神力量的支撑与推进。国际化、市场化的时代航程，充满艰辛，充满惊涛骇浪，需要石油精神旗帜的引领，需要富有崇高精神追求的铁军，需要奏响“咱们工人有技术、才能更有力量”的主旋律高歌猛进，更需要高奏“咱们工人永葆先进性才能让党靠得住”的时代最强音破浪远航。

以“苦干实干”“三老四严”为核心的石油精神，不仅体现了“严”和“实”的根本要求，而且突出了“干”的内在本质。石油精神之所以能光茫四射，是干出来的。“干”不仅仅是一般意义上的“干”，而是“苦干实干”，像老黄牛一样地埋头苦干实干，像铁人一样地拼命大干。这种苦干实干所蕴含的强大精神能量，所释放的精神光芒，让一句又一句撼人心魄的话语浮现在脑海，“宁可少活二十年，拼命也要拿下大油田”“干，才是马列主义；不干，半点马列主义都没有”……王进喜、王启民、闵恩泽、代旭升、陈俊武等石油石化英模的光辉形象，在他们内心迸发出的一句又一句震耳发聩的铿锵誓言，无一不是和埋头苦干实干联系在一起的。苦干实干，是新中国石油工业得以创建和发展壮大的根基，是石油工业在不同的历史时期克服艰难险阻的力量所在。不干，不苦干实干，就没有石油工业今天的发展壮大局面。将苦干实干摆在石油精神的突出位置，作为石油精神的核心内容，体现出了以习近平总书记为核心的新一届中央领导集体求真务实、真抓实干的工作作风，突显现了共产党人宵衣旰食、夙夜在公的高尚品质，也为石油石化行业各级党员领导干部树立了看齐的标杆旗帜。

“磨刀石上闹革命，低渗透里铸丰碑。”新时代的石油工业战线，首屈一指的当属堪称“石油骄子”的长庆人。2019年11月，在空旷苍莽的大西北传来喜讯，长庆油田年产油气当量连续七年突破5000万吨，石油人为之欢欣鼓舞。在近半个世纪的发展历程中，长庆人怀揣着“建设大油田，发展大气田”的石油梦想，高举石油精神大旗，传承石油师的“解放军精神”“延安精神”和“大庆精神、铁人精神”的血脉，扎根鄂尔多斯盆地，咬定“低渗透”油气藏，形成了以“创业、创新、创优、责任”为核心内容的“磨刀石文化”。“磨刀石文化”是长庆油田发展的思想源泉和精神动力。四十三载磨一剑，早在2013年12月22日年产油气当量历史性突破5000万吨，同年12月31日长庆人从“磨刀石”中创造了年产油气当量5195万吨的奇迹，生产原油2432万吨、天然气346.8亿立方米。在古老的鄂尔多斯盆地上，在致密的“磨刀石”里，长庆人谱写了一曲洋溢着时代气息荡气回肠的石油梦想曲。从名不见经传的小油田，到如今中国陆上第一大油气田。长庆人的石油梦想已经演绎成了一个石油传奇，长庆油田成功了！长庆油田不仅探索出了一条高效率开发低品质油气田的成功范例，而且引领开拓出一条在信息时代快速实现高质量发展的新型工业化之路。

要像长庆人一样，用石油精神教育引领职工队伍。大力弘扬石油精神，就要守住并光大自己企业的“精、气、神”，把一度丢失的优良传统找回来、拾起来、传下去，要在忆传统中光大传统，在学作风中优化作风，通过深入的教育引导，用石油精神引领职工队伍牢固树立胸怀全局、产业报国的政治责任，改革创新、精细严谨的优秀品格，脚踏实地、求真务实的科学态度，始终保持政治本色不变、优良传统不丢、奋斗精神不减。

首先要正确认识石油精神的核心要义，从历史角度来讲，石油精神产生于过去，践行于现在，延续于未来，它将被一代一代的石油人不断赋予新内涵。从主体角度来说，它创始于石油企业石油工人，延展于全社会全民族，它不独属于石油石化企业，它丰富了民族精神的宏大内涵与外延，体现了时代特色，还将产生划时代的精神影响。从内涵上说，它是大庆精神、铁人精神与时俱进的新成果，是新时代石油人践行产业报国、实干兴邦一系列理念在石油石化企业落地生根的体现。从具体内容上说，石油精神饱含着石油人忠诚于党、产业报国的赤子情怀，传承着艰苦奋斗、战天斗地的红色基因，体现着实事求是、求真务实的思想作风，展示着爱岗敬业、甘于奉献的崇高品格。

石油精神的大力弘扬有其必要性和重大现实意义。从政治上来说，深入挖掘石油精神时代内涵，做好石油精神的传承，是坚持党的领导，保证党和国家方针政策、重大部署在国企贯彻执行的举措。弘扬石油精神、重塑良好形象，是巩固百万石油铁军共同思想基础的重要支柱。

从经济学观点上论述，石油精神传承是应对国际、国内两种形势的必然选择。进入新时代，国际形势复杂，贸易保护主义抬头，逆全球化趋势下，国际油价一度低迷，国际能源格局不断变化，重塑形象，弘扬石油精神是向历史寻找智慧，从根脉汲取力量的选择。国内经济进入新常态，下行压力较大，而石油行业改革发展取得突出成果，对全党全社会适应经济新常态、推进供给侧结构性改革也发挥了积极作用，弘扬石油精神是为经济建设提供动力支撑，是用精神的力量激励石油行业克服当前困难、开拓奋进的胜利保证。

从文化层面而言，石油精神是鼓舞广大石油职工砥砺前行的强大思想动力和精神力量。坚持党的领导、加强党的建设，是国有企业的“根”和“魂”。企业文化是企业的灵魂，企业形象是企业的名片，石油企业要从文化建设的高度，在原有传统优秀文化的基础上，创新和培育与时俱进的先进企业文化，筑牢百万石油铁军共同思想基础，凝聚改革发展强大动力。

新时代石油精神如何能得以传承与弘扬？任何一种精神的产生都

有其特定的时代背景。大力弘扬以“苦干实干”“三老四严”为核心的石油精神，深挖石油精神的时代内涵，关键在于准确把握时代新要求、石油新使命，找准当前攻坚克难的目标任务。传承石油精神，必须牢牢把握“苦干实干”“三老四严”这一核心，紧紧围绕“爱党、创新、超越、奉献”传播点进行排浪式扩散、滚动式延展。

传承石油精神，要紧密结合实际，坚持实事求是，从全局出发，从时代出发，服务国家重大战略。要着力与推动从严治党、供给侧结构性改革、典型培育选树、价值观塑造以及持续推进重塑石油工业良好形象活动等有机结合。牢固树立一盘棋观念，认真贯彻新发展理念，推动央企高质量发展。要深刻认识到石油精神的价值和国有企业的使命。弘扬石油精神、传承石油精神，最根本的要求是忠诚于党、忠诚于国家、忠诚于石油事业，坚决听党话、跟党走，努力成为党和国家最可信赖的骨干力量。要不断增强国有经济活力、控制力、影响力、国际竞争力和抗风险能力，这是践行国企使命的基本方式。做好石油精神的传承与弘扬，要多措并举，共同发力，共促优良传统与作风回归。首先，石油人要继续用艰苦卓绝的实践和富有成效的业绩，为石油精神的丰富发展做好支撑。要坚持苦干实干，忠诚履行责任使命，积极服务于国家油气发展战略。其次，要真抓实干，从严治党。石油企业要以产业兴邦，就要突出一个“干”字，坚持艰苦奋斗、干事创业不停步；还要突出一个“实”字，坚持科学求实、脚踏实地不浮躁；最核心的是要落实一个“严”字，坚持全面从严治党、从严治企，严抓严管不放松。

做好石油精神的传承，要以成果赢民心、强基础。更加注重社会认同感、获得感和全员职工归属感、自豪感。石油企业通过服务人民能为党多赢得民心，这就是巩固党的执政基础。坚持市场化导向进一步深化改革，注重发展成果共享和公平正义，让社会和职工群众有更多获得感，理解石油企业、支持石油企业改革发展。同时要抓住关键少数群体，加强队伍建设。坚持用习近平新时代中国特色社会主义思想武装教育党员干部群体，抓住关键少数。加强党的思想、组织、作风、反腐倡廉和制度建设，增强党的创造力、凝聚力、战斗力，打造铁人式党员干部队伍，造就一支敢打硬仗、勇创一流的铁人式石油产业大军。重点培育和发掘一批实干兴油的典范，并发挥石油英模的带头示范作用。

做好石油精神的传承，要用石油精神唤醒责任意识、激发担当精神。凝聚“加强党的建设、弘扬石油精神、重塑企业形象、推进稳健发展、深化改革创新”的高度共识，引导广大职工始终以党的事业为重，忠实履行“三大责任”，努力打造责任央企、活力央企、法治央企和阳光央企，始终把国家利益放在首位，始终做到政治本色不变、优良传统不丢、奋斗精神不减，用“坚决听党话、一心跟党走”的绝对忠诚，肩负起国有重要骨干企业的历史使命。

历史已经并将继续证明，石油精神永不过时，永远是引领中国石油工业砥砺前行、再创辉煌的思想动力，永远是百万石油员工苦干实干、团结奋进的精神支柱。大力弘扬石油精神、做好石油精神的传承，归根结底是要通过加强和完善党对国有企业的领导、加强和改进国有企业党的建设，在历史变革中汲取前行的精神文化力量，使中国石油企业始终以奋进的姿态活跃在世界舞台，成为党和国家最可信赖的依靠力量，为实现“两个一百年”奋斗目标和中华民族伟大复兴的中国梦做出新的更大贡献。

以“苦干实干”“三老四严”为核心的石油精神形成于石油工业艰难的创业初期，是坚持党的领导、发挥党的政治优势的实践成果，是石油石化战线的立身之本、创业之魂，是激励石油石化人永远奋斗的强大精神动力。新时代传承“苦干实干”优良传统，就是要树立正确的利益观、苦乐观，始终把国家利益、企业利益放在第一位，不怕苦，敢吃苦，能吃苦，以顽强的意志正视困难、战胜困难，为石化振兴、国家富强不断作出新贡献；就是要树立正确的发展观政绩观，始终保持实事求是的作风，不图虚名，不尚空谈，不摆花架子，脚踏实地，勤奋工作，努力创造经得起实践、人民、历史检验的工作实绩；就是要树立正确的奋斗观、奉献观，永葆“我为祖国献石油”的豪情壮志，敢于担当、迎难而上、甘于奉献，勇于挑最重的担子，敢于啃最硬的骨头，善于接最烫手的山芋，打开改革发展新局面，为打造世界一流企业奉献奋进。

“三老四严”是大庆石油会战中形成的优良作风，具体内容是：对待革命事业，要当老实人，说老实话，办老实事；对待工作，要有严格的要求，严密的组织，严肃的态度，严明的纪律。新时代传承“三老四严”优良传统，就是要大力培育求真务实、精细严谨的工作作风，引导干部员工始终保持高度的主人翁责任感和科学求实精神，不断增强队伍建设的组织性和纪律性，不断增强创新发展的主动性和科学性，不断增强执行制度的自觉性和严肃性，努力提升企业管理水平和核心竞争力。

党的十八大以来，以习近平同志为核心的党中央提出了创新、协调、绿色、开放、共享的发展理念，这是针对我国经济发展进入新常态、世界经济复苏低迷开出的药方，也为全面建成小康社会、向着第一个百年奋斗目标迈进提供了理论指导和行动指南。弘扬石油精神薪火相传，践行初心使命勇挑重担。面对当前的新形势新任务新要求，我们要进一步深刻认识“我为祖国献石油”所包含的丰富时代内涵，汇聚新时代全体石油人能源报国的强大力量。

我为祖国献石油，必须是包含创新元素的石油。要认真贯彻落实国家创新发展战略，积极推动企业从依靠速度、规模和要素驱动向创新驱动转变，强化技术创新驱动，着力突破产业链各领域的关键技术，加快推进产业结构转型和产品质量升级。在未来，中国石化、中国石油、中国海洋石油、延长石油面对中美经贸摩擦升级的形势，要着力解决“卡脖子”的技术瓶颈，要努力在“低边稠”、深水油气开发等核心技术和装备上取得突破，积极推动数字化转型，通过管理创新和商务模式创新带来结构性的效益提升。特别是在实施“七年行动计划”过程中，要防止为追求规模而牺牲效益的现象发生，努力追求高质量高效益的增储上产。

我为祖国献石油，必须是协调发展的石油。要协调好规模与质量的关系。要坚持油价压力测试和追求高质量项目内部收益率要求不动摇，不断提高全要素生产率，始终追求最优的储采比、一流的成本，在成本、效益上有竞争力。要协调好整体与局部的关系。面对建设具有全球竞争力的世界一流企业的新要求，要推进全产业链协调发展，不但要推进上游油气勘探开发板块率先实现国际一流，专业技术服务、天然气及发电、炼化及化肥、金融服务、成品油销售业务等各个产业板块都要向行业先进水平看齐。要协调好国内与海外的关系。面对我国油气对外依存度持续攀升的形势，“我为祖国献石油”要求公司必须以国内油气增储上产为首要目标，奋力保障国家能源安全。但在经济全球化时代，认真贯彻国家“走出去”战略部署和“一带一路”倡议，努力获取海外优质油气资源，也是“我为祖国献石油”的题中之义。

我为祖国献石油，必须是绿色低碳的石油。在我国经济由高速增长阶段转向高质量发展阶段的今天，“我为祖国献石油”不仅仅要看所献石油的规模和数量，也要看公司为国家上缴的利税费贡献，还要看我们以什么样的效率来为祖国献石油，以及在建设世界一流企业中为国家所作的贡献。要献安全的、环保的、生态的石油。认真落实习近平总书记的安全发展观，发展不能以人的生命财产为代价，要始终把“零死亡”作为奋斗目标，坚决不要“带血”的产量和利润；积极践行习近平生态文明思想，把“在保护中开发、在开发中保护、更加注重保护”的理念落到实处，以更加绿色低碳的方式生产能源。要献适应低碳化发展趋势的石油。面对全球能源转型加速推进的时代趋势，“我为祖国献石油”不应仅仅停留在供应高碳的石油产品上，我们要在贡献原油这一传统能源基础上，加快推进低碳转型，贡献更多如天然气、低碳电力、高端炼化产品等综合性能源产品，提供更加优质高效的能源服务，努力向提供高效用能解决方案的综合能源产品生产和服务商转型。

我为祖国献石油，必须是开放共赢的石油。坚持“引进来”，从合作促进发展到发展引领合作，不断放大国有资本功能；坚持“走出去”，在“一带一路”沿线参与国际能源合作，勇担央企责任使命。面对新形势新任务新要求，奋力攻坚克难的重点要转化到如何有效地通过开放解决制约我们发展的瓶颈问题，提升对外合作新境界，构建开放型经济新格局。此外，还要大力推进“中中合作”，积极探索与其他央企、地方国有资本以及民企的合作方式，丰富开放内涵，推进更高层次的双向合作。

我为祖国献石油，必须是共享成果的石油。石油工业逐渐形成主业突出、产业链完整、具有国际竞争力的综合型能源公司。新时代石油石化产业把调动全体职工“我为祖国献石油”的积极性主动性创造性放在重要位置。倡导以奋斗者为本的理念，努力实现员工个人价值与对公司和国家贡献价值的共赢，使“我为祖国献石油”不仅仅停留在口头上，而是与每一名海油员工的使命感、荣誉感、幸福感直接相关，成为每个人发自内心的行动自觉。

传承是最好的致敬，中国石油石化人始终传承和弘扬以“苦干实干”“三老四严”为核心的石油精神。中国石化在“振兴石化”的生动实践中，贴近企业实际，体现行业特点，逐渐形成了以“求真务实、精细严谨、家国情怀”为主要内涵的石化传统。石油精神和石化传统都是党领导人民进行建设和改革所凝结的宝贵精神财富，二者不是割裂的，而是相互联系、相互印证的。石化传统是对石油精神的传承与弘扬，广大职工要融会贯通、一体贯彻，凝聚起“爱我中华、振兴石化”“为美好生活加油”的正能量。

石油精神是指引石油石化战线拼搏奋进的精神航标。新时代大力传承石油精神、弘扬石化传统，就要深入挖掘其时代内涵，不断拓展其外延，赋予新的生命力。石油精神、石化传统的时代内涵需要从“真挚赤诚的家国情怀、奉献奋进的实干作风、精细严谨的优秀品格、求真务实的科学态度”四个方面来理解把握和弘扬传承。中国石油天然气集团有限公司始终把大力弘扬石油精神体现为努力保障国家能源安全，经过70年发展，中国石油油气勘探开发、天然气与管道等业务占据国内主导地位，国内原油年产量始终保持1亿吨以上持续稳产，天然气年产量迈上1000亿立方米新台阶，成品油、天然气供应量分别占全国的近40%和70%，为保障国家能源安全作出了重要贡献。党的十八大以来，中国石油累计为国家上交税费2万亿元，日均上交税费约10亿元，近些年在全球500强排名始终保持在前4位，在世界50家大石油公司中排名第3位，综合实力和影响力大幅提升。

延长石油人新时期高举“石油精神”的大旗高歌猛进，大力弘扬

“埋头苦干、开拓创新”的延长石油精神，推动企业一年跨上一个大台阶，早在2007年原油产量突破1000万吨大关，2010年销售收入升到千亿元，特别令人惊喜的是2013年，延长石油一举进入世界企业500强，排名第464位，到2019年一跃而起升至第263位，成为中国西部地区首家世界500强企业，耸立起百年发展史上新的里程碑。

新时代大力传承石油精神、弘扬石化传统，就是要涵养真挚赤诚的家国情怀。中国石化在36年的发展进程中，始终肩负着国家的重托和人民的希望，始终站在国家发展大局中谋划发展，自觉服从服务于国家发展战略，满足国家的需要、人民的需要、时代的需要，全面履行政治责任、经济责任和社会责任，体现了石化担当。

习近平总书记在全国国有企业党的建设工作会议上指出，国有企业是中国特色社会主义的重要物质基础和政治基础，是我们党执政兴国的重要支柱和依靠力量。中国石化作为国有重要骨干企业，在新时代传承石油精神、弘扬石化传统，就是要永葆为国分忧、产业报国的真挚情怀，以服从服务国家战略为己任，坚定产业报国信念，肩负起发展中国石油石化工业、保障国家能源安全的重任，成为党和人民可以信赖和依靠的“大国重器”。要保障国家能源安全。习近平总书记着眼党和国家事业发展全局，提出“四个革命、一个合作”能源安全新战略，就大力提升国内油气勘探开发力度、保障国家能源安全作出重要批示。2018年，中国石化境内原油产量3506万吨，境内天然气产量276亿立方米，境外权益油气当量4250万吨，在全球26个国家执行49个油气资源投资项目，已初步形成非洲、南美、中东、亚太、俄罗斯——中亚、北美六大油气工作区。但与保障国家能源安全的要求相比，还有较大提升空间。我们要认真落实习近平总书记重要指示批示精神，强化政治担当，推动大力提升油气勘探开发力度七年行动计划落实落地。要以有效益、可持续为准绳，以提高采收率和油气产量“硬稳定”为中心，提高勘探投入强度，加大风险勘探力度，坚定不移走高质量勘探、效益开发之路。要将天然气有效快速发展作为战略重点，加快推进以气田开发、管道设施、LNG接收站和储气设施建设为重点的产供储销体系建设，统筹国内国外、常规非常规资源，扩大资源安全有效供给。积极构建地热、太阳能、风能等新能源供应体系，探索打造区域综合能源服务供应商。要积极投身绿色发展。生态文明建设是关系中华民族永续发展的根本大计，实现绿色发展是中央企业应尽的政治责任。中国石化认真学习贯彻习近平生态文明思想，连续两年实施“绿色企业行动计划”，油品升级累计投入3000多亿元，2018年稳步推进481项“能效提升”计划，全年建设项目环保管理合格率达100%。但与中国深化生态文明体制改革、实行最严格的生态环境保护制度相比，我们在绿色企业建设上还有差距。要以强烈的政治责任感和紧迫感，把绿色发展摆在更加突出的位置来抓，加快从被动治理向主动谋划的转变。要打好“蓝天”“碧水”“净土”保卫战，重点推进大气污染源综合治理、危险废物规范化管理、土壤地下水污染防治任务。沿江企业要加快问题整改销项，强化水体风险防控，共护“一江碧水、两岸青山”。加快实施绿色企业行动计划，今年力争再完成15家绿色企业创建，到2020年，一半的生产企业要完成创建，2023年力争全部完成。要全力保障民生。为提供“高效、经济、洁净、安全”的能源，中国石化建设完成了“川气东送工程”，管道横跨6省2市，全长2233千米，2010年8月31日全面投入商业运行，10年累计输送天然气逾860亿立方米，成为名副其实的造福民生的“沿江能源新动脉”。在重庆，中国首个大型页岩气田——中国石化涪陵页岩气田如期建成100亿方年产能，截至目前，日产量稳定在1500万立方米以上，相当于3200多万个家庭的日常生活用气量。进军雄安新区地热资源开发，城区基本实现了地热集中供热全覆盖，雄县成为中国第一个“无烟城”。目前地热开发区域已经扩展到16个省市区，地热供暖能力超过4200万平方米，力争用6年时间再造20座“无烟城”。今后，我们要继续肩负起“为美好生活加油”的使命，提供大量的优质产品，服务经济社会发展。要认真履行社会责任。中国石化始终尊重员工的主体地位，坚持保障员工基本权益和身心健康，为不同岗位员工的职业发展诉求提供多维度的培训和支持，营造了人尽其才、才尽其用的良好氛围。关心员工生活，通过“走基层、访万家”、推进“EAP一线行”，帮助员工解决了大量实际困难。同时，中国石化奉行“上善若水，公益为先”的理念，扎实做好社会责任工作。在国内，围绕“两不愁、三保障”目标，承担8县750村的帮扶任务，奋战在脱贫攻坚一线的扶贫干部1994人，受益32万余人。截至2018年年底，全系统累计投入扶贫资金21.7亿元，累计购买全国832个贫困县农产品772.13万元，帮助销售1.5亿元。积极投身公益事业，“中国石化光明号”健康快车15年来累计捐资超过1.5亿元，免费救治贫困白内障患者超过4.4万名；“爱心加油站·环卫驿站”公益项目在全国13个省(区、市)启动，服务环卫工人；“情暖驿站·满爱回家”7年累计服务春节务工返乡人员超过4000万人次。在海外，中国石化积极参与“一带一路”建设，做全球企业公民。在埃及，实施女童教育帮扶计划，修建201所女童学校，在校女学生7000名左右；在非洲，各类项目中累计缴纳所得税近百亿美元，加上其他税费合计超过140亿美元，吸纳非洲当地员工5344人，本地化比例为57%。今后，我们要继续积极履行扶贫、助困、赈灾、援医等企业社会责任，体现大企业的大责任、大担当。

新时代大力传承石油精神、弘扬石化传统，就是要发扬求真务实的科学态度。中国石化是一个知识密集型的企业，有科学的勘探理论、配套的开发技术，有高精度的装置装备、复杂的工艺流程，还有上中下游一体化运行的管理模式，需要干部员工始终坚持实事求是的思想方法，以求真务实的科学态度从事管理、技术、操作等工作，创造出经得起实践检验的工作业绩。过去，我们有“三个面向”“五到现场”的传统做法。“三个面向”指面向生产，面向基层，面向群众。各级干部深入生产第一线，与基层员工同吃同住同劳动，扎扎实实领导生产，密切干群关系。对基层工作实行面对面的领导，有效地提高了工作效率，推进了企业发展。“五到现场”，即生产指挥到现场、政治工作到现场、材料供应到现场、科研设计到现场、生活服务到现场。体现的是干部为群众服务，机关为基层服务，有利于根据实际情况确定解决方案，避免瞎指挥，能更多地倾听群众呼声，了解群众疾苦，及时解决问题，调动基层工作积极性，切实提高了机关工作成效。现在，我们有“马上就办、办就办好”、“走基层、访万家”、干部跟班劳动、领导干部一个月驻点、干部基层写实等好做法，促进了各项工作“上接天线、下接地气”。

求真务实的科学态度，在石油战线、石化战线的模范人物身上也有着集中而又鲜明的体现。

新中国70周年华诞喜庆之际，“人民楷模、改革先锋、新时期铁人”王启民作为石油战线唯一一个杰出代表，荣膺国家荣誉称号。王启民于1961年从北京石油学院毕业后参加大庆石油会战，他以铁人王进喜为榜样，坚守“宁肯把心血熬干，也要让油田稳产再高产”的信念，全身心投入油田地质开发研究工作，先后主持大庆油田8项重大开发试验任务，参加了40项科研攻关课题，仅“表外储层”开发研究成果，就相当于为大庆增加了一个地质储量7.4亿吨的大油田，按2亿吨可采储量计算，价值达2000多亿元。

闵恩泽院士也是其中一位，1965年，石油部决定在湖南长岭地区建设炼油催化剂生产厂。当时搞“三线建设”，上级提出要以工序为单元建设催化剂厂，要做到从飞机上往下看，厂房分散的像农民的住房一样。这显然不符合科学生产的要求，就在方案论证时，闵恩泽冒着被批判的风险，大胆指出：“按工序建厂，物料传输路线长、投资大、能耗高，同时还容易混入杂质，影响催化剂质量。”闵恩泽的话音刚落，在场的一些同事不禁替他捏了一把冷汗。闵恩泽仍然镇定地说：“我也和大家一样着急，这个催化剂厂是出于战备需要才上马的，如果我们建成的是一个不能正常开工的厂，那我们就是对国家和人民的犯罪。所以，我们必须，也只能以车间为单位对厂房进行设置。”在科学面前，闵恩泽考虑的不是个人的得失，而是民族的利益，国家的安危!1974年，长岭催化剂厂的加氢催化剂装置投产后，暴露出严重问题，由于生产方法落后，催化剂产量小、质量差，生产过程中产生的大量氮氧化物造成了严重污染。闵恩泽看在眼里，急在心上。他受命与其他科研人员一道，迅速展开加氢催化剂会战。他们认真研究了当时国内外加氢催化剂的状况，下决心打破国外技术封锁，依靠自己的力量，挑战世界先进水平!为了尽快解决各种难题，闵恩泽带领会战组成员，盯在现场，加班加点。晚上，他还把工人们带到招待所，用小黑板给大家讲课。1977年4月，加氢催化剂会战胜利结束，长炼投入新的加氢催化剂工业试生产。这次会战，使中国加氢催化剂产品质量和生产技术一步跨越了30年!

求真务实的科学态度在陈俊武院士身上也得到了充分体现。陈俊武院士经常说：“科研人员不能讲可能怎么样，一定要是什么样就是什么样。”这是他的一贯工作作风。他不喜欢经验主义，反对不求甚解，更不以权威自居、以专家自诩，每当在实践中遇到新问题，总是坚持用科学的理论去解释，对待不同的观点和争论，总是坚持从实践中寻找答案。在他70年的工作历程中，有一半时间都是在生产建设一线。在他主持过的多个炼油厂和上百套炼油装置设计中，无论面对理论问题还是实践问题，他都以专注踏实的态度、精益求精的精神，深入实际，深入一线，精确计算，反复论证，不但使问题得到解决，而且力争每个项目都有所创新。20世纪90年代初，他离开领导岗位之后，针对国内外相关领域专著稀少的情况，将自己多年积累的各类技术资料分类整理，精心选取案例，核对数据，历时两年编撰出理论和实践兼备的《催化裂化工艺与工程》专著，成为业内权威的教材和参考书。20多年间，这部专著多次再版，每一次他都会本着对国家负责的原则，根据技术进步的具体情况，亲自主导增删修补，对书中内容进行充实更新。耄耋之年，他指导甲醇制烯烃技术开发和工程设计时，和年轻人一样上班加班，多次主持讨论会，先后8次到陕西华县试验现场，坚持走遍装置的各个部位，还登上“两器”最高平台了解情况。

中国海洋石油“蓝鲸”船总监刘克建，是蜚声石油界内外的全国劳模，他带领工程建设铁军，足迹遍布中国海、印度洋、波斯湾，7次打破海上吊重纪录，吊装总吨位超过100万吨，相当于25个“鸟巢”体育馆钢结构的总质量，创造产值17亿元。刘克建靠着自己精湛的技术，出色完成惠州25–8、陆丰7–2等世界级深海浮托安装项目，为加快推进中国南海深水油气开发进程而殚精竭虑奋力攻克一个又一个技术难关，创造出14天安装1座万吨导管架的世界纪录。荔湾3–1中心平台浮托安装现场，寒风凛冽，刘克建指挥8台锚机日夜鏖战，实现亚洲最大、世界第五的导管架与国内最大、世界第二的钢铁组块精准对接，被业内专家称赞为中国海洋石油人向世界展示技术与实力的里程碑。

优秀共产党员、湖北石油荆门分公司原副经理陈鹏龙同志在工作中也是始终坚持了求真务实的科学态度。2001年，25岁的陈鹏龙从加油站调到王家河油库担任油库副主任。在油库工作期间，陈鹏龙主要负责油品数计量工作。“计量工作就是钱袋子，尺子投深一毫米，运输方就会凭空多几百公斤油；如果投深一厘米，那就是几吨油。”陈鹏龙一直严格要求自己，坚持职业操守。调任宜昌分公司中心城区经理后，陈鹏龙严抓安全工作，从来不打马虎眼。2014年，东山加油站因市政管道施工停业。一天夜里，施工管道突然发生破损，造成加油站油罐进水。站长张晓宇认为，都是空罐，没必要麻烦陈经理。但又想到，平时陈鹏龙对安全管理很严格，说任何安全风险都不能放过，都要通知他。于是，张晓宇发了一条短信，这样陈鹏龙第二天一早起来看到就行。没想到，半个小时后，陈鹏龙出现在加油站。在深夜，硬是联系到供水公司修理人员，修补破损的管道，并对加油站油罐进行清理。一切处理妥当，天快亮了。2015年8月27日，陈鹏龙调任湖北石油荆门分公司副经理，分管安全工作。司机张代元说，他经常给陈鹏龙开车，车里一定要放四样东西：安全帽、手电筒、雨伞、雨靴。湖北石油荆门分公司政工部主任廖方敏说，很少见到陈鹏龙穿皮鞋，因为总是下基层，脚上常年穿着工鞋。到荆门分公司工作不到一个月，陈鹏龙就将辖区140多个加油站跑了个遍。2016年7月1日的大雨期间，陈鹏龙一天跑了890千米，车子加了两次油，凌晨三点才返回公司宿舍。7月20日，陈鹏龙在带队抗洪抢险时突遇洪峰，车辆侧翻，壮烈牺牲。

可以说，求真务实的科学态度在王启民、闵恩泽、陈俊武和陈鹏龙同志身上体现得淋漓尽致，需要我们认真学习、自觉践行。

石油精神是面向世界全面开放的精神，它海纳百川，融合共赢。中国石油人坚持“走出去”，在“一带一路”沿线参与国际能源合作，勇担央企责任使命，提升对外合作新境界，构建开放型经济新格局。中国石化面对瞬息万变的国际经营环境和严峻的能源安全形势，紧紧围绕“建设世界一流能源化工公司”的战略目标，发挥集团化、一体化的优势，积极稳妥发展国际化经营业务，灵活调整经营战略，推动项目提质增效。截至2017年年底，在全球26个国家拥有50个油气勘探开发项目，在40余个国家执行项目845个，合同总额218.15亿美元。

铁人王进喜生前有一个美好的愿望：一定要带领自己的钢铁1205钻井队打到国外去！如今铁人的愿望实现了，他生前一直带领的钢铁钻井队伍走出国门，在“一带一路”沿线国家打出威风，赢得美誉，真称得上是“天不怕，地不怕，放眼世界雄心大，我为祖国献石油，祖国有石油，我的心里乐开了花”。大庆油田的DQ1205钻井队，正是铁人王进喜把井打到国外去夙愿的践行者，2019年承担伊拉克哈法亚项目钻井施工任务，截至10月31日，累计钻井87口，钻井进尺214925.95米，相当于钻穿了20多座珠穆朗玛峰，打造了海外钢铁钻井队品牌。早在2006年2月，他们进入苏丹市场，凭着一流的技术、一流的作风，成功钻出苏丹首口水平井，先后创出了32项当地油田钻井纪录，两次获得苏丹授予合作方的最高荣誉——PDOC钻井奖杯。2013年7月，这支征战海外的钻井劲旅靠着百战百胜的辉煌业绩，进入强手如林的伊拉克石油钻井市场，秉承铁人王进喜“石油工人干劲大，天大困难也不怕”的大无畏精神，多次刷新哈法亚钻井新纪录，第二年钻探成功首口双分支井，比计划提前12天顺利完钻，创出同类型油井平均钻速最高纪录。2018年，创造了哈法亚油田连续8个月无修理纪录。至今，他们是哈法亚油田唯一一支零事故钻井队。13个春秋征战海外，他们抛家舍业，埋头苦干实干，自觉扛起石油精神大旗，登上世界石油钻井的巅峰，以“宁肯历经千难万险，也要为祖国献石油”

的新时代新铁人精神，以队伍团结、执行力强、作风过硬、技术过硬闻名海外，为哈法亚油田钻井施工积累了一系列宝贵经验，并先后获得甲方表扬信17封，其中，2018年4月，他们获得甲方总裁签名发出的哈法亚油田开发建设以来的第一封总裁表扬信。

坚持“走出去”，实现开放共赢。有着百年历史的延长石油焕发青春活力，把发展的视角投向世界，投向充满希望的未来，雄壮、高亢的《延长石油之歌》缭绕在山峁上、白云间：

雄伟的黄土高原，
大山连绵无风浩荡；
豪情壮志走四方，
播撒一路阳光；
啊！汇聚能源；
延长价值放飞梦想；
百年艰险向前闯，
山丹丹开花世界开放。

英雄的延长石油人正是高唱着“山丹丹开花世界开放”，大胆引进世界高新科技，提高油井采收率，实行循环经济提高经济效益，在特低渗透油田展开技术攻关。2007年，原油产量一举突破千万吨大关。2010年，生产原油1190万吨，年销售收入升到千亿元，至今保持在年产一千万吨以上，耸立起百年发展史上新的里程碑。

新时代大力传承石油精神、弘扬石化传统，就是要永葆精细严谨的优秀品格。石化铁军血液里就有“三老四严”的基因，管理上始终是精细严谨的典范。石化人借鉴吸收国际先进企业管理方法，结合石油石化行业的生产和管理特点，突出加强以岗位责任制为重点的生产管理，以全面质量管理为重点的产品管理，以科学严细为重点的设备流程管理，以“三基”为重点的基础管理，形成了“三老四严”“四个一样”“严从细中来，实在严中求”“宁要一个过得硬，不要九十九个过得去”等精细严谨的优秀品格。在企业发展过程中，始终坚持高标准、严要求，做到生产上精耕细作、经营上精打细算、管理上精雕细刻、技术上精益求精。石油化工行业高温高压、易燃易爆，公司坚持“安全第一、预防为主、综合治理”工作方针，建立“全员、全过程、全方位、全天候”的安全生产监督管理体系，明确各级安全生产责任制；狠抓重点装置要害部位的安全管理和安全隐患治理，强化生产施工现场的安全监督管理；认真贯彻落实安全检查“严之又严、吹毛求疵、铁面无私、六亲不认”工作要求，持续组织开展年度设备大检查和安全大检查，确保了安全生产总体平稳。

新时代大力传承石油精神、弘扬石化传统，就是要锤炼奉献奋进的实干作风。中国石油石化工业在由小到大、由弱变强的发展过程中，战胜各种困难，跨越各种关口，靠的就是苦干实干、奉献奋进的拼劲和韧劲。大庆油田会战初期，面对恶劣的自然环境，王进喜带领队员们喊出了“北风当电扇，大雪是炒面，天南海北来会战，誓夺头号大油田。干！干！干！”的豪言壮语，体现了一种革命乐观主义精神。胜利油田会战在一片盐碱滩上展开，当年的石油人住的是地窝子、干打垒，吃的是地瓜干、糠菜团，喝的是盐碱水，硬是靠着人拉肩扛、自力更生、艰苦奋斗，建成了中国第二大油田。无论过去、现在还是将来，这种实干作风始终是支撑我们攻坚克难、不断前行的精神动力，特别是面对“两个三年、两个十年”打造世界一流战略部署，更要大力传承好石油精神、弘扬好石化传统，激励干部员工干事创业、建功新时代。

行业的客观条件要求干部员工继续艰苦奋斗、拼搏奉献。石油石化行业的特性使得部分企业和岗位远离城市，工作环境相对较差，特别是有的油田分布在沙漠戈壁之中，自然环境恶劣，工作生活艰苦。这就要求新一代石油石化人能够吃苦耐劳、承受压力，有艰苦创业的精神、甘于奉献的品质。在科威特沙漠钻井的中国石化队伍，夏季要应对严酷的高温考验。最炎热的6～8月，不到中午12点，滚烫的沙漠就会蒸腾起层层热浪。为了安全，井队现场的员工们必须全副武装：戴上安全帽和墨镜，全身披上厚工服，面部罩着护巾，脚上穿着厚工鞋。这身行头在太阳底下站着，10分钟就会全身湿透。爬井架或者拿工具时必须戴上厚手套，否则手上立刻就会烫出水泡。工人在井场工作一个月，整个人都会被晒成“黑炭”。就是面对这么恶劣的环境，科威特市场从2008年几个人的团队发展到3000多人，从零开始发展成中国石化钻井工程规模最大的海外机构之一。

薛梅是胜利油田东辛采油厂营二管理区采油1站采油工。1995年11月，薛梅和作为家属的丈夫孙宾来到营8更9井站，开始了驻岗生活，建立起一个特殊小家。两人每天朝夕相对的除了油井井站，就是芦苇荡。24年来，夫妻俩精心管护小站7口油水井和1座计量站，每隔4小时就要用一个小时徒步巡逻一次，夫妻俩没有休过一个完整的节假日。由于井站远离生活区，周围人烟稀少，道路难走，送水、买菜、出行等都不方便，有时还面临不法分子的威胁。尽管在这样艰苦的环境下，夫妻二人依然克服困难，精心管护油井，累计巡井巡线4万余次，安全生产原油10多万吨，而且培养出了胜利油田的标杆井。

谢存义是燕山石化的一名普通员工，退休前，他在一线倒班岗位上辛勤耕耘了44年。44年里，他克服了倒班生活苦、作息没规律、与妻子两地分居、孩子上学不能及时照顾、父母身体不好不能身前尽孝等困难，把自己的青春奉献给了炼化事业。谢存义说，他一直遵循这样一个原则，想干就干好，任劳任怨，踏踏实实，相信一分耕耘一分收获。他用44年的坚守奉献，把平凡变成了不平凡，2013年3月，谢存义荣获“感动石化”人物。

像薛梅、谢存义这样长期扎根基层一线、默默奉献的优秀员工，都是石油精神和石化传统在基层的具体践行者。各单位要选树宣传那些忠诚可靠、长期扎根一线的典型，那些敢于担当、苦干实干的典型，树立起鲜明导向。近期，“奋进石化”平台策划并持续推进“我身边的倒班人”短视频推荐活动，目前已经收到推荐作品1197个，展示了一线倒班人的风采，为基层员工树立起了学习的榜样。对于大部分员工来说，工作生活环境不那么艰苦了，出行有汽车，办公有电脑，很多一线岗位实现了信息化自动化，但越是条件好了，越要发扬艰苦奋斗的精神，在思想上艰苦奋斗、在学习上艰苦奋斗、在工作上艰苦奋斗，干出更加出色的工作业绩。

改革发展的繁重任务要求干部员工继续攻坚克难、奋发有为。广大职工要深入学习贯彻新发展理念，转变不合时宜的思想观念，保持昂扬向上、奋发有为的干劲，事不避难、迎难而上的拼劲，逢山开路、遇水搭桥的闯劲，上紧发条，铆足精神，咬紧牙关，推动思想再解放、改革再深入、工作再落实，把本职工作干好，扎实推动各项决策部署落实落地，早日实现高质量发展。胜利油田针对老油田开发后期所面临的诸多困难和矛盾，大力加强高效勘探、规模增储，推进效益开发、低成本建产，努力实现较长时间内持续稳产2300万吨左右，盈亏平衡点2020年降至50美元/桶。聚焦提效率增活力，进一步做实分公司、开发单位、管理区职能定位，全面完成新型采油管理区建设和局、处两级机关职能优化调整，实现油藏经营主体责任全面落实，管理体制精干高效。构建以提升保障支撑主业和技术服务创效能力为核心的专业化发展、市场化运营机制，油田15项业务专业化重组全面完成，累计调整划转三级机构293个，涉及人员4.19万人；2019年外闯市场人数达到1.6万人、创收15亿元。中原油田扎实推进深化改革，到2018年底，油公司体制建设基本到位，稳妥推进主营业务机构整合、专业化业务集中管理、公共服务瘦身健体，实现单位压减18%，管理干部压减7%。优化调整队伍结构，推进人员跨界流动，油气开发、油气服务、公共服务队伍员工比例达到0.37：0.3：0.33。加大外部市场创效力度，外部市场用工8923人，签订合同金额18.18亿元、创收16亿元，呈现出区域集中化管理、项目集成化运作、业务品牌化创效的良好态势。仪征化纤直面“三年扭亏增盈”的繁重任务，积极推进三项制度改革，2018年公司在PTA、BDO、PBT和瓶片部推行一级管理，优化了50多项作业流程，在短纤打包等岗位成功推行业务外包，全年用工总量同比减少448人、在岗人员减少285人，劳动生产率同比提升16.8%、比2016年提升53%。

总之，伟大的石油精神其核心内涵雄阔、厚重，对它的研究从来都没有穷尽之时，始终要靠广大石油人传承、弘扬石油精神且不懈奋斗地生动实践、丰富与发展它，要靠石油精神专家进一步挖掘与阐释它。无论时光怎样更替，无论岁月如何变迁，无论石油工业体制机制怎样去嬗变改革，百万石油人一次次分分合合，又一次次合合分分，但唯有永恒不变的就是大家都拥有同一个共有的精神家园——“石油精神家园”。它成为一代又一代石油人的精神栖息之地、强根固魂之本，不论到何时何地，唯有石油精神家园的精神纽带把世世代代石油人紧紧维系在一起，地老天荒，精神永不分离，世世代代，永远同根同魂，秉持“我为祖国献石油”的闪光信念矢志奋斗。

新时代使命神圣催人奋进，新征程产业报国任重道远。站在新的历史起点，我们要大力弘扬大庆精神、铁人精神，大力弘扬石油精神。结合“不忘初心、牢记使命”主题教育，扎实组织石油精神和石化传统再教育，认真开展“在优良传统上我们丢掉了什么，对比先进我们缺少什么”讨论，深入学习王进喜、王启民、闵恩泽、陈俊武等先进典型身上“苦干实干”、“三老四严”、求真务实、精细严谨的过硬作风，切实进行一次思想洗礼，重整行装再出发，追寻闪光足迹，赓续红色基因，接力奋斗追梦，秉持初心勇向前，攻坚克难，为实现“两个一百年”奋斗目标、实现中华民族伟大复兴的中国梦作出新的更大的贡献。

第二章

革命年代的石油精神

一部石油工业发展史，就是一部石油工业创业史，也是一部优秀的石油精神文化发展史。

革命年代的石油精神首先表现在先驱们崇高的爱国主义精神。章鸿钊、丁文江、翁文灏、李四光等都接受了孙中山的民主主义思想，他们热爱自己的祖国，奋力发展地质事业，以求振兴中华。抗日战争爆发后，翁文灏在《再致地质调查所同人书》中，呼吁“我们决不做敌国的顺民，亦必不加入任何附敌的组织。科学的真理无国界，但科学人才，科学材料，科学工作的地方，都是有国界的。我们万不应托名科学而弃了国家。”1940年3月，李四光在重庆举行的中国地质学会第十六次年会上致词：“以本会立场而言，……尚应注意如何帮助开发内地之资源，今同人大都移居矿产丰富之西南各省，此时此地实为同人努力贡献国家之良好机会。”正是在这种抗战建国的精神鼓舞下，四川油气地质勘查得以大量开展，甘肃玉门油田得以发现和勘探开发，新疆独山子油田得以投产，有力地支援了抗日战争。新中国成立前夕，地质界的先驱同人，绝大多数坚守岗位，保护地质资料、标本、仪器、图书，使之完整归还人民。

第二表现在苦干实干，不畏艰险，勇于开拓的精神。旧中国，地质界先驱们开拓的是一种新生事业，往往不被当局重视，也不为人们所理解。他们在经费不足，仪器设备短缺，无前人资料可供利用，且交通阻塞，兵荒马乱，盗匪横行的情况下，艰苦跋涉，风餐露宿于荒山野岭。为了地质事业，他们献出了青春甚至生命。赵亚曾遇匪害于昭通，丁文江中煤毒于衡阳，吴希曾受焚匪车之祸，阎增才遭覆舟之惨，但他们留下了地矿发现和学术论文，深为后人所崇敬。

第三表现在严谨科学的求实精神。重视野外观察是一大特色，王竹泉、王曰伦等地质观察的硬功夫深受人们赞赏；黄汲清对工作的严要求，以及在四川江油所作的地质剖面和素描，至今还被人称颂；老一辈地质先驱才识广博，善于吸收国外新知与中国地质实际相结合。他们讲求实际，不作虚妄之言，对石油远景之预测，一再强调“详计中国石油储量，今尚非其时，一因调查未精，二则许多油田俱不完备也”（据谢家荣，《中国石油之储量》）。这就充分体现了先驱们实事求是，严谨治学的精神。

在石油工业的发展过程中，在革命先驱爱国、求实、呕心沥血地拼搏下，从革命年代起就形成了延长油矿的埋头苦干精神，以“艰苦奋斗”为核心的玉门精神和爱国救国精神等，与后来的大庆精神、铁人精神一脉相承，构筑成完整的石油“精神谱系”，孕育出独特的石油精神内核。

革命年代的石油精神作为全中国的精神财富，其内涵属性和外在特征表现，与革命时期的红船精神、井冈山精神、延安精神、西柏坡精神，具有极强的根源性、传承性和统一性，共同构成中国共产党的思想文化的核心竞争力和源泉“密码”。在深挖石油精神时代内涵的过程中，要始终坚持传承中国共产党的“红色基因”，确保文化建设不变质、不转向。

第一节　延长精神

“埋头苦干”精神是以“自力更生，艰苦奋斗”为核心的延安精神的直接体现。延长石油厂创建初期，延长石油人在帝国主义列强的虎视眈眈下，组织二十万兵丁和民工修通铜川金锁关到延长县城的马车道，运回了顿钻设备。并且于1907年，在中国建成了第一口陆地油井，从此打开了中国陆地石油产业的历史，第一个炼油房的建设，实现了中国陆上产石油的先历。1935年，刘志丹率领陕北红军解放了延长县，延长石油厂回到人民的怀抱。这一时期，延长石油人因陋就简，土法上马，生产了大量的煤油、汽油、柴油、蜡烛、油墨等产品，有力支援了抗日，被誉为“功臣油矿”。解放战争时期，延长石油厂遵照党中央指示，组建了工人支队，用鲜血和生命保护了油厂。延长县光复后，油厂职工立即恢复采油、炼油设备，圆满地完成了支前任务，为中国革命的胜利建立了不朽业绩。在1944年，毛泽东主席为延长石油厂厂长陈振夏亲笔写下“埋头苦干”四个大字，并以此来表扬和赞美延长人。从此，这一评价便成为延长石油人永志不忘的矿训，成为石油儿女艰苦创业、开拓进取的精神动力。新中国成立后，延长石油继续履行“自力更生、艰苦奋斗”的精神内涵以及老延长的优秀传统，革新生产技术，解决生产过程中存在的困难和问题，在五十年代末期，延长石油的原油产量第一次实现万吨大关的突破。

据记载，人们发现并利用陕北石油，始于秦汉。最早见于东汉班固《汉书·地理志》：“高奴有洧水，可燃”。宋人沈括在《梦溪笔谈》中又说：“鄜延境内有石油，旧说高奴县出脂水，即此也”，首命“石油”之名，并预言“此物后必大行于世”。比1556年德意志人乔治·拜耳对石油的命名早了600年。石油开发的最早记录始于元朝，《元一统志》说："延长县南迎河有凿开石油一井，其油可燃，并治六畜疥癣，岁纳壹佰壹拾斤"。此井挖掘，比美国和苏联自称的世界上第一口油井早了500年。明清以后，对石油的记载更多，也更为详细，并附有井位图。

清朝末年，中国近代工业少得可怜，石油工业除了1878年台湾苗栗打了一口油井外，几乎是一张白纸。据1905—1906年的海关贸易资料统计，每年进口的石油达30~40万吨，需要支付白银1500万两以上。当1903年德商世昌洋行企图开采延长石油的事件发生后，延长石油引起官方和西方人的注意。1904年（光绪三十年）10月延长知县佘元章向陕西巡抚曹鸿勋提出考察报告，11月曹鸿勋奏请朝廷试办"延长石油"获准。1905年清政府拨地方官款——屯垦经费8.1万两为开办资金，指定候补知县洪寅为"总办"，筹办"延长石油官厂"。

根据史料，陕西省有关当局对延长石油地质情况也只有粗略记载："查该县距城十五六里之烟雾沟，出产石油一处，油苗虽微，系石油之源。""矿界约十方里"，"延长附近一带，石油之地极多，如肤施（即延安）、延川、宜君等县，与延安连山接脉，油质如出一源"。当时，清朝政府风雨飘摇，朝不保夕，既没有专门的石油人才，又没有勘探开采设备。在这种情况下，只能去寻求洋人的帮助。洪寅带着10余斤原油到汉口请日本人化验，证明成分特佳，并请日本人踏勘了油苗，结论是油质"胜于东洋，能敌美产"。

1906年开始修建驿道，从日本购回钻机和炼油设备，聘请日本技师佐腾弥市郎和技手、工匠来延长钻探开采石油。1907年勘定井位，9月6日钻至68.89米处见旺油，日产原油150~200千克，用小铜釜加工，日获灯油12.5千克，送去西安检验，"烟微光白，可与进口煤油媲"。

一时国内外传播，交相称赞。9月10日钻到81米处完井，初日产原油1~1.5吨，宣布“延长石油官厂”成立。同年建成炼油房，“延长石油官厂”的名字引起了全国的注意。此井后被称之为“延一井”，冠之于中国石油“祖母”“鼻祖”“始祖”等美称。“延一井”为中国陆上第一口油井。位于延长县石油希望小学操场内，遗址占地200平方米，有康世恩题词“中国陆上第一口油井”纪念碑和井上抽油设备一套。中国石油工业由此萌芽，从而结束了中国大陆不产石油的历史。

延长油矿是中国陆上发现和开发最早的天然油矿。从1905年成立延长石油官厂以来，迄今已有114年的历史。延一井在68.89米处采油10年一直保持日产量1250千克，后逐年减少，1934年枯竭，累计采油2550吨。1978年将井加深至152米，压裂后初日产原油3000千克。1985年10月，时任国务院副总理兼石油部长康世恩为其题词道：“中国

中国陆上第一口油井——延一井

陆上第一口油井”。1985年，在庆祝延长油矿建矿80周年之际，竖碑纪念。1996年11月20日，国务院公布“延一井”旧址为全国重点文物保护单位，列为“中华之最”。

一如张骞“凿空西域”，郑和万里探海，1907年9月10日，当“延一井”的原油喷薄而出时，所有艰辛的汗水和泪水都化作欢呼雀跃。

这也许是中国石油史上最壮观、最原始、最艰苦的一次运输。1934年的夏天出奇地热，雨水特别多，两套顿钻机、发动机以及各种钻头、钻具近100吨，从上海运到陕西延长，历经数省，大雨冲断道路，只能改水路，18条大木船在黄河上历时两天两夜，水浅时上岸拉船，甚至露宿河滩，上岸后，许多人就地睡着。随后是坑坑洼洼的羊肠小道，骡轿102乘，驮骡298头，民夫266名，设备拆成1702个零件，喊着号子，在崎岖不平的山路上缓慢前进，白天头顶烈日，晚上所经之处均是人烟稀少的小村庄，只能风餐露宿。从7月9日至9月4日，费时57天，行程1000多千米，终于安全运到延长。一路走来，书写的既是万丈豪情、不畏困难的石油史诗，也是团结一心的光辉篇章。

1935年5月，红军遭遇国民党疯狂围剿和经济封锁，延长石油厂濒临倒闭。生死攸关之际，首任党支部书记高登榜带领党员把最苦最累的活承包下来，“保证完成任务！”陈振夏临危受命，没有吊车，就用手摇轱辘吊油；没有储油罐，就砌石板池储油；自己动手修机器设备，改造工艺；不管刮风下雨，夜以继日搞生产。有个年仅19岁的党员被野蚊子叮得起脓疮，怕被人看到笑话他吃不了苦，40多度的夏天都捂着长袖长裤。冬天南方来的石油工人和红军战士手脚冻得裂开口子，没有一个人叫苦。从此，埋头苦干成为延长石油代代相传的精神魂魄，折射出延长石油共产党人的坚贞信念和初心。

抗日战争年代，是极为艰苦的年代。日本帝国主义的疯狂进攻和残酷扫荡，给根据地财政经济造成了严重困难。延长石油厂本来就是国民党遗留下来的烂摊子，这时候，虽然在延长、永坪两个地方采用，但实际上仅永坪201井每天可抽油250~300千克。延长的一口旧井，水太少，抽干水后仅能汲取少量原油。如果不想办法打新井，是没有任何出路的。

1938年2月，上级派陈振夏、胡华钦、王凯三人来延长石油厂了解情况，收集疏散在各地的设备器材，着手恢复生产。陈、胡、王三人在延长至永坪的沿途查看，将了解的情况向中央写了报告。在地方政府的大力协助下，发动群众将设备器材运回矿区。陈振夏本人也就留厂工作。

面对这个烂摊子，陈振夏同志及其同来者又都是外行，“连油井都

延长石油厂始建于20世纪初，只是在红军到达陕北后才有了较快发展，为抗日战争、解放战争作出了特殊贡献

没见过，更不要说大井炼油了”。可是，他们没有气馁，在困难面前没有低头。他们“虚心向老工人学习”，“苦心钻研，从战争中学习战争，逐渐从不知到有知”，“找到了好的储油构造”。

开始，他们踏着前人的步子，在永坪加深一口井。出油后，又到延长烟雾沟加深18井，因没有堵住水，交通不便，被迫放弃。

井口位置的选择是件大事。可是全厂技术人员中，大部分来自延安摩托学校，没有一个学地质学的。在延长能找到的参考书，只有一本商务印书馆出版的《最新化学工业大全》中的石油卷，主要还是讲述石油提炼；厂里的地质资料，早已散失殆尽。更没有什么测量仪器。延19井位置，是根据老工人回忆，由请来的矿师勘探选定的。地点在延长西厂北面的半山坡上。

由于当时各种型钢没有来源，钻井井架除4根角柱用6英寸（1英寸=2.54厘米）钢管外，其余都用木结构。蒸汽机底座、传动机构中的承力立柱和横梁（习惯称油梁）也都是用整块木料制造。最大的油梁约10米长，最大剖面大概是600毫米×1000毫米。因为木质要结实，材料厂干部刘国保经常为此进入深山老林选购大树，在老乡家里一住几个月不回工厂。

1940年春，停了几年的响亮的油笛声，宣告延19井的开工。这口井打出了旺油，最初日产量达1600千克。加上旧井的产量，油厂才有了扩大生产的基础。职工称这口井为“起家井”。

1938年5月，由国民党资源委员会出面，前来索取原勘探处设备，准备运往玉门老君庙打井。这件事，在油厂引起很大的震动。后来才知道，它是得到了周恩来同志的同意与支持。周恩来同志站得高，看得远，为了开发大西北，为了执行党的抗日民族统一战线政策，特地介绍林伯渠同志在甘肃油矿代主任，张心田到陕时“就近照料一切”。

当卸运钻机的工程师赵润型等15人到达陕北后，受到八路军有关方面的热情接待，并顺顺当当地卸走了两套打井设备，包括两套锅炉和汽机，12根套管，还有钻头、钻杆、钢丝绳等，共30余吨。1939年5月，老君庙油矿使用这里的顿钻打出了第一口油井。

1950年9月，甘肃油矿局更名为延长油矿。1958年延长油矿从石油工业部划归陕西省管理。1959年延长油矿原油产量突破1万吨。1966年延长油矿又从陕西省移交延安专员公署管理。六七十年代，延长石油克服资金不足、技术落后等诸多困难，大力发扬“自力更生、艰苦奋斗”的延安精神和“埋头苦干”的延长石油精神，开展技术革新，实施爆炸、压裂等增产措施，建设热裂化管式炉装置，试制“延安牌”钻机和木质吊油机，总结出“三匀一快”等钻井方法，多次刷新钻井记录，使企业在困难中得以生存和发展。延长石油胸怀全局，在坚持自身发展的同时，为克拉玛依、大庆、胜利、中原、长庆等油田输送了千余名管理干部和专业技术人才，为新中国石油工业的发展作出了重要贡献。

“开拓创新”是对延长石油优秀传统的继承和发展，是延长石油在新的历史时期大发展、大跨越的必然选择。在面对全球经济发展迅猛态势，能源需求进一步被释放，经济发展对能源利用程度日益提升这一时代机遇，十万名延长石油人发扬“埋头苦干、开拓创新”的企业精神，不仅原油采炼突破千亿吨、销售收入突破千亿元，成为中国西部地区首个世界500强企业，而且坚定不移地实施油气煤盐综合发展战略，走出了一条具有自身特色的发展道路。面对骄人的成绩，有的人沾沾自喜，认为新时期不需要埋头苦干了，甚至认为时下继续埋头苦干，就是“只顾低头拉车，不顾抬头看路”。这种认识是对延长石油精神的曲解和亵渎，是对延长石油光荣传统漠视和淡忘。当前，延长石油驶入了科学发展的快车道，但埋头苦干的优良传统仍然是石油人的石油精神基础，是石油人战胜一切艰难困苦的法宝。过去的“埋头”，是脚踏实地、不畏艰苦的实干精神，是勤勤恳恳、任劳任怨的工作态度，是爱企如家、乐于奉献的高尚品德。现在的“埋头”，是对过去优良传统的继承，要求新时期的石油人必须低下头来，踏踏实实向老一辈石油人学习，学习他们无私奉献、顽强拼搏精神；必须向国内外各大油田学习，学习他们的先进技术和优秀经验；必须向自然学习，尊重自然，保护自然，坚持走有序开发，科学发展的道路。在此基础上，坚持创新与发展，变革与前进相融合的经营发展思路。这一思路是当前时代石油人应有的精神，更是目前创新发展石油事业的时代必然。这一精神是能创新、敢创造的延长人所独有的价值规范，也是适应当前经济发展形势，转变经济发展方式，调整产业结构的必经之路。可以说，时代赋予了延长人独有的使命。

在历史发展的进程中，面对石油储备资源不足这一问题，中国石油工业如何实现自身发展，就需要针对客观现状，调整经营思路和发展政策。首先，从以往的单一石油开采转向石油与天然气协调开采的方针。结合储备资源不足、链条化不成熟等客观事实，以延伸产业链条，拓展煤炭、盐业等多项资源，构造符合自身特色的综合经营开发思路。石油勘探开发方面，结合省内外同等重要、国内外开发齐头并进的思路，设置专业的油气资源探勘、开采思路，构造资源拓展开发多元化链条。延长石油人更是大力弘扬延长精神，在省内石油勘探实现“两大突破”、获得“四大发现”。省外石油勘探在内蒙古腾4区突破工业油流关，形成15万吨原油产能，实现了省外勘探的重大突破。目前在天然气开采方面，实现产能17亿立方米，LNG产能5亿立方米，并成功打造了中国第一座陆相岩气井。同时这里也建设成为中国第一批矿产资源的综合利用示范基地，成为中国第一个国家级陆相岩气示范区域，并获得了中国百亿吨资源配置安排，现在正在进行前期的煤炭资源探勘。随着构建煤炭、油气资源产业链理念逐渐成熟背景下，逐步完善多种资源融合利用、深度高效转化开发的能源化工开发项目，从而逐渐形成了煤炭、油气、盐等一系列资源相融合的产业发展链条。新中国建设时期以来，延长石油已经逐渐发展成为中国，甚至是全球较为罕见的，能够在一个地区储备油气、煤、盐等多种能源的现代集团。可以说，这是延长石油目前最大的发展优势，这不但能够大大缓解石油资源不足的问题，同时为石油能源产业化发展提供重要基础。

新中国成立后，延长石油已经实现了多层次、立体化、全面完善的石油开采开发构架。油田的勘探开发技术得到提升，吸收应用了全国各大油田的先进工艺，原油产量首次突破百万吨大关。从抗日战争、解放战争到社会主义建设时期，“埋头苦干”精神始终贯穿于不同的历史阶段，体现出不同阶段的时代特征。战争年代的“埋头苦干”，是斗争，是血雨腥风的考验。这一时期，延长石油人既参加战斗又搞好生产，用鲜血和生命支援了中国革命，为赶走日本侵略者、打倒国民党反动派和建立新中国立下了不朽的功勋。社会主义建设时期，延长石油人实事求是、脚踏实地，勤勤恳恳、任劳任怨，爱岗敬业，乐于奉献，又创造了新的奇迹。延长人凡事以集体利益为重，以国家利益为重，不计较个人得失，达到了无私忘我的境界。越过千难万险，方能仰望星空。

延长精神不是一时形成的，是在几百年发展历程中不断磨炼、深化之后形成的。她不仅仅属于延长人，更是石油精神的基石，是中华民族精神的一部分。可以说，延长人的斗志、激情、不怕苦的情感让延长石油从小到大，日益发展成熟，也使延长石油成为业内的领军企业，虽然经济规模不是很大，但数百万石油人不会忘记延长，更不会丢掉延长精神。如今，全球经济发展压力不断加大，产业结构调整持续开展，整个能源生产行业面临着巨大的发展压力，在这一背景下，石油人更应弘扬延长精神，不断努力为祖国石油工业的新发展贡献自己的力量。

第二节 玉门精神

著名诗人李季在玉门工作时，曾写过这样的诗句：“在那喧闹的祖国大地上/有一条喧闹的山岗/山岗上有一座年轻的城市/那就是我们亲爱的玉门油矿。”

玉门油田位于甘肃省玉门市境内，南依祁连山，北靠戈壁滩，东邻万里长城“边陲锁钥”嘉峪关，西通“东方艺术明珠”敦煌莫高窟。1938年底，孙健初、严爽、靳锡庚等爱国学者在抗日战争的隆隆炮声中来到石油河畔的老君庙旁，1939年，玉门油田正式投入勘探开发。

鲜为人知的是，玉门油田还记载着一段国共合作的佳话。由于日寇和苏联联手封锁国际救援通道，石油等战略物资极为紧缺，“一滴石油一滴血”的说法由此而生，国民党资源委员会早在“七·七”事变前就想开发陕北的延长油田，但当设备运抵该地不久，该地即为红军占领。1939年，国民党资源委员会又欲开发玉门油田，但苦于设备不足，于是便向共产党求救，周恩来亲自批示将延长油矿的老设备紧急调运到玉门油田来，让国民党再一次看到国共合作的决心。

回顾玉门油田的发展历史，人们无不为这里诞生了新中国第一口油井、第一个油田、第一个石化基地而深深自豪。作为中国石油工业的摇篮，在这里锻炼成长起来的玉门石油人，不论离开多远，对玉门油田总是充满了深情怀念。

据曾任满铁地质调查所参事的日本地质专家新带国太郎曾经回忆，1929年春天，新带国太郎和另一名日本人，同十名俄罗斯人在当地向导的带领下，带着20匹骡马，沿东清铁路到牡丹江上游的森林地带开始寻找石油，无功而返。第二年4月，在俄裔美国人托里斯基的指点下前往满洲里的扎赉诺尔煤矿，发现样品中含有石油类的沥青。满铁投入了很大的经费，计划在北满探索石油资源。“九·一八”事变后，日本帝国主义者在资源调查上就更加肆无忌惮，扎赉诺尔一带始终是最受重视的地区之一。用了大量的人力物力财力，并使用了钻探深度超过1200米的钻机、重力探矿、地震计探矿等先进的设备和方法，但最终也未能找到真正的油田。

著名地质学家李四光说，外国人的失败，并不证明中国没有石油，中国西北方出油的希望虽然最大，然而还有许多地方并非没有希望。此后，一批抱着科学救国志向的地质学家们，在极端困难条件下，不畏艰险地进行着油气资源的勘察活动。20世纪30年代，抗战爆发，洋油断绝。1938年底，孙健初、严爽、靳锡庚等爱国学者在抗日战争的隆隆炮声中来到石油河畔的老君庙旁，风餐露宿，顶风冒雪，用简陋的设备，与一万多名普通劳动者一起白手起家，进行勘探。1939年，旧中国规模最大的现代石油矿场玉门油田正式投入勘探开发，3月，人工挖掘方井见油，3月27日，位于老君庙北15米处的1号井打出第一口油井，揭开了中国石油工业开发的序幕。8月11日，老一井探明K油层，由此揭开了玉门油矿工业开发的序幕。1940年5月，中国有杆泵采油技术开始用于玉门老君庙油田。1941年，甘肃油矿局成立。同年10月，四井发生强烈井喷，发现L层，玉门油田进入了大规模开发时期。抗日战争期间，玉门油矿共生产原油25万吨，占同期全国原油产量的90%以上，采用茶壶嘴炼油土办法炼出的第一批汽油，为抗战胜利做出了重要贡献。1949年10月25日，玉门油矿解放。在此前11年的开发中，玉门油田共产原油50多万吨，同样占全国同期产量的90%以上，同时建成了当时规模最大、产量最高、员工最多、工艺技术领先的现代石油矿场。玉门油田从此踏上新的征程。玉门人肩负起恢复生产、支援解放大军西进和志愿军入朝的重任，进而承担了为共和国建设石油基地的使命。1953年，玉门油矿被列入国家“一五”计划156个重点建设项目之一。这一时期，毛泽东主席批准中国人民解放军第十九军五十七师转业为石油工程第一师。技术专家、工人、学生从四面八方走来，机器设备、物资器材从全国各地运来，解放军官兵带着部队的光荣传统和优良作风，为油田建设拼搏奉献；爱国知识分子怀着实业救国的豪情壮志，呕心沥血，艰苦创业；油矿员工以对新中国的无比挚爱，披肝沥胆，忘我工作，积淀着以艰苦奋斗为核心的玉门精神，也为后来大庆精神的形成，奠定了坚实的底蕴，提供了丰厚源泉。康世恩同志曾高度评价玉门油田的生产经验，应用到大庆油田后，又发展成为早期、内部、切割、分层注水，创出了油田开发的高水平。在玉门成立的我国第一个采油科学研究所，开辟了科学开发油田的新路。1957年10月8日，新华社庄严宣告：“新中国第一个天然石油基地在玉门建成！”玉门油田成为拥有地质勘探、采油、炼油科研等门类齐全的大型石油联合企业。1959年，油田原油产量达到了140万吨，占全国原油总产量的51%，撑起了新中国石油工业的半壁江山。油田还摸索出了以大修、侧钻加深为主的挖潜技术，以压裂为主的稳油技术，以封、堵、调为主的控水技术，以三次采油为先导的提高采收率技术等十大采油新工艺，为老油田的稳产提供了宝贵的经验。

首创的大功率电脉冲、高能气体压裂当时被誉为“山沟里飞出的两只金凤凰”。中国第一口多底井、第一对双筒井、第一口定向斜井、第一口侧钻井，中国第一次顶部注水、清水钻井、火烧开采等都诞生在这里。

“在玉门，锻炼了体魄，坚强了意志，增加了石油的感情，熟悉了石油生产。与石油结下了不解之缘，与石油人结下深厚的感情。在玉门的时间不长，但玉门精神和玉门石油人的形象永远留在了我的心中。别看只有一年多，终生难忘。”中国石油集团公司原总经理、党组书记陈耕如是说。陈耕深情回顾了当年岁月，认为自己在玉门经受了三个考验，一是高原严寒恶劣自然环境的考验，工作地点紧靠祁连山，海拔2600米，冬天最冷时达零下30多摄氏度。好多人初到高海拔地区，头晕、口干、流鼻血，对刚刚大学毕业、身体瘦弱单薄的他来说也是必然。第二是艰苦生活的考验，当时正处国家困难期间，物质匮乏，甚至奇缺，吃的是萝卜、白菜和土豆“老三样”，一年365天都是如此，没有其他蔬菜，有时一个月也吃不上一顿肉。第三是野外繁重工作的考验，钻井工人是石油行业最苦的工种，整天野外风吹日晒，实行四班三倒制，上六天班能够休息一天。夏天还能抬个保温桶到现场，冬天喝水都很困难，要自己带水，他在班上经常“抗旱”不喝一口水。

陈耕的经历，是每一名玉门石油工人的经历。一部玉门油田发展史，就是千万名共产党员不忘初心、砥砺奋进，为新中国建设的奋斗史。

“人经常不知不觉流鼻血，一年瘦成了40多公斤。”曾参加过玉门油矿初期会战的杨录芳和沈善奎两位老人回忆说。玉门油田地处戈壁滩腹地，那里气压低，水烧到80℃就开了，煮饭煮不熟。“当时玉门油田已经有一定建设基础，我们都住在土坯房里。当时工作很辛苦，尤其是自然灾害期间连饭都吃不饱。领导可能是怕大家想不通，要求大家必须参加跳交谊舞等集体活动。我原来体重62.5公斤，在玉门干了一年瘦成了40多公斤。”沈善奎老人说。

在艰苦的革命年代，玉门油田为国家工业发展作出了巨大贡献，1939年生产原油419吨，1940年生产原油1347吨。

在新中国成立前后石油工业扬帆起航、高歌猛进的激情岁月里，玉门油田作为祖国第一个石油工业基地，义不容辞地承担起了“三大四出”的历史重任。10多万玉门儿女走遍了白山黑水、黄河两岸、燕赵大地、烟雨江南、巴山蜀水、荒漠高原，把先进的管理经验、工艺技术、优良作风和以艰苦奋斗为核心的玉门精神带到了新的油田，形成了“慷慨无私支援别人，历尽艰辛发展自己”的玉门风格。

铁人王进喜是全国著名的劳动模范。他在玉门油田工作了10年，不仅创造了多项石油钻井行业第一，而且留下了许多让人难忘的回忆，“王进喜全天滚”的故事便是其中之一。1958年初，在“大战白杨河”的勘探中。王进喜带领贝乌5队豪迈地提出了“月上千，年上万，标杆插上祁连山”的响亮口号。为了实现这一目标，王进喜“寝不安席，食不甘味”，吃住在井场，一天24小时管生产。大到生产组织、人员思想、打井方案、泥浆配制、钻头使用，小到钻杆摆放、丝扣抹油、要车领料事事都管，像一个上足劲的陀螺一样围着钻井任务转个没完。吃饭就叫徒工从食堂里带，啥时候有时间就啥时候吃。睡觉也是有空了才睡上一觉，钻杆上、泥浆槽里、电机房边都是他睡觉的地方，一张老羊皮袄白天披、晚上盖，整天不离身。天气暖和时就睡在井旁，随时掌握钻机运转的情况。就这样，王进喜把自己像钉子一样钉在了井场上，井越打越快，只用了13天就打了1191米，提前实现了“月上千”的目标。接着不甘示弱的王进喜又向“月上五千”冲击。他依然

“全天滚”，天天围着钻台转。到1958年9月，贝乌5队当月钻井进尺达到5009米，创造了全国最高、世界少有的钻井纪录。1955年开始，正值玉门油矿全力以赴建设中国第一个石油工业基地的关键时期，为了支援克拉玛依油田勘探开发建设、青海油田勘探开发建设、川中会战、兰炼兰化筹建、大庆石油会战，以及后来的长庆石油会战等，玉门油田本着“要啥给啥”的原则，全局端出了所有家底。

玉门石油人就这样，在时时努力发展自己，也在时时想着支援别人的爱国情怀感召下，一次又一次践行和丰富着玉门风格的时代内涵。

从抗日烽火中走来的玉门油矿，不仅奠定了中国现代石油工业的基础，而且打破了中国工业布局不平衡的局面。抗日战争前中国没有现代意义的石油工业；抗战期间，玉门油矿的开采，使中国的石油工业和化学工业有了飞跃发展，填补了中国能源工业的空白；抗日战争后以及新中国成立后相当长时间内，玉门油田一直是中国重要的能源工业基地。

是峥嵘岁月，孕育了伟大的以“艰苦奋斗”为核心的玉门精神。

在祖国百废待兴、百业待举之时，为满足国家建设对能源的需求，迫切需要找到更多的油气资源，回到人民怀抱的玉门油田焕发新干劲，虽然底子差、基础薄，环境恶劣，条件艰苦，但当家做了主人的油田职工一片丹心，迎难而上，艰苦奋斗，怀着对党的深厚感情，以苦为荣，忘我工作，报效祖国，建成中国第一个天然石油工业基地，支撑着年轻的人民共和国。

在中国石油工业加快发展的历史时期，玉门油矿担负起了大学校、大试验田、大研究所，出产品、出技术、出经验、出人才“三大四出”的历史重任，全力支援全国新油田建设。他们从全国“一盘棋”出发，提出“一援、二让、三上”的行动方针，把支援新油田的勘探、开发建设作为自己的首要任务，成建制地把骨干队伍和成套设备一批又一批地送往新区和兄弟油田需要的地方，慷慨激昂地走向中国石油工业转折的历史舞台，谱写了曾使一代人流下热泪的“玉门风格”。

把最好的给了别人，剩下的自然是困难和紧张。支援别人还要发展自己，“人走精神在，人减干劲增”“慷慨无私支援别人，历尽艰辛发展自己”，不抱怨，不张口，不伸手，利用现有条件，不等不靠，在艰难中崛起，形成传承至今的“一厘钱”“穷捣鼓”“找米下锅”“小厂办大事”“再生厂”五种精神，集中体现了石油工人的优秀品质，是石油精神文化的优秀基因。

从那时开始，全国各地油气勘探捷报频传。玉门石油人怀着振兴祖国石油工业的梦想，带着精良设备，以“哪里有石油就到哪里去战斗”的博大胸怀，奔赴全国各个油田。凭借“为油田负责一辈子”的敬业精神和高度责任感，将兄弟油田的需要当作大局。只要是新油田需要的，要人给最强的，要设备给最好的，要技术给最精的，要多少给多少，什么时候要什么时候给。

支援新油田，已经成了玉门油田职工的自觉行动。上级要他们支援的，他们积极支援；上级一时想不到的，他们主动支援。他们常说：新油田不是在荒原，就是在戈壁，缺一个螺丝钉也开不了钻，支援的时候考虑不周，就会影响建设速度。他们的想法是：哪怕自己麻烦千遍，也要让新油田感到方便。

王进喜从一个放羊娃到进入玉门油矿，成为一名光荣的石油工人。在党的培育下，王进喜逐步成长，从小工到司钻，从队长到全国劳模，在玉门油田创造了辉煌的业绩。松辽会战开始后，王进喜肩负摇篮使命，用实际行动兑现了“宁可少活二十年，拼命也要拿下大油田”的庄重承诺，带着钻井队多次打破全国和世界纪录，在大庆石油会战中被誉为铁人。

从玉门油田诞生的那一天起，就将国家利益和整体布局放在首位，牺牲小我，成就大我。义无反顾地承担起“支援别人，发展自己”的双重责任，无偿地把勘探开发等多领域积累的技术、经验传授给兄弟油田。放眼全国，工业基础薄弱，在新中国石油工业发展的初期，只有玉门有条件、有能力支援兄弟油田，他人无法取代；把新油田的事当作自己的事干，先支援别人，后发展自己，这就是玉门风格。

80年来，当祖国相继发现新的油田后，先后有十多万玉门优秀儿女支援全国兄弟油田建设。他们从玉门走来，南下四川，北上大庆，东去庆阳，西进吐鲁番，无私地支援了祖国的石油工业建设，玉门儿女的脚步走遍了白山黑水、黄河两岸、燕赵大地、烟雨江南、天山脚下、巴山蜀水，在祖国每一个油田建设的主战场上，都留下了玉门人的足迹和身影。铸成了“凡有石油处，就有玉门人”这脍炙人口的诗句。

多次支援全国油田建设，一批又一批的骨干力量调走，一台又一台的设备运走，玉门油田出现了历史上最艰难的岁月，留给玉门油田的是要不要继续发展的命题。玉门石油人咬紧牙关，挺起胸膛，硬是攻破了一个又一个难关。

玉门油田接到参加长庆石油会战的命令后，专业修井队伍支援新区，大批油井因为没有队伍和设备而陷入停产状态。于是，由采油工、机关干部、后勤人员组成119个“群众修井队”，在零下二十多摄氏度的寒冬，用土绞车修井。没有机械动力，70多人排成队，背着钢丝绳，把井下的抽油杆、油管一根根拉出来，清完蜡，冲净砂，再一根根放下去。每修一口井，他们都要在井场上来回负重两百多趟，手上的血泡磨成老茧，肩上的钢丝绳深深嵌进肉里，书写了人背钢丝绳修井的传奇，成为石油发展史上绝无仅有的壮举。

玉门石油人直面困难，创新奋进，“调走旧的造新的，调走洋的造土的”“不守摊子再创业，脱皮掉肉咱不怕”，玉门石油人凭着一种骨气、志气和士气，凭借这种不怕困难、战天斗地的气概，无怨无悔地克服了一个又一个困难，在艰苦奋斗、拼搏奋进的实践中，创造了后期稳产开发的奇迹，走出了高效开发的路子。

正是这“五种精神”，充分展示了玉门石油人艰苦创业、为国分忧、为国争光的壮丽画卷，奏响了一曲曲负重爬坡、甘于吃苦、乐于奉献的光辉乐章，它是玉门石油人不甘平庸、不甘屈从、不甘得过且过的血性和品节。在玉门这个艰苦的地方、困难的条件下，造就几代玉门石油员工发扬民族精神、爱国精神、革命精神，秉承中华民族吃苦耐劳、勤劳朴实、坚韧顽强的品格，在民族救亡、社会主义建设、发展石油工业的实践中，逐步形成的具有石油摇篮特点的优良传统和作风。

玉门石油人秉承我为祖国献石油的初心，东征西战找油忙，被原玉门油田职工薛柱国写成了歌曲——《我为祖国献石油》，已传唱了半个多世纪。玉门油田，在百万石油职工心目中，就是“不忘初心，牢记使命”的出发地，历经磨难，饱尝艰辛，初心不改。默默地将希望送达远方，即使走得再远，也可以回望来时的路。

80年来，几代玉门石油人，高擎艰难创业的大旗，不畏恶劣的自然条件，克服种种艰难险阻，扎根戈壁，开拓不息，与天斗，与地斗，在塞外荒原上创造出一个又一个奇迹，创造出了令世人瞩目的辉煌成就。

从这里，走出了中国石油工业坚持党的领导，加强党的建设，始终听党的话、跟党走的石油党建格局。玉门油田从开发建设起，就加强党的建设，坚持党的领导。在党的领导下，玉门油田安全完整地回到人民手中；在党的领导下，玉门油田成为中国第一个“五年计划”156项重点建设项目，快速建成了新中国第一个天然石油基地和中国石油工业摇篮；在党的领导下，玉门油田在不同历史时期，艰苦创业，无私奉献，自强不息，为国家经济建设做出了贡献。

从这里，中国石油工业老油田后期开发探索起步。玉门油田，用80年实践探索了中国石油工业后期开发的经验与道路。新时期以来，玉门油田面对勘探开发中的各种矛盾和困难，广大干部群众继承油田优良传统，弘扬玉门精神，深化地质研究，持续推进勘探工作，先后发现和建设了青西油田和酒东油田；强化精细勘探，坚持深挖细找，加快新区产能建设和老油田综合治理，创造了玉门油田连续三个10年稳产的不斐业绩，老君庙油田连续4次获得全国高效开发油田称号，保持了同类油田开发的高水平。

进入新时代，玉门油田以勘探开发和炼油化工为支柱，提出了高质量建设百年油田的目标。

80年来，玉门油田累计生产原油3823万吨，加工原油7221万吨，实现营业收入2240亿元，利税总额244亿元，为中国石油工业可持续发展和国民经济建设做出了重要贡献。

80年来，玉门油田在为民族振兴、国家强盛做出巨大贡献的同时，对地方经济的发展和社会进步也发挥了重要作用。为酒泉市和玉门市分别贡献了60%和80%的税收，有力地带动了地方经济发展。正是有了玉门油田，才奠定了甘肃石油化工支柱产业的基础。

当玉门石油产品运往祖国四面八方时，当玉门的新技术、新工艺传播到一个个新油田时，当玉门油田成长的石油精英尽显风流时，当白山黑水间的玉门石油人回味老君庙的温馨时，玉门石油人奉献祖国的所有情感都凝结成“凡有石油处，就有石油人”的诗句，支援新区的滚滚车流和铿锵脚步都叠加成“三大四出”的玉门风格。

凡是过去，皆为序章。抚今追昔，玉门油田为国民经济和石油工业的发展做出了历史性的突出贡献。顾全大局、无私支援兄弟油田的“玉门风格”和“石油摇篮”的美誉，在华夏大地上广为传颂。玉门石油人用玉门精神书写了一个老油田历经80年不衰的传奇。在认真学习贯彻习近平总书记的重要批示，大力弘扬石油精神的今天，玉门精神和大庆精神、铁人精神一起彪炳史册，激励一代代石油人奋勇前进，把油田勾画的美好蓝图变为现实，继续书写石油工业灿烂美好的未来。

第三节　爱国救国精神

在中国石油开发的初期，一大批爱国知识分子放弃国外的舒适生活，奔赴延长、玉门等艰苦的开发前线。如果没有他们当初的爱国救国精神，就没有中国石油工业的今天。

从1940年开始，一批年轻有为的大学生将物理勘探方法应用到石油生产中，翁文波便是其中的重要一员。他早年毕业于清华大学物理系，后赴英国留学，1939年获博士学位后回国，任中央大学教授。1940年3月，他提出了一个物理探矿计划，与助手赵仁寿携带自制仪器到玉门油田，对油井进行电测，根据所获资料增加钻探深度，提高油井产量。1945年7月，由翁文波任队长的第一支重磁力勘探队成立，队员有丛范滋、李德生、汤任先等。他们绘制了沿河西走廊一带的地质、重力线综合图（比例尺为1：10万）20幅，这些图件为玉门油田的勘探开发提供了十分重要的地球物理数据信息。

为了提高员工技术水平，玉门油田举办员工业余训练班，培训钻井、采油、炼油等方面的先进技术，同时从国外购买先进设备，聘请外籍专家，实地指导工作。此外，还在资源委员会的统一安排下，派出一批技术人员出国深造。炼油厂陆续从国外购进新设备，逐渐扩大规模，建成日炼油220吨的蒸馏装置，日炼油285吨的蒸馏裂装置，日炼油117吨的真空（减压）装置，从而成为配套比较完善的现代炼油厂。

祖国石油的“拓荒者”孙健初、勒锡庚、严爽等是早期献身石油工业的知识分子代表，爱国救国的楷模，他们把毕生精力献给了中国的石油工业。

孙健初作为中国早期的石油地质专家，对玉门油田的勘探开发作出了开创性的贡献。他撰写的《发展中国油矿计划纲要》《西北油田地质征略》等论文，为中国石油工业的发展提供了重要的理论和实践依据。他建立了中国第一支石油地质研究专业队伍，培养了许多专业人才。新中国成立后，孙建初被任命为石油管理总局勘探处处长，并担任全国地质工作计划指导委员会委员、中国科学院专门委员，指导全国石油地质勘探工作。

靳锡庚从勘探玉门油田开始，成为最早进入石油行业的测量技术人员之一，此后，他勤奋钻研地质、钻井等专业知识，为中国油田勘探开发作出了突出贡献。

1938年12月23日，严爽带领勘探队，骑着骆驼从酒泉出发，开展地质勘探工作。时值数九，风雪交加，骑在驼背上时间稍长，双脚就会冻得麻木，严爽和队员只好不时地离开驼背，徒步行走，活动身体。经过4天跋涉，终于到达海拔2400多米的石油河畔。这里荒无人烟，草木稀少，只有一座孤零零的老君庙。他们在老君庙旁边支起一顶蒙古包，安营扎寨，并开展测量地形、勘探地质状况、确定井位等工作，从此迈开了开发玉门油田的第一步。他们先后勘察了弓形山、干油泉、三橛湾、石油沟一带的地质情况，制定了包括地质、钻探、器材、费用在内的《1939年度工作计划书》。怀着一腔爱国救国情怀，严爽往来于酒泉与老君庙之间，组织了各项工作。他共组织钻井8口，井深500~1500米，为老君庙油田的开发奠定了基础。

1949年年初，彭德怀指挥的中国人民解放军第一野战军进军大西北，国民党西北军政长官公署和玉门油田特别党部的一些反动分子，密谋对油田进行破坏。为了把油田保护好，中国石油公司协理兼甘青分公司经理、爱国知识分子邹明，积极组织员工护矿，成立了以工程技术人员和老工人为骨干的护矿队，将一部分设备藏进山沟，对一部分油井进行伪装，在炼油厂周围筑起围墙，并将矿警队的武器发给护矿队，昼夜监视反动分子的行动。与此同时，邹明还飞赴兰州、广州、香港，一边为维持油矿正常生产和员工生活筹措资金，一边和在香港的原资源委员会主任委员、知名民主人士孙越崎联系，向党中央转告玉门油田的情况，希望加速进军，防止反动分子破坏。9月下旬，解放军进军河西走廊，前线部队密切关注油田安危，不断通过电台向前线喊话，警告反动分子不得破坏油田。在解放军的强大攻势下，经过油田员工的坚决斗争，反动分子破坏油田的阴谋被彻底粉碎，玉门油田完整地回到人民手中。

进入21世纪以来，“石油”越来越牵动世人的神经。政治家和军事家们，为了各自国家的安全和经济利益，日夜不停地谋划他们的石油发展战略。人们已经预见到，不久的将来，石油将无可挽救地走向枯竭。于是，超级大国不惜发动残酷战争，以千千万万人的鲜血和生命为代价去攫取和控制石油资源。而我国，除了以政治的、经济的方式参与有序竞争外，主要还是依靠科学技术的发展，力求降低能耗，并研究开发接替能源。中国的办法之一就是搞人造石油——从煤炭中提炼石油及其产品。今天，当我们重新开启这个思路并扶托煤炼油工程再度上马之时，不能不想起曾被毛泽东主席、周恩来总理赞扬过的中国的人造石油之父、中国科学院院士赵宗燠先生。

爱国救国，求索路漫漫

1904年11月28日深夜，四川省荣昌县一个殷实的赵姓大家庭的后院里，一个小生命呱呱坠地。赵先生给这第三个儿子起名赵宗燠。

赵宗燠的父亲赵云渠幼时饱读诗书，曾入仕，做过四川省江津县知事和四川江防第二区司令。他对兴办现代工业颇有兴趣，曾与同盟会成员筹办过川南瓷厂、搪瓷厂和火柴厂。赵宗燠的家里时常有各种客人来访，其中几位从欧洲回来的长辈，他们的高谈阔论给他留下了很深的印象——德国竟能从煤炭里提炼出焦油来！

1924年，赵宗燠考入南京大学化学系。1929年留校任教，并攻读研究生。“九·一八事变”之后，赵宗燠参加了业余军事训练班和抗日“十人团”。1932年“一·二八”淞沪之战爆发，赵宗燠参加了学生义勇军，任第四大队队长。他率领32名队员，不顾当局和学校的重重阻拦，奔赴上海前线，冒着敌机的狂轰滥炸和枪林弹雨，为前线将士运送弹药、食品，支援十九路军抗战。

日本帝国主义的侵略行径和愈来愈严重的民族危亡形势，激起了赵宗燠实现“科学救国”“工业救贫”理想的紧迫性，1935年，他不顾父亲和妻子的阻拦，赴德国留学。

在柏林工科大学化工学院，赵宗燠攻读石油加工和石油代用品转换工程技术（煤化学工程）专业，在乌贝洛德院长指导下做研究工作，从理论上接触到煤炼油工程的各个方面。

随着学习和研究的深入，赵宗燠认识到开发煤炼油或煤化学工程不是少数人专攻一两个课题而能奏效的，于是，他一面学习研究，一面联络和组织我国理工科留学生，发起成立了中国留德学生燃料读书会，他要求大家尽量全面系统地调查收集工程建设方面的技术资料，准备日后为国家建设所用。尽管大家都尽力去做了，却收获甚微。因为德国煤炼油的主要工程技术对外国学生是保密的，参观时只让他们在厂房外走马观花而过。赵宗燠只能从煤的气化、净化、催化、筑炉等书本知识里间接进行研究和学习。1939年，赵宗燠获柏林工科大学化学工程博士学位，完成毕业论文《油类紫外光谱分析》。

这个时候，我国抗战正处在最困难阶段。得知赵宗燠即将学成回国，四川大学、中山大学、同济大学等纷纷致信邀他去当教授。他也收到军政部的来信。信中说，由于日军封锁，中国军队所需要的汽油、煤油、柴油运不进来，军用燃料奇缺，有些汽车已靠烧木炭行驶。因此他们计划要搞石油代用品加工厂，请赵宗燠回来参加这方面的工作。

得悉赵宗燠回到重庆，军政部交通司负责搞交通油料供应的朋友们立刻和赵宗燠接触上，他们对赵宗燠说，现在抗战前方后方用油都很困难，你无论如何不能去教书，一定要留在重庆。军政部的领导也来动员赵宗燠。当时的军政部部长是何应钦，次长叫张伯旋，是留美的，也是学燃料的，很想搞一点事业。他一再挽留赵宗燠留在交通司工作，办一座燃料工厂，包括：植物油代替柴油，酒精代替汽油；还有一个最难的也是最需要搞的工程，就是搞个煤炼油工厂。按他们的要求，赵宗燠写了一份书面报告，介绍了国外煤炼油工业发展情况：一个方法是费托合成，将煤气化后，通过催化合成汽油。另一方法，就是煤炭直接加氢，变成汽油、柴油、高级汽油、航空煤油。尔后，交通司据此制订了一个办费托法煤炼油实验厂的方案，由赵宗燠担任军政部交通司合成油厂筹备处主任，负责筹办。

赵宗燠拟定了一个办厂计划，提出先筹办一个小型试验装置，从煤炭的低温干馏开始，生产一部分焦油和煤气，再催化合成汽油；资金是个大问题，虽然抗战时期，国家财政十分困难，但无论如何也要调拨一定资金；还有人才，光他一个光杆司令不行，还需要化工、工艺、工程、机械以及基建建设等方面的技术人员。计划送到了蒋介石那里，蒋介石认为资源委员会是搞技术的，就叫何应钦写了一封信，连同计划转给资源委员会主任翁文灏，由他审定。孰料这一批转就是三四个月。

正在赵宗燠焦急等待之时，周君实又来登门造访。周先生时任教育部长，他此番屈驾惠顾，是要聘请赵宗燠当同济大学校长。同大其时已由上海搬迁到昆明，他和教育部还要把它搬到四川来。他要赵宗燠一定帮他的忙，一起去接收同大。赵宗燠说我已在军政部为上校技正，任厂长的消息也准备要公布了。军政部有规定，凡军用人员不能请假。周君实说不要紧，蒋委员长那里他有很多朋友和熟人。于是他就写了个报告，去活动。果然军政部就批了："准予借调。"因为是借调，周君实只好让赵宗燠做了同济大学教授、秘书长、总务长。赵宗燠就同他从重庆飞到昆明，接收了同大。之后，按照周君实交给的任务，飞回四川选校址。即将动身时，接到军政部交通司的电报：办合成油厂的计划翁文灏批准了，何应钦、张伯旋叫他马上回去办厂。赵宗燠问周部长怎么办？周君实说，你可以把找校址和办厂的工作结合起来一起干。

赵宗燠回到四川，立即着手选校址之事。他认为乐山离重庆不太远，也算个城市，有山有水，比较安全；而且附近有煤炭，厂址也可考虑选在这里。就带了事务主任、总务主任，到了乐山。果然觉得这里适合办学，周部长也同意，校址便选定了。但乐山山高路曲，运输有很大困难，在此办厂不合适，最后厂址选定在重庆北碚宝源煤矿坑口附近。

不久，赵宗燠被任命为合成油厂厂长的消息正式公布，并给予视同少将的待遇。

合成油厂隶属于资源委员会，资源委员会主任翁文灏、副主任钱昌照曾先后带领行政、财务、人事、物资等部门的负责人前去视察。初时虽然没有完全满足赵宗燠的需求，但也调拨了部分资金和物资，尤其在所需人才方面，得到同时留欧回国的经济学博士、时任资源委员会人事处代处长宁嘉风的大力支持，调来了留德和国内的大、中学毕业生多名，组织起数十人的技术队伍，使得建厂工作得以迅速开展。

在祖国抗战时期办厂，其艰难程度可想而知。但赵宗燠信心十足，他殚精竭虑，日夜操劳，一边指挥土建工程的进行和机器设备的采购和安装，一边带领技术人员开始了以煤为原料合成汽油等车用油品及其他代用品（包括煤层快速干馏、煤焦油裂解、加压脱水制酒精等）的研究试验并进行投产准备。煤炼油研究试验工作很快取得成果，有的还达到了当时的世界水平。根据研究成果，赵宗燠与几位技术人员合作，发表了《合成石油铁催化剂研究》《合成石油镍催化剂研究》等论文。不久，小装置生产试验取得进一步成功。

然而，在他准备进行工业化生产，期盼着不久就可以把我们自己生产的汽油、煤油、柴油送上前线，让我们的汽车、飞机、大炮、坦克向敌人发威时，在资金和物资方面却越来越得不到有效支持，最后几乎成了无米之炊。如果说仅仅因为抗战时期国家财政极其困难，实在是捉襟见肘，还可以理解；可是国民党政府中许多高官贪污、腐败，甚至大发国难之财，却是他怎么也想不通的。他多次找翁文灏等负责人交涉，他们也表示爱莫能助。

1945年，抗战胜利了，赵宗燠满怀希望地以为这回可以放开手脚搞工业建设了，他很快提出了一个扩大合成石油生产的计划。但建议不但不为当局采纳，还得到相反的命令，云“日军已败，抗战工业不再需要，工厂停办，人员解散”。他费尽心血办起的合成油厂竟然被关闭了，绝大多数工友被解雇失业。他据理力争，但无济于事。他痛心疾首，又迷惑不解。

1946年初，赵宗燠奉资源委员会之命，带领几位技术人员参加接收日本侵略者在东北的工业遗留，其中有锦州煤炼油厂。这一下又点燃了他搞合成石油研究和生产的希望。他带领技术人员来到该厂，收集起散落遍地的图纸资料，并找到几个未被苏军带走的日本工程技术人员讯问，花了几个月时间全面检查了工程建设和损坏情况。他认为此厂完全可以恢复重建起来，给国家打下一个新技术、新工程的基础。他高兴地拟订了恢复建设锦州合成油厂的建议，呈国民政府东北行政当局及行政主任卫立煌等裁定。痴心搞工业的赵宗燠似乎有些天真了！因为卫立煌们的当务之急，是在蒋介石催督下，与解放军在东北决战，岂能拨出财力给你建工厂！赵宗燠陷于焦急等待之中。

正当山穷水尽之际，却又他乡遇故知。在奉天（沈阳）他与掌管东北财权的宁嘉风先生重逢了。宁嘉风厌恶国民党的腐败和打内战的行径，也主张和平建国，愿意助赵宗燠一臂之力。他说只要有个上面的什么批复，我就把资金拨给你。而这个问题在东北不可能解决，去找中央政府，找那些也愿意搞工业建设的阁员们，如翁文灏、孙越崎、钱昌照等。

赵宗燠于是亲赴南京向国民政府请命。他知道这一使命的艰难，为作“持久战”计，偕贤内助王应明女士同往。他真的有些不识时务，那时的国民党当局正与解放军决战东北和京津，岂肯顾及战争以外的事！如此在南京耽延八个月之久，当局为了拒绝他的“胡闹”，竟以停发工薪治之，他的旅资很快用尽。为了坚持这旷日持久的消耗战，他几次把自己珍藏的字画卖掉，再后来，又不得已电求四川家中兄弟支援。然而，当局并不为所动，又以对他处分相威胁，明令他不得再过问石油工业之事，调他到沈阳化工厂任厂长兼总工程师。

赵宗燠离开锦州，仍不甘心，一再嘱咐几位技术人员，千方百计保护好厂里的机器、设备和技术资料，一定要争取机会再行重建。

不久赵宗燠又被调到天津，任天津化学工业公司总经理兼总工程师。

天津解放前夕，国民党当局命他撤到南京，再去台湾，并通知夫人先行。“科学救国”“工业救贫”理想一再遭遇阻厄和波折的赵宗燠，对妻子王应明说：“我对国民党是彻底没了信心。我一生就想给国家办点新兴工业，为改变国弱民穷的落后面貌出力。可是我遭遇到的，不是偏见歧视，就是恶意中伤；不是门户排斥，就是压制打击；至于国民党政府中的贪污不以为耻，贿赂可以公行……我更是看够了，我是死也不跟他们去！”王应明说：“这些年你所遭遇的坎坷，我感同身受。你不去，我也决不走。我们两人患难与共，要死我也要和你死在一块。”

战争进行中，他积极组织天津化学工业公司及两个分厂的工人和职员，保护厂里的机器、设备和资产，迎接解放。

建设新中国的合成油厂

1949年1月，天津解放。一天，一男一女两位客人，突然来赵家造访，他们是东北工业部派来的干部李新和杨洁。他们说，东北已完全解放，全国的解放也指日可待，中国共产党和人民政府决心迅速重建东北工业，他们是专程来天津恭请赵宗燠参加东北工业的恢复和建设工作，特别是锦州合成油厂的重建工程的。

赵宗燠喜出望外，他对李新和杨洁说，不仅他要去，还要带上几位工程技术人员一同去。于是，他即刻收拾行李，出关北上。到沈阳后即被任命担任东北工业部化工局总工程师兼锦州合成油厂总工程师。

到任后，赵宗燠对技术人员和工人们说，虽然东北已经解放，但全国的解放战争还在继续，人民解放军需要粮秣弹药的供给，也需要汽、煤、柴、润等石油产品的支持。很快全国就要解放，国家必然要全面恢复和进行经济建设，而我国现有的天然石油矿藏不能满足需要，是世界上公认的“贫油国”，将来我们会找到大油矿的，但要能供应亿万人民生活和生产建设所需，恐怕十年、八年也难以实现。所以，我们要利用这个基础和我国丰富的煤炭资源，通过我们的努力，尽快生产出、多产出合成油来，为改变国家人民的贫穷落后状况贡献我们的力量。

工厂复建开始了。赵宗燠在当年留下来的几位技术人员的帮助下，找来几年前收集和保存下来的不太完整的图纸和技术资料作为参考，与厂领导、技术人员和工人进行研究讨论后，制订出复建方案，指导和带领二三百名技术人员和工人，夜以继日地进行设计、检修、安装、调试，原料的采购和运输，到1949年底即恢复了原料气制造设备DDR炉的运行。同时，他指导了与中国科学院大连石油研究所的合作，研制出生产合成油的常压钴催化剂、钍催化剂、镁催化剂及合成生产装置，解决了造气、合成等关键技术问题。而后与大连石泔研究所再次合作，研究开发出性能更好的用于合成油生产的熔铁催化剂，获得了国家级奖励，是新中国成立后最早获此殊荣的重要成果之一。1950年，合成油生产装置全部试运成功，生产出合格的合成油产品。这是日本人搞了八年、他在重庆搞了四五年也没有的结果。到1954年该厂复建全面完成，合成油年产量达到3万吨，大大超过原设计能力，几乎与当时全国最大的玉门油矿的产量相当。

此后，赵宗燠继续指导锦州合成油厂的第二期工程开发建设，增加了5台水煤气发生炉和第三段脱硫装置，建立了催化剂中型试验装置和三座流化床反应器，到1955年，该厂原油年产量已达5万吨。

这样的产能在现在看来或许微不足道，但对新中国成立初期全部天然石油年产量才30万吨的国家来说却是弥足珍贵的，它向世人表明——中国完全有能力利用自己的煤提炼出石油！人们都知道，我国实施第一个五年计划时，天然石油的勘探和开发没有完成国家计划，而煤炼油的生产却远超计划，在很大程度上缓解了国家对能源的急需。

此外，这期间，他还急中国国防建设和抗美援朝战争之需，组织技术和生产力量，研究、设计和建设成七碳烯烃环化制甲苯装置，生产出甲苯供制造军火所用。

1955年，赵宗燠调到石油工业部任生产技术司总工程师，并任科技委员会副主任。1957年他当选为中国科学院学部委员（现称院士）。1959年当选为第三届全国政协委员，第四、五、六届常务委员，是全国政协无党派民主人士召集人。

当赵宗燠第一次走近仰慕已久的共和国领袖毛泽东、刘少奇、周恩来、朱德、邓小平等时，周总理亲切地指着他向毛主席和朱总司令介绍说：“这位赵宗燠同志是我们中国的人造石油专家。”

第三章 新中国建设初期的石油精神

1949年10月1日新中国的成立，标志着中国石油工业进入现代石油工业新的历史发展时期。新中国石油工业，从“三年恢复与发展”，到实施国民经济第一个五年计划期间，玉门油矿在全力以赴支援兄弟油田建设的同时，坚持自身的发展，形成了自力更生、艰苦奋斗的“一滴油”精神，设备缺乏、自制修造的“穷捣鼓”精神，原材料不足、改制代用的“找米下锅”精神，人员不足、多做贡献的“小厂办大事”精神，以及修旧利废、挖潜改造的“再生厂”精神。玉门油矿正是靠这些精神，在“一五”期间建成了新中国第一个石油工业基地。玉门石油人顾全大局，优先大力支援别人，克服重重困难，努力发展自己的风格，被誉为“玉门风格”。20世纪50年代，勘探发现新中国成立后的第一个大油田——克拉玛依油田，不仅对全国石油产量的增长起到重要的支撑作用，同时也发展形成了“克拉玛依”石油精神，以及发展形成了“柴达木”精神。

20世纪60年代初期进行的大庆石油会战，揭开了新中国石油工业发展史上的崭新一页。大庆石油会战，不仅为国家创造出了巨大的物质财富，而且在精神财富上也获得了丰硕成果，其精神财富主要表现在：以铁人王进喜为代表的“为祖国分忧，为民族争气”的爱国主义精神；“早日把中国石油落后的帽子甩到太平洋里”“宁肯少活二十年，拼命也要拿下大油田”的忘我拼搏精神；“有条件要上，没有条件创造条件也要上”的艰苦奋斗精神；“要为油田负责一辈子”“干工作要经得起子孙后代检查”的科学求实精神。大庆石油会战所创出的精神财富，永远是激励新中国石油人奋勇向前的精神动力。

大庆石油会战的实践证明，“两论”是大庆会战的灵魂。1963年11月，国务院总理周恩来在中华人民共和国第二届人民代表大会第四次会议上做政府工作报告时指出：“我国经济建设、国防建设和人们所需要的石油，过去大部分依靠进口，现在不管是在数量上或者在品种上，都已经基本自给了。中国人民使用洋油的时代，即将一去不复返了。”

在大庆石油会战取得决定性胜利的基础上，石油工业部决定把华北石油勘探的重点转向渤海湾地区，开展了大规模的石油勘探会战，从而发现了胜利油田，也标志着“胜利精神”的诞生与发展。胜利油田的勘探发现与开发建设，以及大港油田的勘探发现，大幅度提高了全国的原油产量。1965年，全国原油产量达到1076万吨，突破年产油千万吨大关，实现了石油全部自给；累计探明石油地质储量31.4亿吨，比1963年累计探明石油地质储量25.99亿吨增加5.41亿吨。华北石油勘探开发会战，勘探发现胜利油田、大港油田，改善了全国的燃料构成和石油工业的布局，使华北、华东以至整个沿海地区的石油工业状况大为改观，对于促进中国石油工业乃至整个国民经济的发展，加速社会主义现代化建设，具有非常重要的意义。

新中国石油工业，靠着发展形成的“玉门”精神、“克拉玛依”精神、“柴达木”精神、大庆石油会战精神、胜利会战精神，经过十几年的建设发展，取得了显著的经济效益，为国民经济的发展做出了重大贡献。

——东部石油工业崛起，原油产量快速增长，实现了石油及油品的全部自给，中国原油年产量在世界产油国的位次有所提升。东部地区迅速成为中国的主要产油区，1965年东部原油产量占全国原油产量的比重达到81.6%。全国原油年产量由1952年的44万吨上升到1965年的1131万吨，实现了油品数量及品种的全部自给。中国原油年产量在世界产油国的位次，由1952年的第24位上升到1965年的第17位。

——原油和天然气产量的增长，使全国的能源生产构成和消费构成发生了较大的变化。石油和天然气在全国能源生产构成和消费构成中所占的比例，由1949年的不足1%，分别上升到1965年的9.4%和10.9%。

——石油工业总产值和在全国工业总产值中的比重有所增长。石油工业总产值，由1957年的7.8亿元上升到1965年的44.9亿元（包括上、下游），在全国工业总产值中的比重由1957年的1.1%上升到1965年的3.2%。

——石油工业财政上缴额和在国家财政收入中的比重有所提高。1953—1957年，财政上缴额10.5亿元，占国家财政收入的0.77%；1963—1965年，财政上缴额48.95亿元，占国家财政收入的4.0%。

第一节　新中国玉门精神

在国家“一五”计划期间，玉门油矿经过艰苦奋斗，建成一个包括地质勘探、钻井、采油、原油加工、机械制造、科学教育的综合石油工业基地——新型玉门石油城，在祁连山麓的石油河畔崛起，成为新中国建成的第一个石油工业基地。1957年，新华社向全世界庄严宣告：“中国第一个石油工业基地在玉门建成”。1958年7月，朱德委员长视察玉门油矿，对玉门石油人在第一个五年计划时期的建设成就，给予热情鼓励和赞扬，并欣然题词:“玉门新建石油城，全国示范作典型，六万人民齐跃进，力争上游比光荣。”

从20世纪50年代后期开始，玉门油矿发挥石油工业基地作用，担负起支援新油田的建设任务。石油工业部先后从玉门油矿抽调一批勘探、钻井、油田开发、油田建设等方面的科技人员，支援克拉玛依油田的勘探开发建设；抽调一支5000多人的运输队伍，连同全部车辆和设备开赴青海柴达木盆地，支援青海冷湖油田的勘探开发建设；抽调一支1700多人的队伍，携带钻机和其他设备，参加川中石油勘探会战；将一套年加工能力20万吨的炼油设备，搬迁到青海冷湖油田，支援青海地区炼油工业的发展。玉门油矿从全国“一盘棋”出发，提出“一援、二让、三上”的行动口号:“一援”，无论什么时候都要把支援兄弟油田建设放在首位；“二让”，兄弟油田需要的人员和物资，尽管自己也需要，但要让，要优先满足兄弟油田的需要；“三上”，在支援兄弟油田的同时，要努力克服各种困难，继续发展本油田的生产建设。

勘探发现大庆油田后，玉门油矿以全国劳动模范王进喜、薛国邦等为代表的1.8万余名职工，从1960年春节开始，带着成套钻机和其他设备，日夜兼程，陆续赶赴松辽平原，参加大庆石油会战。哪里有石油，哪里就有玉门石油人。玉门油田在支援兄弟油田的工作中，克服本位主义思想，一切服从国家建设的需要，充分发挥了石油基地的作用。“苏联有巴库，中国有玉门。凡有石油处，就有玉门人。”这句广为流传的诗句，十分形象地概括了玉门油矿在中国石油工业发展中的作用。

1960年以后，玉门石油管理局在全力支援兄弟油田，人员、设备和资金大量减少的情况下，坚持自力更生，艰苦奋斗，克服种种困难，坚持发展本油田的生产。白杨河油田的修井作业工人为增产原油，在缺少钻机的情况下，从废料堆里找出不同厂家制造的钻机部件，加以修理和改造，装配成一台钻机。他们用这台钻机在一年多的时间里，钻井25口，使油田面积扩大了56%，原油日产量提高54%。石油沟油田的修井作业工人为克服设备短缺的困难，在修井时用自制绞车，把抽油杆和油管从800米深的井下一节一节地提上来，清蜡、除砂后，再一节一节地下入井内，保证了油井正常生产。炼油厂进行扩建时，油田建设工程公司承担安装再生器、反应器的任务，而设备的质量都在50吨以上，高4.4米，原有厂房的高度只有4米，又没有50吨的起重设备。为按期完成工程建设，技术人员和工人们共同努力，利用废旧器材，自制“龙门吊”，解决了起重等问题，从而保证了工程进度。油田机械厂扩大生产，建设起抽油机、抽油泵、抽油杆（“三抽”产品）和大型压裂车制造车间，“三抽”产品不仅满足了本油田生产的需要，而且还供应其他油田；机械厂也由修理汽车和柴油机，发展成为修理大型石油设备的工厂。

玉门油田在坚持发展生产的实践中，在全力以赴支援兄弟油田建设的同时，连年完成国家原油生产计划。在原油加工方面，玉门油田自己设计制造，自己安装施工，建设起全国第一套提升管催化裂化装置；焦化装置经过扩建，工艺技术达到国内先进水平。为发展生产、保障生活，玉门石油职工和家属，发扬“南泥湾”精神，组织起来，自己动手，在砂石遍地的盐碱荒滩上开荒造田，发展形成了农副业生产基地，促进了石油工业基地的建设发展。

玉门石油人为迅速发展中国石油工业，顾全大局，优先大力支援别人，克服重重困难，努力发展自己的风格，受到普遍称赞。1972年12月，《人民日报》发表通讯，把玉门油田的这种风格，誉为“玉门风格”。玉门油矿作为新中国第一个石油工业基地，数十年来义不容辞地肩负着“石油摇篮”的重任，长期发挥“大学校、大试验田、大研究所；出产品、出经验、出技术、出人才”的基地作用，被人们赞誉为“三大四出”。玉门油矿在长期的油田开发实践中，充分发挥石油基地的作用，为中国石油工业的发展输送了大批人才、技术和设备，康世恩称赞说“玉门是中国石油工业的老母鸡”。

自20世纪60年代中期，玉门油田进入全面调整时期。“文化大革命”期间，玉门油田广大职工排除干扰、克服困难，坚持进行油田开发综合调整，收到良好效果。1970—1979年，玉门油田原油年产量连续10年稳定在60多万吨。此后，油田广大职工发扬艰苦奋斗的优良传统，继续进行油田开发综合治理，不断提高油田的采收率，原油年产量持续6年保持在50万吨以上。

第二节　克拉玛依精神

新疆维吾尔自治区南有昆仑山，北有阿尔泰山，天山横亘中央。准噶尔盆地位于天山和阿尔泰山之间，盆地西北缘地下有一条巨大的断裂，由克拉玛依南部延伸到乌尔禾以北，地质上称为克—乌大断裂。在盆地西北缘已发现的几十处油苗、油砂、沥青丘和沥青脉，绵延100多千米。著名的乌尔禾沥青脉长约1千米，克拉玛依黑油山有30多个沥青丘。

1954年，由苏联专家勒·依·乌瓦洛夫与中国地质工作者等10人组成的地质调查队在克拉玛依—乌尔禾地区进行石油地质普查，认为这一地区含油远景很好，建议进行地球物理勘探和深井钻探。1955年1月，新疆石油公司拟定了黑油山地区深井钻探总设计方案。在石油工业部召开的第六次全国石油勘探会议上，对黑油山地区的钻探方案进行了讨论，决定钻两口深探井，以探明侏罗系含油气情况及准噶尔盆地西北缘的地质构造。1955年6月，独山子矿务局钻井处新组建了由8个民族的职工组成的1219青年钻井队，到达黑油山地区。7月6日，开始钻探黑油山第1口探井——1号井；10月29日，于井深620米处完井试油喷出石油和天然气，用10毫米油嘴测试8.5小时产油6.95吨，从而发现了克拉玛依油田。

黑油山1号井喷油后，主持全国经济工作的陈云等国家领导人多次听取汇报，指示加速勘探。但对这个已经喷油的非背斜构造能否成为大油田，人们仍有不同的认识。在新疆石油公司工作的苏联地质专家，对克拉玛依地区是否大面积含油，是否能找到有开采价值的油田，也存有不同看法。石油工业部领导对此极为关注，1955年12月，石油工业部部长李聚奎和有关领导分别到克拉玛依了解1号井出油情况。新疆石油公司在独山子召开黑油山总体规划讨论会，组织编制了“克拉玛依地区钻探总体规划”，为尽快查明黑油山、南小石油沟和深底沟几个构造的储油情况，拿下一定的含油面积和储量做出部署。

1956年1月24日至2月4日，石油工业部在北京召开第一次全国石油勘探会议，研究部署1956年的石油勘探工作，要求“加紧黑油山的钻井工作和试油工作，争取上半年查明黑油山构造的工业价值”。正在苏联考察的康世恩向会议提交书面建议，提出“应集中力量在大的盆地内和地台上展开区域勘探”。康世恩的这个建议为会议所接受，石油工业部决定，将准噶尔盆地的勘探重点从南部天山山前带转向盆地的西北斜坡，以克拉玛依地区为重点，在克拉玛依—乌尔禾约3000平方千米的地区，部署地震、电法、钻井大剖面。这是中国油气勘探第一次跳出局部构造的框框，运用多种勘探手段，进行全面系统的区域油气资源勘探。

1956年2月16日，毛泽东听取石油工业部李聚奎、康世恩的汇报。当听到玉门、新疆都是戈壁滩，野外勘探开发工作十分辛苦时，毛泽东说："搞石油艰苦啦，看来发展石油工业还得革命加拼命。"石油工业部根据毛泽东的指示精神，总结准噶尔盆地石油勘探的经验教训，认为独山子到黑油山之间的广大地区，是一个有希望的油气聚集带，应集中力量大力勘探。1956年4月，康世恩率领工作组到克拉玛依—乌尔禾地区进行现场实地考察，听取了对勘探部署不同意见的讨论。4月23日，距1号井西南2千米的4号井完钻喷油，证实了克拉玛依地区确有不受背斜控制的地层超覆圈闭油藏存在。根据这一情况，经过研究，果断决定将准噶尔盆地的勘探重点，由盆地南缘转移到盆地西北缘，开展区域综合勘探；采取"撒大网，捕大鱼"做法，把区域勘探与油田详探结合起来，在两个区部署了10条东西向大剖面，进行大规模的钻探。在1号井所在的湖湾区，按照排距5千米、井距2~4千米部署探井，集中进行钻探，以扩大含油面积、探明工业储量；在克拉玛依—乌尔禾地区进行大剖面甩开钻探，以了解地层、构造和生、储油情况，以整体解剖二级构造带，寻找新的含油有利地区。这一部署的实施，获得巨大的成功，不断有新的探井喷出工业油流。5月11日，新华社向国内外发布消息：石油工业部负责人在全国石油工业先进生产者代表会议上宣布，新疆克拉玛依地区已经钻探证实，是中国的一个大油田。

克拉玛依油田的勘探发现，是新中国成立后的第一次重大发现，也是在国家用油最紧缺最需要油的时候找到的大油田。它的发现迎来了新中国石油工业的曙光。经过甩开勘探、油田详探，到1956年年底已有21口探井投入试采，当年生产原油1.64万吨，控制含油面积55平方千米。勘探发现和初步探明克拉玛依油田，证实了在经过大量的地质调查勘探和长时期的摸索，经过综合研究做出的将勘探亘点由盆地南缘向西北缘转移的战略决策是科学的，是找油方向认识上的一次飞跃，首次实现了由山前走向地台钻探的成功。由于这一勘探指导思想的重大转变，打开了西部勘探的新局面。

克拉玛依油田的发现，引起全国人民的关注。1956年9月5日,《人民日报》发表了《支援克拉玛依和柴达木油区》的社论。国务院组织13个部门支援克拉玛依油田，并从苏联、民主德国、罗马尼亚、捷克斯洛伐克、波兰、匈牙利等国为克拉玛依油田进口了部分设备和配件。全国35个城市的有关企业，为克拉玛依油田加工制造各种设备和器材。新疆石油管理局从独山子油矿抽调1000多名职工到克拉玛依开展工作。玉门、延长、四川和鞍山等地的钻井队以及其他专业队，中国人民解放军转业军人，大中专毕业生和上海、四川、湖南、湖北等地的知识青年，满怀开发大西北、建设大西北的热情，一批批来到克拉玛依，投入到油田的勘探开发和建设中。几千名职工来到戈壁滩上，没有一间房屋，从工人、技术人员到领导干部，都住帐篷和地窝子。附近没有水源，生产和生活用水都要用汽车和骆驼从60千米以外的地方运来。这里气候变化无常，冬季严寒，雪暴风狂；夏季酷热，蚊蝇、牛虻成群。为开发建设克拉玛依油田，各民族建设者不怕困难，艰苦创业，奋战在戈壁滩上。新疆维吾尔自治区人民委员会成立专门工作组，从各单位抽调500多辆汽车，抢运积压在口岸的1.5万余吨石油设备和器材；动员3500多名民工，抢修克拉玛依的公路和住房。塔城地区组织1000多峰骆驼的运输队，为克拉玛依油田托运生产和生活用品。在各方面的大力支持下，克拉玛依矿区逐步建起了一批住房和简易的机修、发电厂房，修通了纵贯油田的公路干线和通信线路，初步建立了医疗、商业、邮电等服务设施，改善了油田的生产条件和职工生活。

为迅速探明克拉玛依油田的含油面积和石油地质储量，从1956年起，新疆石油管理局组织力量，在克拉玛依及其外围地区进行了大规模的石油勘探。当年，发现了红山嘴、白碱滩及乌尔禾3个含油有利区，又在百口泉钻获工业油流，共落实石油地质储量达2亿吨。为提高钻井速度，加快克拉玛依油田的勘探开发步伐，管理局1219钻井队率先提出钻井进尺要月上千（米），年上万（米）的目标。在当时设备、技术条件下，该队从改善劳动组织、严格岗位责任入手，并采取重钻压、大排量等措施，于1958年3月钻井进尺1155米，实现了钻井月进尺上千米的目标。在1219钻井队的带动下，各钻井队之间展开了劳动竞赛；1213钻井队创造了钻井月进尺4525米的新纪录。1958年，有19个钻井队实现了钻井年进尺上万米的目标；管理局共完成年钻井进尺62.75万米，相当于上年钻井进尺的3.82倍。

1958年，克拉玛依油田原油生产被正式列入国家计划。9月11日，朱德视察克拉玛依时赞扬说："3年时间，在荒凉的戈壁滩上建立起一座4万人口的石油城，这是一个很大的成绩，也是一个很动人的神话。"当年，新建产能68.1万吨，年产油33.38万吨。1959年，探明克拉玛依油田的含油面积200平方千米；到1960年，基本探明克拉玛依油田含油面积和石油地质储量。

发现和基本探明克拉玛依油田，不仅对全国石油产量的增长起到重要的支撑作用，而且勘探发现油田的储层是一套陆相粗碎屑堆积，表明在陆相沉积中找油是有希望的；证实了在盆地斜坡上也能找到大油田，油气聚集的场所并不取决于是否是背斜构造，而取决于是否有适当的聚集油气的圈闭，从而开阔了人们找油的视野。在勘探部署上，初步建立了从区域入手找油的指导思想；在勘探方法上，开始摆脱以往用单一的地质方法在露头区找构造的做法，将地球物理勘探与钻探井有机地结合起来，把勘探领域推向覆盖区。这是一个很大的进步，为以后在中国其他地区的勘探提供了宝贵经验。

1960年，克拉玛依油田（包括白碱滩高产区投入开发）原油年产量达到163.6万吨，占当年全国原油产量的39%。油田投入开发后，就近开辟了百口泉地下水资源，并开始修建百口泉至克拉玛依的水渠。同年1月，油田2600多名职工冒着严寒，踏着冰雪，在这条水渠的施工线上，搭起300多顶帐篷，吃住在施工现场，并于春节这一天破土动工。当时缺乏施工机具，主要靠炸药爆破，人工挖土方，混凝土搅拌、浇注、捣固都主要靠手工完成。经过一年的紧张施工，这条全长75千米、深埋地表两米以下的输水暗渠，于1961年春节前夕竣工通水。经过不断完善，1964年日输水量达到2万立方米。“文化大革命”期间，油田各族石油职工排除干扰，克服困难坚持进行生产建设，将克拉玛依油田全面投入开发。1966—1976年，克拉玛依油田新建原油生产能力274.6万吨，平均年增长速度7.7%。1976年，原油年产量达到301.6万吨，相当于1966年原油产量的2.5倍。

纵横踏破塔克拉玛干沙漠

塔里木盆地是中国最大的内陆盆地，面积为56万平方千米。塔里木盆地腹部的塔克拉玛干沙漠，是中国的最大沙漠，也是世界第二大沙漠，东西长1000千米，南北宽300~500千米，面积达33.7万平方千米，被称为“死亡之海”和地质勘探的“禁区”。1958年4月，新疆石油管理局重磁力地质联队（505、506两个重磁力队）和122地质普查队，共200多人第一次穿越“死亡之海”——塔克拉玛干大沙漠，抱着“横穿沙漠，探索秘密”“苦战一年，纵横踏破塔克拉玛干”的决心，挺进塔里木盆地，进行石油地质勘探。

沙漠腹地沙丘起伏连绵，黄沙迷漫；气候异常干燥，最高气温达47摄氏度，地表温度高达70摄氏度，水源缺乏。这支队伍，在队长黄豪、薛应选的带领下，于4月4日，分两个组从策勒、于田出发，进入沙漠地带。他们白天进行重磁力普查，晚上为骆驼挖井找水；白天冒着风沙，每天完成18~20千米的导线测量，超工作定额1~2倍。他们先后9次横穿沙漠，完成了9条剖面的导线测量和重力、磁力调查。1959年，管理局505地质联队在塔里木盆地东部罗布泊地区开展工作。通过实地勘察，对沙漠地区的自然地理、地质概况和地下基岩起伏情况有了初步了解，发现第三系露头，改变了有些人认为沙漠中没有沉积岩的看法。同时，还做了全盆地的重力异常图，发现了13个重力异常地区，为研究塔里木盆地的大地构造和地质发展史提供了重要的资料。由于505地质联队在征服大沙漠、探索地下奥秘中做出了重要贡献，石油工业部授予这支队伍“勇敢的石油工作者”称号。

第三节　柴达木精神

柴达木盆地，是新中国成立后开展石油勘探最早的地区之一。柴达木盆地位于青海省青海湖西面，四周高山环绕，地势西高东低，平原地区为戈壁、盐泽，海拔2700~3000米。柴达木盆地素有“聚宝盆”之称，矿产资源丰富。盐、钾盐、铅、锌、硼砂、石棉和许多稀有金属矿产，大多是在20世纪50年代勘探石油的过程中发现的。

1954年3月，燃料工业部石油管理总局在西安召开的第五次全国石油勘探会议上决定，派遣石油地质队深入柴达木盆地进行地质普查。会后，石油管理总局地质局立即成立由484人组成的年轻精干的柴达木石油地质大队。自4月起，石油地质大队的地质、重磁力、测量等9个专业队，分批乘汽车从西安出发到达敦煌，然后沿南疆公路进入柴达木盆地西部，开始进行石油地质普查。

在柴达木盆地进行野外地质工作极其困难。盆地西部除昆仑山、阿尔金山麓的个别地区有水、草外，其余地区均为不毛之地，荒无人烟。也正因为地面植被稀少，地层出露明显，地面构造容易辨认和寻找，所以地质人员凭借着“榔头加罗盘”来寻找含油构造。他们以骆驼为交通工具，每天带着干粮和淡水出工，一旦供应受阻或失去联系，就吃不上饭，喝不上水。在野外工作中，由于气候变化无常，地质队员经常迷路，夜间只得和衣露宿在戈壁滩上。有的石油勘探人员因此献出了生命。当年，石油地质大队一直工作到零下30多摄氏度的冬季才收工。在长达6个月的时间内，石油地质大队先后在尕斯库勒湖至刚察一带进行地质调查和重力普查，并取得了重要成果：发现地面构造18个和油苗9处，初步查明盆地西部第三系含油层系分布状况，找到了进行钻探的有利构造。1955年，燃料工业部石油管理总局从陕北延长、甘肃玉门、新疆吐鲁番和广东茂名等地抽调职工到柴达木，扩大当地的地质勘探队伍，并成立青海石油勘探局。同时，地质部调派柴达木石油普查大队到盆地东部和北部，中国科学院也组成柴达木石油研究队进入盆地，与青海石油勘探局的地质勘探人员一起，协同开展工作，发现了90多个可能的储油构造。

1955年11月24日，部署在油泉子构造上的第一口探井——油

（泉）1井开钻；12月12日，在井深650米处钻遇油层，并获得工业油流。后对油泉子构造继续进行钻探，很快探明油泉子是一个浅层油田。1956年9月5日，《人民日报》发表题为《支援克拉玛依和柴达木油区》的社论，柴达木油区得到各方面的大力支援；到1958年，在柴达木盆地陆续发现油砂山、开特米里克和花土沟等油田，以及马海气田。

地质部632地质队一分队，于1955年在柴达木盆地北缘发现了冷湖1~7号构造组成的构造带。1957年，这个队对冷湖4号构造进行钻探，钻遇浅油层，喷出油流。1958年9月，石油工业部青海石油勘探局的钻井队对冷湖5号构造进行钻探。部署在构造上的地中4井，钻至井深650米处发生强烈井喷，日喷油达800吨左右。1959年3月和5月，石油工业部余秋里、康世恩先后来到冷湖探区，调整勘探部署，集中力量，加速冷湖地区的石油勘探。在半年时间内，相继探明冷湖5号、冷湖4号油田，并在冷湖3号构造上发现工业油流。1960年，冷湖各油田共采出原油30万吨。当时，正值国家遭受三年自然灾害，国民经济处于暂时困难时期，冷湖各油田所产原油就地加工，石油产品全部供给青海省和西藏自治区，有力地支援了青、藏地区国民经济的发展和国防建设。

冷湖油田是在柴达木盆地勘探发现的第一个油田，它的发现与建设，使这个盆地的石油勘探有了依托之地。1960年初，青海石油勘探局更名为青海石油管理局，并从茫崖迁到冷湖。柴达木盆地的石油勘探从无到有、从小到大，从简易的地面地质调查发展到地球物理勘探和构造钻探等多工种配合的综合地质勘探，不但找到石油地质储量，而且在不毛之地立住了脚跟，建立了石油工业生产基地。

随着东部地区大庆等油田的发现，青海石油管理局陆续调出大批人员和设备，支援这些新油区的勘探开发和建设。期间，在咸水泉、涩北、驼峰等地区有新的发现。1978年2月，柴达木盆地的石油勘探取得重大突破，勘探发现尕斯库勒油田是一个高产油田。这是发现冷湖油田20年之后，在柴达木盆地的又一重大发现，也为在盐湖地区进行钻探积累了经验。从1979年起，石油工业部从胜利油田、玉门油田和石油运输公司等单位陆续抽调人员，扩大青海石油管理局的职工队伍；引进先进技术装备，并同美国地球资源公司合作，进一步开展了柴达木盆地的地震勘探。

第四节　大庆石油会战精神

20世纪60年代初期进行的大庆石油会战，揭开了新中国石油工业发展史上的崭新一页。从1959年9月26日松辽地区松基3井喷油，到扩大勘探范围、初步探明油田含油面积；从1960年2月13日石油工业部向中共中央请示报告，到2月21日中共中央批准《关于东北松辽地区石油勘探情况和今后工作部署问题的报告》，仅用不到5个月的时间，可见大庆石油会战的前期工作，效率之高、速度之快、决心之大。在中共中央、国务院的直接关怀和中国人民解放军、黑龙江省及全国人民的大力支援下，大庆石油会战从1960年2月开始，到1963年基本结束，仅用3年多的时间，就迅速探明了一个含油面积达860平方千米的特大型油田——大庆油田。1963年，大庆石油会战建成年产油600万吨的生产能力，大庆油田年生产原油达到439.3万吨。大庆石油会战取得决定性胜利，从根本上改变了石油工业的全局性面貌，实现了中国石油产品的基本自给，充分显示了石油人在中国共产党的领导下，为祖国争光、为民族争

松基三井喷出工业油流

气，坚定不移地发展社会主义建设事业的革命精神。勘探开发建设大庆油田，是在“自力更生、独立自主”方针指引下，发扬艰苦奋斗的优良传统，坚持“两论”起家、奋发图强，由中国人自己开发建设的一个特大型油田，是世界石油工业史上的伟大创举和成功典范，并以发现陆相油田的事实，打破了“中国贫油”的论断。

大庆石油会战开始时，几万人拥到茫茫大草原上，既无房屋，又缺少运输工具，连锅灶、用具也不齐全，生产、生活极度困难。特别是面临冬季就要到来，在零下几十摄氏度的环境中，能不能站住脚都是很大的问题。在这极端困难的情况下，会战职工却以“革命加拼命”精神，排除万难，奋不顾身地积极投入到了这场大会战之中。

会战中，领导干部亲临第一线。石油工业部党组成员和部机关一半以上干部，搬到会战前线办公，石油工业部部长余秋里、副部长康世恩就住在现场的一座牛棚里；一些重要决策，都是领导亲自调查研究，取得第一手材料后就地做出的；每个重要战役都是领导直接部署和指挥，从而保证能够及时作出符合实际的决策；由于各方面协调配合，才使会战能够顺利进行。领导深入会战第一线指挥，也带动了整个机关和油田各级干部深入生产第一线，形成了一切为前线胜利，一切围绕基层服务，密切联系群众，及时解决问题的好作风。领导干部深入一线，对取得会战的全面胜利发挥了重要作用。

会战中，提倡和发扬“三要”“十不”的革命精神。1960年5月，石油工业部机关党委在安达召开“大庆会战首届政治思想工作”会议。会上，铁人钻井队、装卸大队一队等单位，分别介绍了围绕生产做好思想工作的经验、学习毛泽东著作做好政治工作的经验。石油工业部机关党委在《关于战区政治工作的体会和今后政治工作的任务》的报告中提出，这次大会战的根本任务，就是要“高速度，高水平，迅速地发展石油工业”；这次大会战的指导思想是“集中优势兵力打歼灭战”。这次会议，全面总结了会战职工发扬艰苦奋斗作风，以及“三要”“十不”的革命精神。“三要”：要甩掉中国石油工业落后的帽子，要高速度、高水平拿下大油田，要赶超世界先进水平、为国争光；“十不”：不怕苦，不怕死，不为名，不为利，不讲工作条件好坏，不讲工作时间长短，不讲报酬多少，不分职务高低，不分分内分外，不分前线后方，一心为会战的胜利。会议指出，在完成艰巨任务时，注意劳逸结合；抓好生活，管好食堂；抓好农副业生产，盖“干打垒”房屋，以解决住房问题；搞好职工文娱生活。

大庆石油会战，不仅为国家创造出了巨大的物质财富，而且在精神财富上也获得了丰硕成果。大庆石油会战的精神财富——以铁人王进喜为代表的“为祖国分忧，为民族争气”的爱国主义精神；“早日把中国石油落后的帽子甩到太平洋里”“宁肯少活二十年，拼命也要拿下大油田”的忘我拼搏精神；“有条件要上，没有条件创造条件也要上”

的艰苦奋斗精神；“要为油田负责一辈子”“干工作要经得起子孙后代检查”的科学求实精神。大庆石油会战所创出的精神财富，永远是激励新中国石油人奋勇向前的精神动力。

篝火旁学“两论”

大庆石油会战，进行大规模的油田勘探开发建设，在中国石油工业历史上还是第一次，没有现成的经验可循。会战职工面临的不仅是吃、住、物资器材供应等物质条件上的困难，也面对由此带来的思想认识上的问题。有人认为全国都在压缩，光你石油一家上，能行吗？有人担心仅靠有限的人力、物力，能不能把这场会战打下来？面对艰苦环境、困难条件和种种非常规措施办法，有人认为这不像个正规搞工业的样子，埋怨会战不正规，是“农村作风”“游击习气”。对此，战区各级党组织，坚持思想领先，开展深入细致的思想工作；学习和发扬解放军政治思想工作的优良传统，坚持政治工作从搞好生产出发，从大多数群众出发，从积极方面出发，为生产服务的方针，把生动活泼的政治思想工作贯穿于生产的全过程，发挥了巨大的威力。在日常生产和生活中，“一把钥匙开一把锁”，在相互理解的基础上，做好一人一事的思想工作；充分发挥政治、生产技术和经济民主，调动广大职工的积极性；在会战过程中，适时地开展总结评比，使群众中各方面的积极因素都能得到发扬；树立表彰了王进喜、马德仁、薛国邦、段兴枝、朱洪昌等“五面红旗”标兵，宣扬铁人精神。通过表彰先进，树立榜样，大大激励了会战职工奋发向上的革命精神。

会战中，最重要的问题还在于对发现这样一个特大型油田，缺乏勘探开发的实践经验。国外经验虽可借鉴，但不能拿来照抄照搬。在当时的国际环境下，已不可能得到物资和技术上的国外援助，只能立足于自己力量的基点上，独立自主地勘探、开发和建设这个特大型油田。重重的矛盾和困难，摆在了会战队伍面前。在这种情况下，石油工业部和会战领导小组成员认真学习毛主席著作——《实践论》《矛盾论》，用马列主义、毛泽东思想指导会战的全部工作。经过认真总结以往在玉门、新疆、青海和四川油田勘探开发中的经验教训，认识到“两论”中所提到的立场、观点、方法，不仅是组织开展石油会战的实际需要，也是对职工队伍长远建设的根本任务。1960年4月9日，石油工业部党组在安达铁路俱乐部召开了首次油田开发技术座谈会。会上，余秋里根据会议准备和油田开发技术存在的一些问题，组织大家认真学习《实践论》《矛盾论》，要求大家运用“两论”的立场、观点和方法，总结以往油田勘探和开发建设中的经验教训，解决石油会战中的各种问题。大家边学习、边讨论，得出了“石油工作者的岗位在地下”“石油工作者的斗争对象是地层”的结论，并制定了油田开发的调查纲要，也就是后来会战职工人人皆知的油田勘探开发必须取全取准20项资料、72项数据的纪律法规。

在此之后，余秋里、康世恩在石油工业部党组会上，一致强调，学习“两论”不能仅仅停留在一般性的号召上，要由党组织正式作出决定，对党员、团员和干部、群众提出明确的要求。经过部党组讨论，于4月10日以部机关党委的名义，拟定了《关于学习毛泽东同志所著〈实践论〉和〈矛盾论〉的决定》；4月13日，全文刊载在《大庆战报》创刊号上。《决定》指出：“我们正面临着会战——大规模的生产实践。在会战中，把别人的经验都学到手，但又不迷信别人的经验，不迷信书本，我们要勇于实践，发扬敢想、敢说、敢干的风格，闯出自己经验。同时，我们在实践中要不迷失方向，要掌握马列主义的理论武器，把实践上升到理论，包括正确认识油田规律，使我们的实践具有更大的自觉性。为此，石油工业部机关党委决定立即组织全体共产党员、共青团员和干部学习毛泽东的《实践论》《矛盾论》，并号召非党员职工都来学习这两个文件，用这两个文件的立场、观点、方法来组织我们大会战的全部工作。”“掌握武器，勇于实践，认识油田规律，这是我们学习的目的。我们号召参加大会战的职工，立即掀起一个学习毛泽东著作的高潮，为开展技术革命、生产革命，做好思想革命。”关于学习“两论”的决定在战报上刊登之后，战区各级党组织、广大党员、团员和干部、群众立即掀起了学习“两论”的热潮。

为了把全战区学习“两论”的热潮引向深入，清除人们头脑中旧的条条框框，提高广大职工认识问题、分析问题、掌握技术、了解油田生产规律的能力，提高广大干部的领导水平和管理才能，余秋里在各种会议上反复强调：“‘两论’是大会战的灵魂，毛泽东思想是我们全部工作的指针”。4月26日，在会战领导小组召开的会议上，余秋里特别指出：“这两篇文件在本星期内一定要粗读一遍。结合实际讨论一下，要指定一些人作报告，讲一讲。一定要很好地读，反复地读。”

通过学习“两论”，在科学技术遇到难题时，人们遵照毛泽东的教导，知难而进，破除迷信，解放思想，勇于实践，大胆创造，敢于和国际先进水平比高低。大庆会战中许多科学成果就是运用“两论”的立场、观点和方法搞出来的。为了尽快探明油田地下情况，落实油田的资源储量是第一位的任务。根据“抓住主要矛盾，同时又不放过非主要矛盾”的观点，把主要精力、主要队伍放在油田勘探上，很快打出了93口探井，取得了各项资料，圈定了油田面积，概算了石油地质储量，基本搞清了油田地下情况。与此同时，打出了200多口生产井，进行了开发试验，为第二年的油田开发打下了基础。后来，在进一步发展勘探成果的同时，又集中力量进行油田开发生产试验，做了大量的油田地质科学研究工作。

在油田生产试验中，会战工委根据“两论”的立场、观点和方法，坚持实践第一，立足于系统，进行周密的调查研究，始终重视取全取准第一手资料。会战初期，通过对1万米岩心、2万多条曲线、4万多个压力数据进行了几十万次的分析、上百万次的化验，上千万次的地层对比，把油田的地下情况搞得比较清楚，使油田生产建设有了科学依据，立足于不败之地。

在油田开发上，“两论”指导着科技人员和广大职工，坚持“一切经过试验”的原则，通过实践检验对油田的认识是否正确，从而制定了合乎油田实际的开发方案。会战中，全油田每天都要采集上亿个数据，对油田地下的检测定点每年达26万井次，所有的开发方案、技术手段，都是经过现场验证以后才在面上推广实施。学习“两论”的立场、观点、方法是解决油田勘探开发建设和生产中克服困难、解决矛盾的有力武器。在大庆油田勘探开发建设中最重要的一条，就是在会战一开始，由“两论”正确地指导着大会战的决策者们沿着正确的方向，勘探油田、开发油田、建设油田，走出了一条自己发展石油工业的道路。

在“两论”的指导下，大会战高速度、高水平地拿下了大油田，甩掉了石油落后的帽子。同时，还培养锻炼出一批思想觉悟高，技术本领过硬，不怕吃苦，能打硬仗的铁人式队伍。通过深入持久地学习“两论”，使参加会战的干部、群众都普遍地受到了马列主义、毛泽东思想的教育，不同程度地掌握了辩证法的原理，思想上得到了很大的解放。

大庆石油会战的实践证明，“两论”是大庆会战的灵魂。1963年11月17日，国务院总理周恩来在中华人民共和国第二届人民代表大会第四次会议上做政府工作报告时指出："我国经济建设，国防建设和人们所需要的石油，过去大部分依靠进口，现在不管是在数量上或者在品种上，都已经基本自给了。中国人民使用洋油的时代，即将一去不复返了。"周恩来指出："大庆这个油田的建设，是学习毛泽东思想的典范，用他们的话说，是'两论起家'，就是大学《实践论》和《矛盾论》，用辩证唯物主义的观点，去分析研究解决建设中的一系列问题。这个油田的建设，也是大学解放军的政治工作经验的典范。这个油田的建设，自始至终地坚持集中领导同群众运动相结合的原则，坚持高度革命精神同严格科学态度相结合的原则，坚持技术革命和勤俭建国的原则，全面体现了社会主义'多快好省'的要求。"

铁人精神之魂

随着大庆石油会战的全面展开，整个战区到处都是一片如火如荼、奋发大干的场面。广大会战职工在极其困难的情况下，奋发图强，艰苦创业，涌现出了许多模范先进人物，其中最突出的代表是铁人王进喜。

井场上的铁人王进喜

王进喜（1923—1970）出生于甘肃省玉门县赤金村一个贫苦农民家庭，在玉门油矿当过童工、钻工、司钻。1956年4月，王进喜加入中国共产党，担任钻井队队长。在开发建设玉门白杨河油田时，王进喜率领的贝乌5钻井队创造了钻机"整体搬家"的经验。1958年7月，在全国石油工业现场会上，为了加快玉门油田建设，王进喜提出“月上千（米），年上万（钻井进尺），玉门关上立标杆”的奋斗目标。9月，王进喜带领1262钻井队（后改称1205钻井队）艰苦奋战，创造了月进尺5009米的最新纪录，被石油工业部命名为“钢铁钻井队”。1959年，创年钻井进尺7.1万米的全国纪录，相当于新中国成立前42年钻井进尺的总和。当年，王进喜被评为全国劳动模范，光荣地出席了全国群英会，参加了新中国成立10周年国庆观礼。期间，王进喜看见北京街头因缺油而背上煤气包行驶的公共汽车，感到作为一个石油工人不能为国家提供更多的石油而很难过，心里憋足了一股气，暗暗下决心，要拼命为国家多找石油，多生产石油。当听说东北发现了大油田，王进喜心情无比高兴，摩拳擦掌，“恨不得一拳砸出一口井来”，提出申请要求参加大庆石油会战。

1960年3月，王进喜奉命从玉门油田带领1205钻井队赶赴大庆。全队职工日夜兼程，千里迢迢来到萨尔图。下火车后，王进喜一不问吃，二不问住，找到油田生产调度室，首先问：“我们队的钻机到了没有？钻井的井位在哪里？这里的钻井最高纪录是多少？”当得知井位在马家窑附近，就立即带队步行两个小时来到井场。看到一望无际的大草原和那黑油油的土地，他禁不住为祖国有这样一块油田宝地而万分激动地高呼：“把贫油落后的帽子甩到太平洋里去吧！”当天夜里，全队33人就住在当地农村的马厩、牛棚里，在野外风餐露宿。当钻机运到后，在知道吊车和拖拉机不足时，他没有向上级伸手，而是要求全队职工“有也上，无也上”，“只能上，不能等，只准干，不准拖”。为了抢时间，王进喜带领全队职工把钻机化整为零，使用撬杠和棕绳，人拉肩扛装卸，把钻机和设备从车站运到马家窑附近的萨55井场，并立即安装设备，竖起了井架。开钻时，需要用大量的水调制泥浆，但当时既没有铺设供水管线，水罐车也很少。全队职工不等不靠，从500

米外的水泡子破冰取水，用脸盆端了50多吨，争取时间提前开了钻。在钻进过程中，突然发现有井喷现象，而一旦发生井喷，整部钻机可能被陷进地层，还会引起火灾、烧毁设备。为防止井喷，需要加大泥浆比重，但现场没有搅拌设备。在这紧要关头，王进喜和几个工人奋不顾身地跳进泥浆池，用身体搅拌泥浆。经过两个多小时的奋战，一场井喷事故避免了，而王进喜和两名工人身上却被碱性很强的泥浆烧起了许多大泡。王进喜吃在井场，住在井场，饿了啃几口干粮，困了枕着钻头躺在成排的钻杆上休息一会。从安装钻机到第一口井完钻，王进喜一连7天7夜不下“火线”。当地的老乡感动地说：“王队长可真是铁人啊！”从此，铁人这个名字，传遍了整个油田。余秋里、康世恩发现并决定大张旗鼓地树立铁人王进喜这一先进典型，经过会战领导小组认真讨论，将“有也上，无也上”修改完善为“有条件要上，没有条件创造条件也要上”。此后，这一著名口号一直成为鼓舞油田广大职工不怕困难、艰苦创业的巨大精神力量。

王进喜这种心甘情愿吃大苦，耐大劳，临危不惧，不惜牺牲个人的一切，为国家和人民多找石油、多产石油的崇高精神，是中国工人阶级优秀品质的鲜明体现。在1960年4月29日召开的大庆石油会战誓师大会上，王进喜作为会战中涌现出的第一个红旗标兵，披红戴花，骑着由领导牵着的高头大马，被职工们敲锣打鼓送进会场，拥上主席台。余秋里带头高呼：“向‘铁人’王进喜同志学习！人人争做‘铁人’！”

会战中，“学‘铁人’、做‘铁人’”活动的开展，推动着会战职工艰苦奋斗，迎难而上。从新疆石油管理局来参加石油会战的1202钻井队队长马德仁，在钻机泥浆泵上水管线冻结的情况下，不畏严寒，破冰下泥浆池，疏通上水管线。四川石油管理局来参加会战的1206钻井队队长段兴枝，在吊车和拖拉机不足的情况下，利用钻机本身的动力设施，解决了钻机搬家的困难。从玉门石油管理局来会战的大庆油田第一个采油队队长薛国邦，自制绞车，给第一批投产的油井清蜡，由手持蒸汽管下到土油池里化开凝结的原油，保证了大庆首次原油外运列车顺利起程。从石油工业部第一工程局来会战的工程队长朱洪昌，在供水管线漏水时，用手捂住漏水，忍着灼烧的疼痛，让焊工接裂缝，保证了供水工程提前竣工。1960年7月，会战领导小组作出决定，在全油田开展学习王、马、段、薛、朱的活动，并被誉为大庆石油会战中的“五面红旗”。从学习铁人王进喜到学习五大标兵，很快发展到百名标兵（百面红旗），“比、学、赶、帮”活动热气腾腾，激励着石油会战职工克服各种困难，把会战打了上去。从会战誓师大会到6月1日，仅一个月时间，一辆挂着21节油罐的列车，从萨尔图装油外运。到8月份，原油日产量已达到3000多吨。

铁人精神，是对王进喜崇高思想、优秀品德的高度概括。铁人精神，就是坚定不移的自信精神，以国为家的主人翁精神，艰苦奋斗的创业精神，胸怀全局的奉献精神，当“官”为民的公仆精神。铁人精神体现了石油行业精神，是新中国石油工人精神风貌的集中反映。

“干打垒”精神

大庆石油会战开始时，正值国家遭受严重自然灾害，会战职工面临着严重的生产、生活问题。没有房子住，没有菜吃，粮食定量也不够，大家就在野外露营，喝盐水，吃野菜。当时最大的困难是在高寒地区几万人如何过冬，而这靠常规办法很难得到解决。随着1960年冬季的逼近，面对严寒和缺粮少衣，有人提出把会战队伍撤下来，转到附近的城市去“猫冬”，等来年春天再上。会战领导小组为了争取时间早日拿下大油田，决定发动群众大搞“干打垒”，确保职工过冬有房住，以站稳脚跟坚持会战；提出要发扬当年解放区的“南泥湾”精神，自己动手，丰衣足食。1960年入冬之前，会战领导小组发动全体职工，要求不论领导干部、教授、工程师、工人，还是职工家属，男女老少齐上阵，抽出时间自己动手盖“干打垒”房屋。会战职工、家属积极响应号召，因陋就简，就地取材，仅用四五个月的时间，就盖起了30多万平方米的“干打垒”房舍，解决了冬季住房问题。职工、家属自己动手，以中国东北地区农民用黄土夯实做墙壁，“干打垒”建造房屋，后被誉为“干打垒”精神。黑龙江省委、省政府组织地方赶制上万套棉衣被服，及时送到广大职工手中，保证了职工队伍的过冬住宿。当时，一些长年在野外工作的一线队伍，因生产任务繁重而未能如期完成“干打垒”盖房计划。会战领导小组得知这一情况后，立即下了一道死命令：要想尽一切办法，确保一线职工人人过冬有房住，不准冻伤一个人。从此，在大庆形成了一条不成文的规定，即每年冬季只有在野外一线单位进房点炉之后，会战总部机关才准点炉供暖。当年，正是这种领导与群众同甘共苦的精神，把几万会战职工紧紧凝聚在一起，上下团结共同为油而拼搏。这年冬季，一名射孔工人为了保证下井电缆准确无误，双膝跪在转盘上一米一米地丈量电缆尺寸，工服被磨破了，膝关节被磨出了血。这个动人的场面，被当时在现场的会战副总指挥张文彬看见了，他在领导小组碰头会上说：“我们的工人真是太好了！”康世恩听说这件事后激动地喊道：“把我的椅子抬去，让这个工人坐着量！”

为解决职工粮食定量不足的问题，会战领导小组动员职工开荒种地，组织职工家属参加生产劳动，兴办农副业，建设社会主义新型石油基地。1961年，会战职工开荒种地收获粮食149万千克、蔬菜700多万千克；1962年，开荒种地收获粮食800多万千克，蔬菜1150多万千克。从这一年起，大庆石油会战职工每人每年可得75千克的自产补助粮和一定数量的自产猪肉、豆油、黄豆和豆腐，克服了主副食品供应不足的困难，保证了石油会战的顺利进行。

为了安排好职工家属的工作和生活，当第一批职工家属来到大庆后，会战领导小组就作出决定，号召她们组织起来，参加集体生产劳动。1962年4月16日，钻井指挥部45岁的职工家属薛桂芳带领4名家属姐妹，以5把铁锹到草原上开荒种地，被誉为“五把铁锹闹革命”精神。在薛桂芳的带领下，来到油田的职工家属纷纷走出家门，参加生产劳动。年底，有3800多名职工家属参加了生产劳动，组成182个家属生产队，开荒种地收获粮食33万千克，蔬菜37.5万千克。1963年，来到油田的职工家属日益增多，参加生产劳动的家属达1.4万多人，占有劳动能力家属的92.5%；组成398个家属生产队，开荒种地，饲养各种牲畜；参加维修公路、烧砖、建“干打垒”房子等工业辅助性劳动，还办起了一批托儿所、缝纫组、理发室和从事榨油、制面包、压面条、做豆腐的食品加工作坊。职工家属参加各项生产劳动，“顶起油田农副业半边天”，为大庆石油会战的胜利做出了重要贡献。1964年7月17日，邓小平第二次到大庆油田视察，高度赞扬了职工家属参加生产劳动的做法，并一再嘱咐说，要好好种地，争取做到蔬菜、副食品自给。

在3年多的石油会战中，会战职工和家属共开荒种地约6700公顷，收粮2300万千克，保证了会战职工的基本生活需要，稳定了队伍情绪，逐步发展形成工农结合、城乡结合、有利生产、方便生活的新型矿区。

“三老四严”作风

在生产管理上建立岗位责任制度，是生产发展的客观要求，也是大庆石油会战的实际需要和实践的发展。能不能严格执行岗位责任制度，要靠广大职工的主人翁责任心。尤其是在油田生产建设中，钻井队遍布油田，分散钻井；采油工人在油井上单人顶岗，昼夜值班；施工作业的点多、面广、门类多，只有广大职工自觉从严，才能一丝不苟地执行岗位责任制度。为此，会战工委结合生产实际向会战职工提出了要“当老实人，说老实话，办老实事”；对待生产建设和各项工作要有“严格的要求，严密的组织，严肃的态度和严明的纪律”。这一要求深入人心，付诸实践，逐步形成了“三老四严”的作风，并涌现出一批“三老四严”的先进典型，其中李天照井组就是一个突出的典型代表。

李天照井组所管的井，是于1961年7月投产、地处油田边缘的一口油井。到1963年年底，这口油井，历经会战指挥部组织的17次全油田岗位责任制大检查，次次被评为一类等级。油井投产30个月来，从未发生过一次事故，井场上的各种管线和设备共有863个焊口、153个闸门，没有一个漏油、漏气；所使用的大小工具无一损坏丢失；所记录的上万个生产数据，经反复检查无一差错；油井安全生产近千天，月月超额完成原油生产任务。他们对油井生产管理得好，关键是坚持“三老四严”，做到“四个一样”：夜班和白班执行制度一样，坏天气和好天气执行制度一样，领导不在场和领导在场执行制度一样，没人检查和有人检查执行制度一样。会战工委对李天照井组的经验，及时进行了总结、推广，使“三老四严”“四个一样”的作风，成为全油田管好生产、做好工作的巨大精神力量。

1964年初，会战工委领导通过蹲点调查，发现和总结了采油三矿四队的先进经验。这个队的干部和工人对待工作人人严，事事严，严细成风。队长辛玉和为了查清一盘1000多米长的清蜡钢丝有无伤痕，硬是用放大镜一厘米一厘米仔细检查。全队管理的16口油水井全部正常生产，机泵设备台台完好，资料数据齐全准确，月月超额完成生产任务。2月24日，会战工委做出《关于向采油三矿四队学习的决定》。随后，石油工业部授予这个队“高度觉悟、严细成风”称号。仅一个月时间，全油田就有4870多名干部、工人听了三矿四队的经验介绍，有3170多名干部和工人到这个队参观学习。会战工委树立三矿四队这个先进样板，使油田广大职工在工作中树立高标准，自觉从严，蔚然成风。

会战工委引导广大职工在生产建设和油田开发管理工作中高标准、严要求。1964年5月，在召开的“五级三结合”会议上，会战工委通过认真总结油田生产建设工作的经验教训，提出了生产建设上全面发展、全面提高的“三条要求、五个原则”：项项工程质量全优，事事做到规格化，人人做出事情过得硬；有利于质量全优，有利于提高效率，有利于安全生产，有利于增产节约，有利于文明生产和施工。会后，广泛发动群众，在全油田开展了怎样才能做到“三条要求，五个原则”的大讨论，并总结和树立了一批先进典型，培养以严、细、准、狠为核心的思想作风，做到每项工作都用高标准要求，各项工作都向高标准看齐。

大庆石油会战所创出的“三老四严”“四个一样”的作风，是在贯彻执行岗位责任制度的过程中，逐步培养起来的。“三老四严”“四个一样”作风的形成，是会战职工学习《实践论》《矛盾论》，用辩证唯物主义观点，从实际出发，加强基层管理，加强作风建设的实践结果，它为管理现代化大油田积累了经验。

抓基层，抓队伍，要从领导干部自身抓起。1964年8月，会战工委根据中共中央颁发的“党政干部三大纪律、八项注意”，认真总结会战以来的经验，制定了大庆油田领导干部“约法三章”，作为油田各级领导干部的行动守则。其主要内容是：一要坚持发扬党的艰苦奋斗的优良传统，保持艰苦朴素的工作作风，永不特殊化；二要克服官僚主义作风，永不做官当老爷；三要坚持“三老四严”作风，保持谦虚谨慎，永不骄傲，永不说假话。领导干部“约法三章”的执行，进一步推动了大庆油田职工队伍的建设。

在学先进、找差距活动中，全油田的基层单位向老标杆队1205和1202钻井队学习，向采油3矿4队和32139钻井队学习，促进和加强了基层建设工作。在1964—1965年，全油田又先后涌现出“好字当头、自觉从严”的油建11中队，“五过硬”的井下作业3队，“硬骨头”运输13车队，“三敢三严”的采油工艺研究所，“农副业战线红色娘子军”钻井创业庄家属1队等先进基层单位。由于有这样一大批先进典型，各行各业的基层单位都有了具体的学习榜样，油田基层建设上出现了崭新局面。

对照先进找差距

1963年底，石油工业部将《关于大庆石油会战情况的汇报提纲》，上报中共中央。在汇报提纲中，总结了大庆石油会战的基本经验：（1）社会主义的现代化企业，必须革命化；（2）高度的革命精神和严格的科学态度相结合；（3）在生产建设上集中优势兵力打歼灭战；（4）认真做好企业的基础工作，狠抓基层建设；（5）领导干部亲临前线，一切为了生产；（6）积极培养和大胆提拔年轻干部；（7）培养一个好作风；（8）全面关心职工的生活；（9）认真学习人民解放军的政治工作。

1964年初，毛泽东提出“工业学大庆”的号召。2月5日，中共中央发出了《关于传达石油工业部关于大庆石油会战情况的报告的通知》。通知指出：“中央决定在全国工交、财贸、文教系统和各机关、团体、部队中普遍传达这个报告，一直传达到基层单位”“大庆油田的经验虽然有其特殊性，但是具有普遍意义”。这是中共中央对大庆石油会战的成果及其基本经验的肯定。此后，中央和全国各地报刊、电台连续报道大庆石油会战的事迹和经验。4月19日，《人民日报》第一版头条位置发表了新华社记者采写的长篇通讯《大庆精神大庆人》。从这以后，中央和各省市、各部门的领导纷纷到大庆视察参观，大庆油田成了全国人民向往的地方。

全国掀起学大庆的热潮，摆在广大会战职工面前的一个突出问题，就是在胜利的时候、受到表扬的时候，能不能谦虚谨慎、继续前进。为防止滋长骄傲自满情绪，保持清醒的头脑，会战工委在学习贯彻中央通知精神的同时，组织职工认真学习毛泽东著作《加强相互学习，克服故步自封、骄傲自满》，以及关于“两分法”的论述。认识到形势越好，越要用一分为二的观点找问题，不然的话，就会盲目冲动，缺乏自觉性，就会吃败仗、栽跟头。

会战工委号召广大职工以“两分法”为武器，“一分为二”看待成绩和工作，对照先进找差距，并制定改进工作的措施。会战工委领导带头学习，并到基层蹲点，先后调查了5个钻井队，用“两分法”分析成绩是怎么取得的，存在的缺点是如何发生的，用活的事实向职工宣传“两分法”。遵照毛泽东关于“要把别部、别省、别市、别区、别单位的好经验、好作风、好方法学过来”的指示，组织油田职工代表到全国各地学习取经，邀请全国著名劳动模范到油田传授工作经验和技术。组织学习代表团先后到上海、沈阳、哈尔滨、齐齐哈尔等地，学习先进部门的经验，对照比较找出了18条差距，取长补短。在开展学先进、找差距的活动中，主持大庆油田工作的石油部领导，组织油田领导干部并带头深入基层，调查研究，总结基层建设的经验，不断提出新目标和工作方针，促进了油田开发建设的全面发展。

学习人民解放军的政治工作经验，利用冬季施工淡季，对职工队伍进行整训。在队伍整训中，一是进行年终总结评功。总结经验，提高认识，发扬成绩，鼓舞干劲，表扬先进，帮助后进，是大庆石油会战时期“五好”活动的重要组成部分，是从大多数群众需要出发，从积极方面入手，挖掘和调动一切积极因素，形成良好风气的有效方法。针对总结评功中暴露出来的缺点和薄弱环节，订出“五好”规划。通过大讲、大摆，使先进更加先进，后进的不甘示弱，摆出了一个人人心情舒畅，个个力争上游的新局面。二是分层次对职工进行思想政治教育和业务培训。科级以上干部重点学习中央的路线、方针、政策，兼学一些业务知识；一般干部既学政治，也学业务；群众则以形势教育和技术练兵为主。通过冬季整训，全面提高职工队伍的素质，为生产建设的进一步发展创造条件。

在油田内部开展揭、摆、查、找的活动，从具体问题入手，瞄准日常生产和工作中大量的、常见的、细小的、具体的低标准、低水平的问题，揭矛盾、摆事实、查危害、找差距。1964年初，全油田就找出120多万个问题；1965年找出了45万个问题。这些问题，虽然大部分是一些具体问题，但它反映出队伍的思想作风还有不少不过硬的地方，也反映出领导工作上存在的缺点和错误。这些问题，使许多干部对思想上滋长的骄傲自满和麻痹情绪有了清醒的认识。会战工委领导在油田各级领导干部和工人代表参加的大会上，首先检查了缺乏“两分法”看问题的具体表现。随后，油田各二级指挥部又有52名领导干部分别在74个大小会议上做了检讨。领导干部带头检查，深刻教育了广大职工。在此基础上，全油田进行了整改低标准、低水平，在领导干部中狠抓“一粗、二松、三不狠”；在技术人员中狠抓“粗估、冒算、大平均”；在工人中狠抓“马虎、凑合、不在乎”等不良作风。在施工中，不扫除低标准，硬是不开工。铁人1205钻井队在打一口井之前，从钻机上找出488个问题，逐个进行整改，连40米高的井架天车上缺少了一个螺丝垫子，也坚持装上后才开钻。油建指挥部党委针对南2–1油库非金属油罐出口处混凝土出现质量不合格问题，多次召开党委扩大会议，认识到混凝土出现质量问题是思想出现“漏洞”，对施工质量重视不够。通过学习讨论，提高了认识，进一步树立了为革命干保险活和为油田负责一辈子的思想，在南1–1油库二号和三号油罐的施工中混凝土内实外光，质量显著提高，施工速度一个比一个快，工效分别提高21%、25%。

1964—1966年，是大庆油田全面发展提高的三年。萨尔图油田主体全面投产，并确立分层开采为主体技术，开展了大规模的注水井分层配水、油井分层配产等工作。在快速优质钻井方面，亦有新发展。1965年9月13日，1214钻井队首创“一个钻头，一天时间，钻井进尺超过1000米”的记录。1966年5月，周恩来总理第三次视察大庆油田，听到1202、1205两个钻井队要创造更高的钻井记录时，高兴地说“今年两个队上五万米，要告诉我，要给我打电报”“国务院要鼓励他们”。这两个钻井队没有辜负周恩来的期望，当年双双创出了年钻井进尺10万米的新纪录，整个钻井指挥部平均队年钻井进尺达到2.84万米，为大庆石油会战头两年平均队年钻井进尺的3倍。同年，1803钻井队在杏136井创造了一次取心117米，取心收获率达100%的新纪录。在油田开发管理方面，生产管理水平大有提高。1966年，全油田又开展

“六分四清”活动，并见到较好效果，油井平均含水上升率由1964年的6.37%下降到2.8%，而且原油产量稳定。在外输原油管理方面，由于研制成功电化学脱水装备，使外输原油含水由1963年的2.3%，逐年下降到1966年的0.55%。

坚持科学开发油田、管理油田、建设油田，大庆油田每年都要召开技术座谈会，交流经验，制定技术政策，确定下年油田开发的方针。每次座谈会均有领导干部、技术人员和生产工人参加。人人关心油田，关心地下情况，蔚成风气。至1966年，大庆油田建成1300万吨原油生产能力，是1963年建成600万吨原油生产能力的2.17倍；原油年产量突破千万吨大关，达到1060.9万吨，是1963年原油产量439.3万吨的2.41倍；财政上缴15.38亿元，是1963年财政上缴4.22亿元的3.64倍。这三年，大庆油田坚持“两论”起家、艰苦创业的革命精神，认真学习“两分法”，戒骄戒躁，继续大踏步前进，巩固和发展了大庆石油会战的成果。

大庆石油会战，培育和创出了大庆精神。1964年8月1日，朱德视察大庆油田时，称赞“大庆是革命精神和科学态度相结合的新型社会主义企业的标兵”。大庆精神是中国共产党建设社会主义理论同石油工业实践相结合的产物，它集中体现了大庆石油队伍的先进思想、优良作风和高尚品德，已成为全国石油职工的强大精神力量。大庆精神就是为国争光，为民族争气的爱国主义精神；独立自主，自力更生的艰苦创业精神；讲求科学，“三老四严”的求实精神；胸怀全局，为国分忧的奉献精神。铁人精神，是大庆精神的重要组成部分，是对铁人王进喜的崇高思想、优秀品德的高度概括。大庆精神体现了石油行业精神，是新中国石油工人精神风貌的集中反映。

第五节　胜利会战精神

1960年8月，地质部中原物探大队在郑州召开“华北物探资料综合研究成果汇报”会议，石油工业部石油科学研究院、华北石油勘探处等单位应邀参加会议。会上，中原石油物探大队介绍近期地震勘探成果，着重介绍了发现东营构造的情况；华北石油勘探处介绍了华7井发现下第三系沙河街组生油层的情况。两部的地质人员一致认为，应以华7井、惠深1井发现生油岩层为转机，向东继续探索沙河街组，把勘探重点集中到济阳、黄骅坳陷。由于当时华7井已钻穿下第三系沙河街组而进入孔店组大套红层，即将完钻，急待井位。经会上反复讨论研究，确定在东营地区打1口深井。会后，华北石油勘探处召集有关技术人员开会研究，根据地质部中原物探大队地震2队的详查资料，在东营局部构造上选定华北平原第8口基准井——华8井，并派人员到现场踏勘，把井位实地定在了经过构造顶部的地震第8测线的11300桩号处。

同年11月，地质部和石油工业部在天津召开华北勘探工作协调会。会议期间，两部与会人员共同分析研究了华北石油勘探形势；会议确定，以东营、义和庄、盐山、羊三木、北塘、马头营等6个局部构造作为突破口。地质部副部长旷伏兆认为石油工业部钻井技术力量较强，决定将东营构造交给石油工业部华北石油勘探处钻探，义和庄构造由地质部山东石油普查大队钻探，盐山、羊三木、北塘及马头营构造由河北省石油普查大队钻探，从而制定了沿渤海湾周围地区的整体勘探部署任务。天津会议，使钻探目标更明确，分工更具体，加快了华北地区特别是环渤海湾地区的石油勘探步伐。

天津会议后，地质部中原物探大队和石油工业部华北石油勘探处物探队，在东营凹陷北部，包括中央隆起带、坨庄—胜利村—永安镇地区，约1000平方千米范围内开展工作，发现了三个局部构造，即东营、辛镇背斜构造和胜利村鼻状构造。由于当时地震测线稀，且使用的“五一型”仪器所得到反射层的资料不能连续追踪，没有得到深层反射，只能提供假想层构造图。在构造图上，东营、辛镇构造仅显示为两个背斜和一条正断层，构造面貌十分简单。东营构造面积仅30平方千米，构造幅度40~80米；胜利村鼻状构造在图上表现为半个圈，面积仅为12平方千米。东营地区下第三系沙河街组可能比华7井地区厚度大，加之又是新生界的构造，所以东营背斜构造完整而简单，因此将东营背斜构造选定为首选钻探对象。石油工业部华北石油勘探处，立即着手编制基准井——华8井的地质设计。根据收集的有关资料，经过反复研究和现场踏勘，迅速确定了井位，并上报石油工业部批准。

华8井，位于东营凹陷中部东营背斜构造顶部，地理位置在广饶县东营村东1500米处，设计井深2500米，钻探目的是了解下第三系沙河街组在济阳坳陷东部的地层及含油情况。虽然井位已确定，但由于交通不便，致使32120钻井队的钻井设备，经由乐陵沙河街绕道济南泺口，渡黄河经济南、张店等地运达，因此用了3个多月的时间，机械设备才全部安装就位。当时正处于三年经济困难时期，东营地区又是山东省的重灾区，华北石油勘探处32120钻井队，在队长李仲田、指导员魏振家的带领下，克服口粮不足、天寒地冻、缺水少油等许多困难，坚持快速安装设备，争取早日完钻。在省、地、县有关部门的大力协助下，华8井于1961年2月26日开钻。3月初，开始使用牙轮钻头取心，在1189.07~1194.39米井段第一次取心，第一筒岩心为棕红色泥岩，初步测定为油层的盖层。3月5日第二次取心，在1194.39~1209.39米井段，获岩心0.45米，岩性为褐黑色疏松油砂。这是华北平原（山东境内）石油普查钻探第一次在探井中发现油砂层。井队地质技术员贾中惠找了一个瓶子，拣了一块砂样放进去，又系上一条红绸子，郑重地写上了“华北探区第一块油砂”的字样，连夜送到了济南华北石油勘探处。华北石油勘探处领导看后，委派帅德福等人日夜兼程直送北京，向余秋里、康世恩汇报了发现油砂等地质情况。余秋里听了汇报后十分高兴，亲自设宴慰问来京汇报的有关人员。石油工业部迅速作出决定，于3月10日，委派勘探司钻井处长邓礼让、主任地质师谢清辉到现场加强领导，并及时汇报录井资料。3月28日，余秋里主持召开部党组会议。会上决定：调青海石油管理局总地质师王尚文、华东石油局副总工程师李光征到华北石油勘探处东营现场工作，加强技术力量；调玉门石油管理局3部大钻机给华北石油勘探处，4月底到达；调华东石油勘探局副局长刘南到华北石油勘探处工作，并指定刘南、孙竹和邓礼让3人组成东营地区勘探临时领导小组。

在华8井钻到井深1233.07米时，为尽快了解油层产能，石油工业部决定停止取心，快速钻探。施工中，井队克服种种困难，创出了以岩屑为主的综合录井方法“五一致”——岩屑、钻时、泥浆、气测、电测5个方面一致的录井法，成功地录准了油砂层，选准了试油层。1961年4月1日，华8井钻至井深1755.88米，由于连续发现良好的含油层而提前完钻。为做好华8井的试油工作，余秋里提出选择油层的3条原则：可疑水层不试，没有把握的油层不试，只射开有把握的油层。据此，华北石油勘探处试油队用原钻机于1961年4月16日，在东营组1207.8~1630.5米井段射开油层8层16.2米，用9毫米油嘴测试，日产油8.1吨。东营背斜构造顶部的华8井喜获工业油流，证实了渤海湾东营地区含油气的可能性，为在这30平方千米的区域找到油气田提供

华8井纪念碑揭幕

了有力的依据，进而确立了华北平原作为中国石油工业发展战略接替的主战场地位。华8井，是华北平原石油勘探实现了零的突破，是中国第二大油田——胜利油田发展的奠基石，也是中国石油工业崛起的丰碑，它标志着中国石油工业进入了一个新的发展时期。

为贯彻中共中央关于国民经济“调整、巩固、充实、提高”的“八字”方针，石油工业部党组专门研究了石油勘探的布局问题，认为大庆油田解决了国家近期发展所需的石油资源，必须搞好勘探，探明更多的后备储量，以解决国家长远发展所需的资源问题。华北地区华8井出油以后，石油工业部多次研究，准备在华北渤海湾地区开辟新的勘探战场。为此，石油工业部随即加强了山东地区，首先是东营地区的勘探力量和领导力量。1961年6月，石油工业部华北石油勘探处在济阳坳陷东营构造上，通过钻探营1井、辛1井，均发现了沙河街组油层。与此同时，地质部第一普查大队河北区队，在黄骅坳陷的大港构造带，通过钻探道1井，于井深979米处发现上第三系油砂；在羊三木构造上完钻的黄1井，完钻井深1330.08米，于下第三系沙河街组中钻遇5层含油砂岩。济阳坳陷和黄骅坳陷含油层系的发现，大大提高了渤海湾盆地含油气远景评价。

在华8井钻探前，地质部第一普查大队山东区队在离华8井不远处钻探完钻东1井，完钻井深1000米左右，并取了岩心。由于井深不够，未能发现油层。华8井出油以后，整个华北平原油气勘探形势为之一变，大大增强了人们的信心。但华8井的产油层为上第三系馆陶组和下第三系东营组，未能钻达下第三系沙河街组。为扩大勘探战果，了解下第三系沙河街组的含油气情况，完成华8井未完成的地质任务，石油工业部决定在东营构造、辛镇构造上各钻1口探井，即营1井、辛1井。

营1井，位于东营构造带的东营背斜构造的南部断块上，设计井深3000米，由华北石油勘探处32120队负责钻探，于1961年6月15日开钻，9月10日完钻，完钻井深2897.9米。所钻遇的地层有上第三系明化镇组、馆陶组、东营组和下第三系沙河街组。在1686~2896.6米井段钻遇下第三系沙河街组，其中在1789~2642米井段见油层17层，有效厚度29米。1961年11月9日至1962年1月22日，选择2638~2642.4米井段油层、有效厚度3.2米进行试油，用10毫米油嘴测试，日产油4~7立方米。营1井是下第三系沙河街组第一口获工业油气流的井，初步证实了沙河街组的含油愿景。

辛1井，位于东营构造带东部辛镇局部构造上，钻探目的层系仍为下第三系沙河街组，设计井深3000米，由华北石油勘探处32104队负责钻探，于1961年6月19日开钻，7月23日完钻，完钻井深2525.89米。所钻遇的地层有：436~1155米为上第三系明化镇组，1155~1898米为馆陶、东营组，1899~2525.89米为下第三系沙河街组。在2058~2461米井段发现沙河街组油层18层、有效厚度为43.4米。11月3日，对

2290~2370.6米井段22米的沙河街组油层进行试油，用10毫米油嘴测试，日产油36~60.8立方米。辛1井在下第三系沙河街组发现油层，再次证明沙河街组是东营构造带的主要含油层系，而且具有完整的生、储、盖结合系统。据此判断，下第三系沙河街组是最主要的勘探目的层系。营1井和辛1井的成功钻探并获得工业油流，扩大了东营辛镇构造带的含油范围，从而发现渤海湾地区第一个油田——东辛油田。

东辛油田的东营和辛镇背斜的顶部断裂下陷形成地堑式断裂构造，次级地堑和次级断层的发育使其地质条件十分复杂。该断裂带为民丰、牛庄和利津洼陷包围，石油资源非常丰富。湖盆三角洲沉积体系的发育使第三系具有良好的生、储、盖组合，使该区成为油气聚集的有利场所，因而油气富储高产。东辛油田作为油气复式聚集的油田，其总体特征表现为断层多、断块多、构造复杂、油气富储高产但贫富相差悬殊。东辛油田作为济阳坳陷最早发现工业油气流的油田，其勘探、开发的经验对于渤海湾盆地及中国东部类似构造带的勘探开发具有重要的指导意义。

根据华北石油勘探出现的新局面，石油工业部迅即做出在山东东营地区重点勘探的决定。1961年10月5日至8日，石油工业部党组会议上，余秋里指出，“要利用两个战役之间的间歇，准备战场，继续前进”“要搞清山东地下情况，把构造搞清楚，油层物性搞清楚，并搞到一点面积，确有把握再动手大干”。为了支援东部地区的油气勘探工作，石油工业部决定压缩西北地区的勘探工作，抓紧大庆油田外围和华北两个勘探战场的准备。10月下旬，石油工业部党组决定：将华东石油勘探局的队伍由江苏调到山东，与华北石油勘探处合并，组成新的华东石油勘探局，下辖8个钻井队、7个地震队、7个电法队和1个重磁力队等专业队伍，集中力量加强东营凹陷北部地区，即黄河以南、广饶县牛庄以北地区的勘探工作。原华东石油勘探局（1958年组建）所属勘探队伍分散在江苏、安徽、上海和山东、河北等省市从事野外勘探工作，局机关设在上海市。该局与华北石油勘探处合并后，局机关迁至东营，加强了东营地区的勘探力量和领导力量。年底，所属勘探队伍迅速向东营地区集中。同期，石油工业部还把玉门石油管理局、银川石油勘探处的一些标杆钻井队调到东营，以加强钻探工作。部署安排：一是以东营构造带为重点，以沙河街组油层为主要勘探目的层系，部署双十字钻探剖面11口深探井，了解坨庄、胜利村、现河庄、永安镇等构造的含油情况，探明东营—辛镇构造的含油范围。集中6个钻井队、3个试油队、5个地震队、1个电测深队、1个放射性电测队进行勘探；二是预探陈家庄、义和庄凸起，了解基岩性质及埋藏深度，建立地层层序，部署预探井4口，即陈1、陈2、陈3、义1井。自此，在黄河三角洲这块肥沃的土地上，石油勘探工作蓬勃展开，捷报频传。

1962年，在东营—辛镇构造上部署的营2、营4、营5、营6井，以及辛1井、河1井等探井均见油层。9月22日晚，当营2井钻到2700米时，遇到油气显示，井队队长陈登孝于夜间2点左右向有关领导进行了汇报。9月23日，当钻到井深2758.57米时，在沙河街组（沙三段）见到良好的油气显示，并发生强烈井喷。该井在设计时，并没有预想到会有这么大的产能，由于突发井喷导致被迫完井，井内既没有下套管，也没有下油管，只好把钻杆吊在游动滑车上当做油管，再由水龙头处接出油管线；采油树则平放在距井口十几米远的地面上，用15毫米油嘴测试，获得日产油555吨的高产油流。这是当时全国日产量最高的一口油井。因为营2井于9月23日喷出高产油流，所以，此后将对外保密称名的“广（饶）北农场”改称为“九二三厂”。

营2井沙河街组（沙三段）喷出高产工业油流，东营地区的勘探形势随之大变。根据形势发展的需要，石油工业部提出：1963年要作好山东地区开展石油勘探会战的准备，在大庆油田外围的勘探工作告一段落，就要把主要勘探力量调到山东，并要求在东营地区再打一些井，搞好地震、钻探和试油工作，查明地下构造情况，争取控制一块含油面积。1963年，为追踪沙三段高压油层，同时了解沙河街组其他层段和东营组的含油情况，在坨庄—胜利村构造上部署营11井（后改称坨1井）。10月25日，对先期完钻的营5井（后改称坨7井）沙二段下部进行试油，射开2155.4~2164米井段、1层8.6米厚油层，获日产油36吨的工业油流，成为坨庄—胜利村构造上的第一口预探见油井，从而发现济阳坳陷内最大的油田——胜坨油田。因为油田范围内有"胜利村"这个地名，后将对外称名的"九二三厂"更名为"胜利油田"；由此，把在山东境内发现的所有油田统称为胜利油田。

至1963年，在东营凹陷共钻探井14口，其中9口井见到油层，初步探明含油面积11平方千米，石油地质储量1200万吨。特别是营2井、坨7井（原营5井），获得高产油流，说明东营凹陷油气资源丰富，东营地区具备了开展石油会战的必要性和可能性。自1963年，石油工业部陆续从青海、玉门、银川、四川等石油单位，调集地震、钻井、试油、试采队伍和与之配套的其他队伍约1200人前往东营，扩大了东营地区的勘探队伍。是年，大庆石油会战取得决定性的胜利，石油工业部党组及时筹划、部署，决定组织华北石油勘探会战，把勘探重点从松辽盆地南移渤海湾盆地，以建立渤海湾石油基地。根据石油工业部党组的决定，年底开始从大庆和西北、四川等石油单位陆续调动人员和设备物资，投入到华北探区。

在勘探发现东辛油田、胜坨油田期间，正值国家处于三年困难时期。尤其是东营地处黄河三角洲，濒临渤海湾，到处都是盐碱荒滩，是山东的“北大荒”。全国各地的勘探队伍来到东营，遇到了前所未有的种种困难。但石油勘探队伍与东营人民一道，艰苦创业，度过了灾荒，并在最困难的时候，勘探发现了东辛、胜坨油田，从而为在济阳坳陷开展大规模的石油勘探会战创造了条件。

借鉴大庆石油会战的经验，为做好华北石油勘探会战的准备工作，以确保会战顺利进行，1963年10月，石油工业部党组委派副部长李人俊前往华东地区，主要任务是安排山东地区1964年的勘探工作。李人俊先后到上海、南京、济南等地，向华东局、上海市、江苏省、山东省领导介绍了山东东营地区石油勘探成果，并通报了石油工业部党组准备组织华北石油勘探会战的初步部署计划，取得了思想认识上的共识和支持。李人俊还到东营探区，了解石油勘探的进展情况，向华东石油勘探局领导干部传达了部党组拟组织华北石油勘探会战的打算。1963年11月29日，在石油工业部电话会议上，余秋里指出：“华北的形势很好，这两年，要重点抓华北。华北会战，部署要周密，我看无非两条：一是搞地震，把构造搞出来；二是打钻，搞出结果，解决问题。我们要下决心，在华北打个歼灭战，总的目标是要发现新的油气田，解决我国石油工业的储量资源问题。”根据石油部工业组的决定，年底开始调集队伍和设备物资投入华北探区。

1964年1月15日，石油工业部党组在讨论1964—1965年石油工业计划和调整目标时，决定组织华北石油勘探会战，并讨论确定了会战的组织和部署等问题。1月21日，在国务院主持召开的工交各部党组书记会议上，余秋里汇报了华北石油勘探形势和会战的方针部署、组织领导方案。1月22日，石油工业部党组向中共中央书记处报送《关于组织华北石油勘探会战的报告》，报告了华北盆地的地质概况，会战的部署和关于会战的领导问题。

关于华北盆地的地质概况，“这个盆地位于燕山以南、太行山以东、泰安以北地区，是中国的第四个大盆地，总面积约有17万平方千米，其中陆地面积有10万平方千米，渤海面积为7万平方千米。这个盆地面积大、沉积岩层厚，有较好的生油条件，在普查勘探中，油、气显示比较广泛。特别是在山东广饶县东营地区的100平方千米范围内，现在已经打完10口井，井井都出油。从这些情况看，这个地区找到油、气田的希望很大。但由于华北盆地地表有1000多米厚的黄土覆盖，而地下基岩起伏变化剧烈，断层很多，地层变化很大，构造复杂，油层分布不均匀。例如，东营地区的10口深探井（井深3000米左右），每口井的油层情况，都不相同，互相对比不起来，究竟是‘窝窝状’的油藏，还是其他形态的油藏，现在还搞不清楚。因此，准备采用地质、地球物理和深井钻探的综合勘探方法，首先在天津以南、东营以北的沿海地带，在石油勘探上打一个歼灭战。拟采取‘篦梳战术’，从北到南，从南到北，反复地进行勘探。它和松辽的会战性质不同，松辽的会战是在有了油田的轮廓的基础上进行的，会战一上手就要拿下大庆油田；这个会战一上手，首先是要弄清覆盖层下面的地质和构造情况，究竟哪里高、哪里低、哪里厚、哪里薄，是不是有油、气田，面积有多大，是贫矿还是富矿，有没有工业价值。”

关于会战的部署，“一是在石油工业内部，集中优势的技术力量，组织一支工种比较齐全的勘探队伍，主要包括地质、重力、电法、地震、钻井、运输等各个方面，共约15000人左右，其中工程技术人员2500人。分布在东营、黄骅两个地区，重点在东营。二是组织一支有技术水平，有实际经验，能独立作战的钻井队伍，调集30台能打3200米深井的大型钻机，要全部都配套，台台完好，一到现场，就能开钻。三是集中50个地球物理队，其中30个地震队，主要仪器95套，都要精密度高，性能良好。四是从全国石油企业里抽调各种大型车辆1135台，担负会战的运输和工程任务。五是调配机修和动力设备730台，以适应勘探工程和设备中、小检修的需要。”

关于会战的领导问题，“拟成立华北石油勘探会战总指挥部，下设河北和东营两个勘探指挥部。由于会战是在山东、河北和北京市、天津市几个地区同时进行，而勘探是整体规划的，必须把各地区勘探得来的材料，进行综合分析研究，随时调整部署，哪里得手，就集中在哪里上；同时，会战队伍来自全国各油矿，主要是松辽的勘探队伍，还有石油科学研究院、各石油院校和西安仪器厂、宝鸡石油机械厂等单位参加，而会战队伍的工作地区不固定，流动性大，必须加强统一领导，统一指挥。关于会战的党组织，石油工业部党组建议成立华北石油勘探会战工委，由石油工业部党组直接领导。会战队伍到了哪里，同时也接受当地省（市）委领导。”

1964年1月25日，中央批转了石油工业部党组《关于组织华北石油勘探会战的报告》：“中央同意石油部党组关于组织华北石油勘探会战的报告。这是继松辽油田大会战之后的又一次重要的会战。望有关地方和有关部门予以协助。中央并同意报告所提关于会战的领导形式。同时，责成国家经委对华北石油勘探会战，大力组织协作。”

同年1月至2月，石油工业部召开了历时1个月的局厂领导会议。会上，石油工业部党组对打好“三个歼灭战”作了部署，其中第一个歼灭战就是要在华北地区打一个石油勘探大歼灭战，为迅速增加石油后备储量准备条件。2月22日，石油工业部党组讨论决定华北会战的具体问题，包括作战区域划分和具体任务、会战队伍组织、领导班子配备等。会上，地质勘探司汇报了东营地区勘探形势、主要成果及特点：至1964年年初，共钻探井18口，见油16口，初步分析认为含油面积广；见油层位较多；已试油的8口井，口口都有高产层，但产量差距很大；油层分散，油层薄，互相对比不起来；构造形态还不清楚。

华北石油勘探会战初期，在两个作战地区分别进行：一是山东省境内的济阳坳陷，主要是其中的东营坳陷；二是天津市、河北省境内的黄骅坳陷，主要是北大港构造带和羊三木构造带。华北石油勘探总指挥部统一指挥两个地区的勘探工作，下辖东营指挥部和河北指挥部，总指挥部领导机关设在东营，主要抓东营地区的勘探。总指挥部其他领导干部和东营指挥部领导班子，以大庆抽调的干部为主，加上华北石油管理局原有领导成员和从其他油田抽调的干部组成。

1964年5月至6月，华北石油勘探会战总指挥部的领导成员迅速到位。会战指挥机构随之组建起来，担负起会战组织指挥工作。6月，石油工业部成立华北石油勘探会战总指挥部，康世恩任书记兼总指挥。1965年6月10日，石油工业部副部长张文彬兼任中共华北石油勘探会战工委（以下简称会战工委）书记、会战总指挥部指挥。会战前，东营地区的勘探队伍已发展到5500多人。为确保勘探会战顺利进行，石油工业部确定了东营地区的勘探方针是“区域展开，重点突破，各个歼灭”。“区域展开”，就是要求在整个东营凹陷内，根据地质条件铺开找油的侦察工作，全面了解地层、生储盖组合、构造和含油情况。只有在全局情况都弄清楚后，才能准确地选择有利地区，为下一步钻探准备阵地。没有全局情况作对照，局部地区也难以搞清楚，更发现不了新的阵地。要突破以往仅仅是在东营凹陷北部的370平方千米范围内钻探的状况，要在东营坳陷5500多平方千米的全区域内展开，主要是到南部和西部去，在广饶县小清河以北的南斜坡部署一些探井，打一个剖面，并在广饶县纯化镇以西新发现的通滨高点和东营构造西南方向的滨南高点上部署探井。“重点突破”，是在区域展开的基础上，选择有代表性又比较有把握的地区和含油气构造进行重点解剖。“各个歼灭”，是对含油气有利地区采取集中兵力打歼灭战的办法，发挥多工种的综合优势，逐一搞清地下情况，把油田找出来。从东营的勘探情况来看，首先应该重点突破营2、营4、营6井高产油层带和坨庄构造。这个勘探方针，是在正确分析了东营地区的有利条件和不利条件后，经过多方面论证提出来的，为石油勘探会战发挥了重要的指导作用。1964—1966年，以东营凹陷为重点，会战指挥部连续组织了坨庄—胜利村，通（滨镇）—王（家岗）—惠（民）及永安镇，滨南地区的勘探战役。

坨庄—胜利村战役

胜利石油勘探会战，以东营凹陷为重点，首先在坨庄—胜利村地区展开，即为勘探会战的第一个战役，目的是迅速探明济阳坳陷内最大的油田——胜坨油田。

胜坨油田位于垦利县，构造位置处于济阳坳陷东营凹陷北侧，坨庄—胜利村—永安镇断裂构造带西段。油田北隔胜北二台阶与陈家庄凸起相邻，南与中央隆起带的东辛油田相连，东邻民丰洼陷，西南与利津生油深洼陷相通，是由东、西两个高点组成的背斜构造。构造轴向近东西向，长15千米，东宽西窄呈葫芦状，东部宽4千米，两构造高点间以狭窄的鞍部相连接，闭合面积70多平方千米，闭合幅度东高点为170~253米，西高点为160米。

在坨庄—胜利村战役中，先对1964年5月完钻的坨1井进行试油工作。坨1井位于坨庄构造顶部，1964年5月28日电测解释沙二段有可疑油层7层24.9米。6月6日至30日，对沙二段油层进行试油，用15毫米油嘴测试，获日产油396吨的高产油流。6月29日，对胜利村构造顶部的坨7井沙二段油层，上返射开7层24.2米试油，用15毫米油嘴测试，获日产油361吨的高产油流。经过分析研究，认识到坨庄、胜利村两个局部构造的油水关系比较简单，油层有可能连片分布。因此，会战指挥部决定，集中20多个钻井队详探坨庄—胜利村构造，以迅速探明含油面积和石油地质储量。首先，选择坨庄构造为突破口，以坨1井为中心，按“十”字剖面部署4口探井——坨2、坨3、坨4、坨5井；集中4台钻机，仅用两个月的时间便完成了钻探任务，基本探明了坨庄构造，控制含油面积15平方千米。其次，勘探胜利村构造，在构造长轴方向上部署了3条剖面共24口井——坨9、坨10、坨11、坨12、坨13、坨17、坨18、坨19、坨20、坨21、坨22、坨28井……集中12台钻机，展开了会战，于1965年一季度相继完成钻探任务，控制胜利村构造含油面积40平方千米。

胜利村构造会战时正值雨季，盐碱滩上一片泥泞，汽车开不到钻井井场，给施工带来很大的困难。广大会战职工发扬铁人精神，日夜苦战，靠人抬肩扛、连拖带拉，把一台台上百吨重的钻机设备摆上阵地，并相继打出两口千吨井——坨11、坨9井。坨11井于1965年1月11日完井，井深2480米，钻穿了沙一、沙二段共44层，油层厚112米，是当时东营地区所有油井中油层最厚的一口。会战工委研究决定，对坨11井的沙一、沙二段的产能进行试油。对该井射开100多米厚油层进行试油，这在中国石油工业史上还是第一次尝试。为打好这一仗，张文彬亲临现场。1月25日，在坨11井射开沙二段31层85.9米油层，用35毫米油嘴测试，获日产油1134吨的高产油流。此后，在坨9井射开沙二段37层88.9米油层，获日产油1036吨的高产油流。胜坨油田坨11井，是中国石油工业史上的第一口千吨井，它的成功钻探，大大振奋了人心，极大地鼓舞了会战职工的革命干劲。

石油工业部副部长、华北石油勘探会战工委书记、会战总指挥部指挥张文彬在坨11井祝捷大会上讲话

中国第一口千吨井——坨11井纪念碑

坨庄—胜利村构造勘探战役，自1964年5月开始，至1965年1月基本结束，历时9个月，基本探明了胜坨油田的含油面积。在构造范围内共发现断层58条，落差最大的达500米，小的仅数十米，其中东西向的3条，北东—南西向的4条，近南北向的5条，将油田切割成3个区8个含油断块：胜一区（坨庄构造）、胜二区（胜利村构造西南部分）、胜三区（胜利村构造东部及北部的坨11南、坨11北、坨7、坨30、坨28、坨21断块），其中胜一区、二区含油面积大，且较完整，胜三区各断块被小断层复杂化。油田油气藏具有多种类型，多套含油气层系，井段长、厚度大，断层控制油气的多次聚散等特征。油田含油层组多，分布井段长，有6套具有工业价值的含油气层，自上而下为：明化镇组气层，馆陶组气层，东营组油气层，沙一段油气层，沙二段油层及沙三段油层。其中明化镇组及馆陶组油气层主要分布在胜三区；东营组油气层及沙一段油气层主要分布在胜二区、胜三区；沙二段主力油层分布于全油田。除沙一段有生物灰岩、针孔灰岩储集层外，其余均为砂岩储集层。油层分布深度在970~2960米，井段长达1990米，油层层数多，厚度大，一般每口井有油层20~30层，厚度一般在60~80米，最厚达196.2米。

胜利会战职工苦干实干

到1965年5月，在不到

胜利会战中以师带徒、以老带新

1年的时间内，就基本探明了胜坨油田的含油面积，这主要是由于贯彻了“区域展开，重点突破，各个歼灭”的勘探方针，充分发挥了地震先行的作用。在地震详查的基础上，紧密配合钻井，反复进行地震细测，准确及时地优选钻井井位，仅仅钻了30口探井，就掌握了含油面积和地质储量，收到了事半功倍的效果。同时，加强了钻井取心，为认识油层，提高测井精度，选准试油层位，正确地进行油藏评价和工作部署，提供了重要依据。坨庄—胜利村构造勘探战役取得辉煌战果，这也是胜利石油勘探会战队伍学习大庆，学习老区人民，以铁人王进喜为榜样，怀着“宁可少活二十年，拼命也要拿下大油田”的决心，冒着大雨，踩着泥水，靠人抬肩扛把成套的百余吨重的钻机部件搬进井场，把成千上万吨的器材送到了工地，才得以钻探工作顺利进行，才得以会战取得成功。

胜坨油田储量多、产量高，是一个构造比较完整、具有多套含油层系、油层物性较好和含油面积较大的油田。为了合理开发这个油田，地质和工程技术人员根据大量的地震、钻井、岩心分析以及试油、试采资料，确定了开发基础井网。到1966年5月，开发基础井网的70口井全部钻完，进一步探明了油田的构造情况和地质储量。经过反复论证，12月正式编制出胜坨油田的开发设计方案。根据开发方案，会战指挥部集中力量，加快了生产井钻井和地面工程建设，将胜坨油田全面投入开发。1966年，胜坨油田生产原油109万吨，占胜利油田原油年产量的81%。在油田开发方案的编制和实施过程中，按照“长期稳定高产”的开发方针，采取多种有力措施，取得了较好的效果：先开发主力油层，其他油层暂不开发，以便实现层间接替；坚持早期分层注水，保持地层压力；从长期稳产出发，确定合理的采油速度；在井网部署上，实行多次布井，多次开发的原则；采用先进的工艺技术，分层注水，分层采油。这些措施和做法，对济阳坳陷其他油田的开发起到了重要的借鉴作用。

通—王—惠战役

在基本探明胜坨油田之后，为发现更多的“胜坨式”油田，1965年2月，会战指挥部作出了“解剖东营，大战通（滨镇）—王（家岗）—惠（民）”的勘探部署，东起东营凹陷的王家岗，西至惠民凹陷的商河，面积约8000平方千米。这次会战，集中了18台钻机，16个地震队。上半年，在东营凹陷部署了8台钻机、10个试油队、6个地震队，钻探8个地区，钻探井9口，其中有6口井见到油层，发现了纯化镇油田和陈家桥、八面河、高青等含油地区，并新发现了沙四段含油层系。在惠民凹陷集中10台钻机、10个地震队，钻探了林樊家、沙河街、商河、阳信、商家店、斜庙、梁家道口等构造，钻探井10口。但由于地下情况复杂，取不到准确的地震资料，没有发现良好的油、气显示。下半年，会战指挥部及时调整了部署，惠民凹陷的钻机回师北上，对东营凹陷进行全面解剖，并顺利完成了东营凹陷的辛镇、宁海、纯化镇、郝家、永安镇、滨南等地区的构造预探和评价性钻探，结果探明了纯化镇油田，发现了永安镇、滨南、宁海、郝家、金家等含油地区，扩大了东辛油田的含油范围，东营凹陷呈现出全凹陷含油的轮廓，为分区歼灭和探明控制油田创造了条件。

1965年7月，开始对永安镇地区的钻探工作。该区有利勘探面积约600平方千米。当年所钻3口探井（永1、永2、永3井）均见油层，其中永2、永3井沙二段油层经试油，用15毫米油嘴测试，获日产油282~308吨高产油流，从而提高了对永安镇地区含油远景的评价。1966年上半年，从永安镇地区整体出发，部署了7条剖面40口探井进行解剖。为加快会战进度，专门成立了前线指挥部，并集中多部钻机、两个地震队及相应的试油队、地质综合研究等队伍联合作战。经过7个月的勘探，共钻探井33口（报废井除外），其中11口井见到油层。这次重点勘探了永南断裂构造带，探明了永安镇构造含油气情况，基本控制了永安镇油田含油面积，并发现了广利和新立村两个含油地区。

滨南地区战役

1965年10月，开始进行滨南地区的分区勘探工作。在滨2井对沙二段油层试油，用15毫米油嘴测试，获日产油117吨的高产油流。根据沙二段砂岩储集层的变化情况，决定以滨南断裂带为重点，主探沙二段油层向西部的变化，由此部署了一条剖面共4口井。其中，滨4井在沙二段见油层，滨5井发现了沙四段油层88.4米，用15毫米油嘴测试，日产油208吨。1966年，为了继续查明滨南西部沙二段含油情况和追踪新发现的沙四段油层，侦察平方王凸起的含油气情况，部署3条探井剖面，钻探了8口井。实施后，查明沙二段储层向西尖灭，不是区域性含油，只有滨南一区是沙二段油层的主要富集区。在平方王凸起上所钻的滨1井，发现厚达68.7米的沙四段油气层，射开7层25.6米试油，用5毫米油嘴测试，日产油16.1吨。针对平方王凸起是一个继承性的古构造，面积大，形态简单的特点，又立即按“十字”剖面部署9口探井，集中5台钻机，用4个月时间控制了油田范围。整个滨南地区共钻探井40口，29口井见到油层，探井成功率为72.5%。

通过三大战役，胜利石油勘探会战取得了辉煌战果。1964—1966年，共钻预探井和详探井345口，有232口井钻遇油层，钻井成功率达67.2%；勘探发现馆陶组、东营组、沙一段、沙二段、沙三段、沙四段等6套含油层系，发现东辛、胜坨、永安镇、郝家、纯化、滨南、尚店、平方王、八面河等油田，新增含油面积115平方千米，石油地质储量3.5亿吨。会战期间，胜利油区原油产量逐年上升，1966年达到134万吨。经过几年的会战，在黄河三角洲发现了胜利油田，开辟了继大庆油田之后的第二个大型石油生产基地，大大促进了中国石油工业的迅速发展。

在胜利石油勘探会战中，为了掌握济阳坳陷断层多、地层变化大、地下情况复杂的特点，会战职工学习大庆“两论”起家的基本功经验，坚持实践、认识、再实践、再认识，十分重视取全取准第一性资料。1964年3月会战指挥部一成立，就研究制定了《华北石油会战技术工作要求》，提出在油田勘探、开发工作中，每一口井都必须取全取准25类135项资料和数据，并在会战职工中开展了生动实际的作风教育。

32128钻井队职工将一块可能含化石的灰岩岩屑不慎丢失后，硬是用放大镜在岩屑中找了一天，直到找回了为止。这块岩屑对解决地层分层问题起了重要作用。

广大会战职工继承和发扬了大庆石油会战的优良传统，以艰苦为荣，以石油为业，自力更生，顽强拼搏，为胜利油田的勘探开发，为石油工业的崛起做出了贡献。会战指挥部领导亲临会战第一线解决实际问题，坚持抓基础工作，抓基层建设，抓思想政治工作。会战中，广泛开展了“四过硬”“七落实”活动，把思想政治工作与生产紧密结合起来，有力地加强了队伍的思想作风建设，促进了生产的发展。“四过硬”：岗位责任制过硬，设备强制保养过硬，苦练本岗位基本功过硬，生产管理过硬；“七落实”：落实基层政治工作的七项制度，即党支部生活制度、干部坚持常年参加劳动制度、个别谈话制度等制度。大庆油田“五过硬”井下作业三队于1965年到达胜利油田后，始终保持大庆石油会战的好作风，在执行一次试油任务时，接连遇到两次冰凌凌汛，井场周围是一片白茫茫的冰凌。该队职工为把通井机开到井场，破冰探路；在运送油管的汽车开不进井场时，就在冰上把一根根油管拖到井场，保证了及时试油。

广泛开展技术攻关活动，激发了广大会战职工的积极性和创造性。1965年，地质指挥所和测井站试制成功了深井系列测井仪、跟踪射孔取心仪和磁带记录地震仪。钻头攻关组的技术人员和工人经过85次试验，于6月试制成功了千米刮刀钻头，使单只钻头的钻井进尺提高了3倍多。11月，从大庆32143队分离出来的32104钻井队来到胜利战区参加会战。该队所打的第一口井是用实验电动钻机，深井油基泥浆大直径取心。面对井深、地层复杂，人员新、技术水平低，在没有用油基泥浆取心经验的情况下，开展了岗位技术练兵活动。队上先后召开大小会议十几次，集思广益，民主讨论，充分发挥干部、技术人员、工人三结合小组的作用，边学边干，每取一筒岩心就总结一次，提高一步。经过30多次的取心，由最初一次取心3米提高到一次取心31.56米、53.48米，并闯过64.56米的大关，第一次刷新了世界纪录。1966年7月10日，又第二次刷新了由大庆钻井队创造的纪录，一次取心达到81.61米。在创长筒取心世界纪录的过程中，钻井攻关队成立了取心工具研制小组，先后对取心工具的滑动接头、转换器、岩心爪等8个主要结构进行了30多次研制和改进。同时，由管子站成立了取心工具加工小组，还组织了油基泥浆现场配制小组和电动钻机现场指导测试小组，地质指挥所把化验器具搬到井场，为创造世界纪录提供了技术保障。在全队职工的艰苦努力下，7月22日32104钻井队完成102.32米的取心进尺，收获率100%，创造出了世界上第一次取心超百米的记录。为此，中央人民广播电台、《人民日报》《人民画报》都相继作了报道，石油工业部授予32104钻井队“红旗单位标兵”光荣称号。1966年国庆节，中共中央、国务院邀电32104钻井队的指导员赵秋季、副指导员朱从安和工人王次安进京参加国庆观礼，并受到毛泽东、周恩来的亲切接见。

为适应原油生产日益增长的要求，加快配套设施建设，以解决原油外输的问题。1965年初，会战指挥部决定抢建东营至辛店的输油管线。该输油管线（管径426毫米）起自于东营102集油站，终止于胶济铁路线上的辛店101油库，全长80千米，设计年输油能力500万吨，是国内第一次在盐碱腐蚀地区建设的大口径、长距离输油管道。该工程，自6月1日破土动工，12月4日建成投产。在技术装备水平较低、器材供应不足、预制能力极低、施工条件十分艰苦的情况下，广大会战职工苦战7个月就完成了施工任务。建设这条长输管道，任务重，时间紧，要求高，油建职工在盛夏季节，冒着酷暑，坚持施工，严格保证施工质量。全线7000多道焊口、200多处大小穿越点，质量均达到优良。特别是管线防腐工程，由三大队女工排长宗兰英带领8名姐妹主动承担这项任务，并自觉地按高标准、严要求进行施工。在盛夏酷暑气温高达40摄氏度，熬好的沥青温度高达70摄氏度的环境下，女工们还要身穿工服，烈日晒、沥青熏，人人脸上都脱了一层皮。但是，在困难面前没有一个人叫苦叫累，没有一个人甘心落后，输油管道防腐质量达到了高水平，投产几十年未发生管壁穿漏事故；经过开挖检查证明，防腐绝缘质量优良，管道完好无损。

在胜利石油勘探会战中，“工农共建”新型石油基地。胜利石油勘探会战，速度之快、成果显著，是地方上大力支持、工农共建共结的胜利之果。华东局、山东省和上海、南京、苏州市等地方，从设备、人员、生活和物资运输、建筑施工等方面给予了大力支援。山东省的领导非常重视，提出后勤服务、安全保卫等工作要立即跟上去。除动员地方人力物力，大力支援勘探会战外，还在受灾困难、生活困难的情况下，多方照顾会战职工的生活。1964年春，粮油供应、商业供应、银行、邮电、公安等单位、部门，陆续到达油田基地展开工作。山东省商业厅、惠民地区商业厅，在油田基地组建综合供应单位——中国百货公司东营综合商店，以保障百货、食品的供应。综合商店只有百货门市部是砖瓦结构的简易房，蔬菜、果品、肉食、禽蛋、水产等供应门市部，全都在临时搭起的大帆布帐篷底下营业。为方便石油职工，综合商店组织成立流动送货服务组，开展送货到一线的服务活动，深受会战职工的欢迎。随着油田会战形势的发展，增建供应网点100多个，其中新建综合商店60多个，极大地方便了油田职工、家属的生活。为做好服务、供应工作，还建了屠宰厂、副食品加工厂、酿造厂、储藏厂、服装厂等。省政府和惠民地区专署，大力支援油田开发建设，在东营建立了100多个站、所、厂、点、商店等基层服务单位，形成了强有力的、广泛的服务组织体系，解决了油田职工家属的生活困难，为胜利油田的会战和以后的开发建设提供了有力的保障。

胜利油区人民一切从大局出发，处处以国家利益为重，积极支持、服务于油田开发建设，保证了生产建设的顺利进行，为油田的发展做出了很大贡献。随着石油勘探会战的全面展开，油田的钻井、采油、供水、地调、运输、油建等各路施工队伍迅速扩大，与当地群众的接触也越来越广泛。当地政府把处理好工农关系当作一项重要工作来抓，为及时处理工农之间的纠纷问题，更好地支援油田建设，垦利县委、县政府成立了工农办公室，负责协调油田和地方的关系，及时处理出现的矛盾，以及征占土地的审查等。1965年12月，华北石油勘探会战工委也设立了亦工亦农工作部，负责油田征用土地、协调工农关系及支援油区工农业建设等工作。12月12日，召开油田工农结合向革命化进军誓师大会。会上，提出油田矿区建设总方针：以油田建设为中心，亦工亦农，发展工业、农业，大搞两种教育制度，努力建设一个“大庆加大寨”式的新型矿区。垦利县工农办公室和油田亦工亦农工作部的成立，迅速理顺了油地关系，减少了油地纠纷，确保了胜利石油勘探会战的顺利展开。

九二三厂在主要产油区规划建设时，始终坚持“工农两利，油田与地方共同发展”的方针，努力做到发展工业和发展农业相结合、工业用水和农业用水相结合、油田防护工程和农田排涝治碱相结合。凡是油田建设需要的水、电、路等大型骨干工程，都切实兼顾地方利益，立足带动当地经济发展。地方政府和当地群众也大力支援油田的开发建设。胜利石油勘探会战期间，惠民地委动用10万民工参与油田建设，工农共建了十几个工程项目。一是油田和农业用水的六干水利扩建延伸工程，由山东省水利设计院设计方案，惠民地委动员6000民工参战，经过3个月的会战顺利完成。在开闸放水的庆祝大会上，石油工业部副部长康世恩、山东省委书记高启云在讲话中，一致称赞这项水利工程是在快、好、省的精神下完成的，解决了油田注水、农业用水和下游人畜吃水的问题，其中农业用水可控制2亿平方米。二是东营—淄博辛店（张店东）的沥青公路工程，由油田队伍带动惠民地区派出的民工，共同分段包干完成，5000人上阵，3个月达到通车标准。三是解决了会战职工家属产粮用地和建设居民点的土地。会战期间，职工队伍连同职工家属大量调入东营地区，而职工家属多是"大庆式户口"，吃粮问题成为突出的大问题。经过惠民地委、专署研究决定，将六干线西边的土地和荒地划归油田职工家属耕种，以解决吃粮吃菜的困难，后又将六干下游至海边的土地划拨给油田，还帮助油田解决了230个居民点（村）的用地，以及稻田、菜地、渔场、鸡场、牧场的用地。四是修建防洪排涝工程，确保油区安全生产。惠民专署在油田驻地成立了胜利水利建设指挥部，由专署副专员挂帅指挥。从1965年开始，分期分批进行了防洪排涝工程建设，先后对广利河、广蒲河、东营河、五干排、六干排、五六干合排、溢洪河等72项工程，进行了兴建、扩建、疏浚和清淤等工程施工。垦利县专门成立了防护工程专业队，并积极抽调劳力进行支援。惠民专署还从邹平、桓台、博兴、高青等县抽调大批劳力，积极支援防护工程建设。

在确保会战顺利开展的同时，把职工培训、学校教育、医疗卫生等工作，作为石油勘探会战的重要组成部分来抓，以解决会战职工的后顾之忧。会战初期，会战职工从新疆、四川、玉门、大庆等地云集东营，职工业务技术水平参差不齐。本着"缺什么补什么，生产需要什么学什么"的原则，九二三厂采取多种举措开展职工培训工作：签订师徒合同，以师带徒，以老带新，后发展为师傅承包徒弟技术进步有奖等办法；广泛开展基层岗位练兵活动；开展定期或不定期的技术表演赛；举办扫盲班，组织文化低的老工人、基层干部学习文化；开展就业前的培训。通过这些措施，使职工队伍素质很快适应了油田会战需要。在职业教育方面，1964年9月建立机械职工学校；1965年5月成立半工半读学校，设钻井、采油、水电、机械修理和柴油机等5个专业。9月，油田二级单位开办10所半工半读学校，设钻井、运输、机械修理、油田建设、采油、井下作业、供应、地质、医务、水电等10个专业。九二三厂半工半读学校为总校（1966年3月总校解散，师生分配到对口的专业分校），各二级单位开办的学校为分校。半工半读学校的目标是“培养有社会主义觉悟、有文化科学知识、有技术、有实际操作能力的新型劳动者”，并采取一边读书学习、一边参加劳动的方法。

华北石油勘探会战，从1964年1月25日中共中央批转石油工业部党组《关于组织华北石油勘探会战的报告》，到石油工业部迅速成立华北石油勘探会战总指挥部；从济阳坳陷东营构造勘探会战——坨庄—胜利村构造勘探战役开始，到1965年1月基本探明山东境内最大的油田——胜坨油田的含油面积，又到1966年5月胜坨油田投入全面开发，仅仅用了两年多的时间，就在黄河三角洲上矗立起一座初具规模的新型的石油工业基地。这是广大石油会战职工的艰苦创业、无私奉献，以及山东省乃至全国人民大力支援的胜利结果。

华北平原的华8井，所引起的华北石油勘探大会战，不仅勘探发现了东辛油田、胜坨油田，而且还勘探发现了大港油田、华北油田等大油田。华8井，是中国石油工业发展的历史丰碑。

华北石油勘探会战，通过地质、地球物理和深井钻探相结合的综合勘探方法，到1966年取得了重大勘探成果。在山东，基本探明了胜坨油田的含油面积和地质储量，面积达60平方千米，是一个储量较大的油田，同时还发现了东辛、现河庄、郝家、广利、纯化、永安镇、滨南、尚店、八面河等油田。在天津，拿下了面积约30平方千米的大港油田，还发现了唐家河和王徐庄、周清庄等油田。华北石油勘探会战，是继大庆石油会战之后取得的又一重大胜利，也由此打开了渤海湾盆地的石油勘探局面，在中国东部地区又开辟了一个个新的石油基地。

第四章 改革开放时期的石油精神

毛泽东同志说过，人总是要有点精神的。习近平总书记在大庆油田发现60周年的贺信中写道，大庆精神、铁人精神已经成为中华民族伟大精神的重要组成部分。一个国家的强盛，离不开精神的支撑；一个企业的腾飞，离不开精神的引领。精神是追求，是动力，是支柱。从一个一穷二白的贫油国，到石油大国，石油强国。一路走来，还是要回头看看走过的路，靠的是什么？靠的是以“苦干实干”“三老四严”为核心的石油精神，是她为石油行业定足了信念，立足了根基，充足了底气。

提到石油精神，一个个伟大的身影就在眼前闪现，有石油先驱，也有当代的践行者，陈振夏、王进喜、王启民、王为民、李新民……从他们身上，会感受到石油精神所蕴含的能量和光芒。“宁可少活二十年，拼命也要拿下大油田”“有条件要上，没有条件创造条件也要上”“干，才是马列主义。不干，半点马列主义都没有”……在实践“两论”中诞生和发展的石油精神，激励着一代代石油人以产业报国，拼搏奉献，从内地到边疆，从陆地到海上，从国内到外洋，创造着财富，发展着精神，助推着中国石油工业的腾飞。石油精神，是奋斗的理念，是力量的源泉，没有苦干实干这个精神核心，就没有石油工业的今天。在享受改革开放果实的同时，不能忘记石油精神的缔造者和传承者，让新时期的铁人精神绚丽绽放，鼓舞石油战线的干部职工肩负起新时代石油精神的继承、践行和发展之责任，助推中国石油工业向更高质量的目标发展，做新时代的追梦人。

第一节　新时期的铁人精神

“铁人”是人民群众送给王进喜的尊号，铁人精神是以王进喜为代表的崇高思想、优秀品德的高度概括，也集中体现出了中国石油工人的精神风貌。“宁可少活20年，拼命也要拿下大油田”“有条件要上，没有条件创造条件也要上”，铁人精神的经典内涵，不论过去、现在和将来，都有着无尽的价值和生命力。大庆油田的发现，开始了我国石油工业的跨越式发展。60年来，大庆几代石油人以“宁肯少活20年，拼命也要拿下大油田”“宁肯把心血熬干，也要让高产再稳产”的英雄气概，不断攻坚克难，创造了令世人瞩目的辉煌业绩。在大庆精神和铁人精神的影响下，相继发现了胜利、大港、辽河等油田，走出了一条独立自主、生机勃勃的中国特色石油工业发展之路，为探索中国特色的新型工业化道路提供了重要的实践基础和宝贵经验。

在党和国家领导人多次肯定的大庆精神、铁人精神的鼓舞下，新时期的铁人闪亮涌现，以大庆油田王启民和胜利油田王为民为代表的“新时期铁人”，是传承和践行铁人精神的楷模，石油行业学习“新时期铁人精神”蔚然成风，也深刻影响到了整个工业界，并辐射到了全国的各行各业。

王启民，长中国人志气，敢为天下先

王启民，1937年9月出生，浙江湖州人。1961年8月本科毕业于北京石油学院，1978年入党。曾任松辽石油管理局地质指挥所开发室、动态室实习员、技术员。1964年5月，任大庆石油管理局大庆油田开发研究院动态室、综合室、开发室技术员，大庆油田科学研究设计院开发室、开发所地质师、副主任。1984年2月，任大庆石油管理勘探开发研究院副总地质师、副总工程师。1990年，任黑龙江省石油学会油藏工程学会理事。1992年3月，任大庆石油管理局勘探开发研究院副院长。1996年8月，任大庆石油管理局勘探开发研究院院长。中共第十五届中央候补委员。他先后主持参与了大庆油田实现稳产高产的八项重大开发试验项目，参加并组织了40多项科研攻关课题和大庆油田“七五”“八五”“九五”开发规划编制研究等工作，多次获国家科技进步奖。1997年1月被中国石油天然气总公司党组授予“新时期铁人”荣誉称号。王启民是一代知识分子、一代石油人的杰出代表，从他身上集中体现了我国新时期石油科技工作者的精神风貌。他发扬大庆精神、铁人精神，敢于挑战油田开发极限，研究并提出了“分阶段多次布井开发调整”理论，其中表外储层开发利用技术突破了国内外认为不能开采的禁区。他主持的油田高含水后期“稳油控水”项目

《石油精神读本》编创者访谈“新时期铁人”、国家荣誉称号获得者王启民

研究，为大庆油田实现27年5000万吨以上高产高效持续开发做出重要贡献。他曾荣获“全国先进工作者”“全国优秀共产党员”“改革先锋”等称号。2009年9月14日，王启民被评为100位新中国成立以来感动中国人物之一。2018年12月18日，党中央、国务院授予王启民同志改革先锋称号，颁授改革先锋奖章，并获评“科技兴油保稳产的大庆‘新铁人’”。2019年9月17日，国家主席习近平签署主席令，授予王启民“人民楷模”国家荣誉称号。

王启民敢为天下先、勇攀科学高峰，是一代知识分子、一代石油人的杰出代表，在他身上体现了我国新时期石油科技工作者的精神风貌。王启民总是以国家利益为先，他经常挂在嘴边的一句话就是“是党和人民培养了我”。20世纪60年代，他提出的“高效注水开采方法”，打破了当时国内外普遍采用的“温和注水”开采方式，开创出中低含水阶段油田稳产的新路子。70年代，他主持进行的“分层开采、接替稳产”开发试验，使水驱采收率提高了10%~15%。90年代，他组织实施的“大庆油田高含水期稳油控水系统工程”结构调整技术，创立了油田高含水后期“控液稳产”的新模式。

王启民的辛勤工作，为大庆油田创造了巨大的经济效益，仅“表外储层”开发研究成果，就相当于为大庆增加了一个地质储量7.4亿吨的大油田，按2亿吨的可采储量计算，价值2000多亿元。

1961年，王启民怀着一腔献身祖国石油事业的热血，来到“荒原一片篝火红”的大庆油田会战工地，开始了攀登油田开发科技高峰的艰辛征程。当时，油田正处于极端艰难的创业时期。有外国专家断言：“像大庆含蜡这么高的油田，中国人根本没能力开发。”刚刚分到油田地质指挥所的王启民，内心受到极大震动。在铁人王进喜“宁可少活二十年，拼命也要拿下大油田”钢铁誓言的激励下，他和所里几个同事写下了一副气势豪迈的对联："莫看毛头小伙子，敢笑天下第一流"，横批为"闯将在此"。他们还特意将"闯"字中的"马"字写得大大的，突破了门框。王启民说："我们就是要靠自己的力量，闯出中国自己的油田开发之路！"

为了解决这个重大难题，王启民决心在实践中找答案。他一头扎进井场，吃住在阴冷潮湿的帐篷里，与现场工人、技术人员一起取资料、搞分析、做实验。由于环境恶劣，他患上了类风湿僵直性脊椎炎，疼得走路都直不起腰来。在这种情况下，他不顾同志们的劝阻，硬是咬紧牙关忍着疼痛，不离井场，以严细认真的态度，取全取准每份资料和每个数据，并认真进行室内实验和系统分析。通过他的艰苦努力，终于找到了问题的答案。在一次油田技术座谈会上，他对当时油田开发的主要理论——温和注水提出了质疑。他胸有成竹地说："这里每口井都有数十个油层，每个油层厚薄相差很大，各层吸水多少也不同，呈典型的非均质特点，要人为达到注入水都均衡推进是违反客观规律的。"他还形象地说，厚油层就像大个子运动员，体力好，跑得快；薄油层、差油层就像体力差、跑得慢的小个子运动员，要想让他们齐头并进，必然事倍功半，应该能快则快，该慢则慢。这就是"因势利导，逐步强化，转移接替"的注采方法。他的科学分析受到油田领导的赞扬，并让他带个小组进行大胆试验。

试验小组在王启民的带领下，选择了一口含水已达60%的油井进行试验。奇迹出现了：该井日产量由原来的30多吨猛增到60多吨，而含水则下降了。油田推广他们的经验，培养出三百多口日产百吨以上的高产井。从而打破了国外"温和注水、均衡开采"的传统观念，创出了大庆油田中低含水阶段保持油田稳产的路子，大长了中国人的志气。

1964年，油田出现了“注水三年，水淹一半，采出程度5%”的严重局面。王启民受命到油田中区西部搞注水开发试验，他依据大量的调查研究，对国际上的“温和注水”理论提出挑战。在油田领导的支持下，他们结合大庆油田油层多、厚层薄层的渗透率差异较大、呈典型非均质分布的特点，以“跨过洋人头，敢为天下先”的精神，把生产与科研结合起来，对症下药，变“温和注水”为因势利导，为油田培养了一批日产百吨以上的高产井，从而趟出了一条我国自己的注水开发油田新路子。

王启民为打开地下大门，不顾个人安危。他认为，要使油田持续高产稳产，必须有一整套油田开发方法及配套的工艺技术做保证。为此，从1970年开始，他率队到中区西部进行长达10年的接替稳产试验。3000多个日夜，他和工人们一道施工作业，逐井取样化验，分析数据，经常一干就是一个通宵。夏夜，蚊虫成群，一巴掌打在身上，满身是血点；冬季，帐篷里结满了冰，冻得人们筛糠般打冷战……王启民之前在野外作业时落下的风湿病逐渐加重，发作时疼得额头直冒虚汗，虽然整天“罗锅”着腰，却连自己的鞋带都系不上。有一段时间，风湿病转移到眼睛上，引起虹膜炎，两只眼球血红血红的。大家劝他回去养病，他却说：“我是组长，最了解试验方案和进展情况，怎么能走呢？”他的妻子陈宝玲心疼他的身体，一次悄悄地协商好调他去北京工作，可他却在商调函上写上“本人不同意”。妻子气得要和他离婚，他却说：“那里有大油田吗？要走你走，我不走。”

20世纪70年代中期，由于“文化大革命”的干扰和破坏，中区西部试验区的油井平均含水上升到54%，油田地下形势严重恶化。为了控制含水上升和保持原油稳产，王启民又带领试验组来到中区西部9平方千米的试验区，搞“分层开采、接替稳产”试验，一干就是10年。

王启民和他的同事们与现场工人密切配合，发扬铁人精神，战胜重重困难，将油田上的单井资料收集整理了8种、近10000个数据，绘制出了油田第一张高含水期地下油水饱和度图，从而揭示出油田不同含水期开发的基本规律和稳产办法，有力地指导了油田开发实践。到1985年，大庆油田不但实现5000万吨稳产10年，而且还攀上了年产5500万吨高峰，创造了世界油田开发史上的奇迹。

根据当时预测，“八五”期末，大庆油田综合含水将超过85%，这将是大庆人难以接受的现实。1984年，王启民受命承担了大庆油田1986—1995年第二个5000万吨稳产10年规划的编制任务。这个规划囊括了大庆油田“七五”和“八五”两个五年计划。国家要求年产5500万吨不能降，超出的500万吨指标从何而来？王启民发扬“有条件要上，没有条件创造条件也要上”的铁人精神，向国内外公认的难啃硬骨头——表外储层要油。由于大庆油田地质成因条件的特殊性，造成了地下油层多、层间变化大、0.5米以下的表外储层十分发育。这些单独看起来很“瘦”，加起来又很“肥”的油层，被王启民及其同事们认为是新的资源宝藏。于是，开始了艰难的攻关。历经数次失败，1986年年初，在油田领导的支持下，他又和同事们制定详细计划，成立了试验小组，通过对1500多口井的地质解剖、分析、研究，以及对4个试验区45口井采取试油、试采和注水开发等措施，把理论研究与反复实践相结合，取得了重大认识，从而为全面开发表外储层提供了科学依据。

表外储层开采的成功，不仅大大解放了人们的思想，扩大了开发领域，也实现了世界油田开发史上一个新的突破。据计算，大庆油田表外储层地质储量可达7亿吨，按目前30%的可采储量计算，可为国家增加2000多亿元的财富。

从1985年开始，大庆油田有三个地区连续两年发生大面积油井套管损坏，最严重的南八区147口油井，损坏率高达95.9%。套管损坏导致部分区块关井，严重威胁整个油田的正常生产。王启民心急如焚，带领几名技术骨干，深入现场进行调研和技术攻关。套管损坏涉及地质、工程、管理等多个专业，为了彻底查清套管损坏原因，王启民打破学科界限，虚心向各方面技术人员学习，向现场的工人师傅请教。他们白天到地质队查阅资料，晚上再把资料借回来和大家一起研究。遇到一些具体问题。王启民就把现场老工人请来，一个一个讨教，共同研究解决问题的办法。靠着这种团结协作精神，他们终于查清了套管损坏原因，并提出了具体的防范、整治措施，使被称作“井瘟”的套管成片破损得到有效治理。

20世纪90年代，大庆油田全面进入高含水开发阶段。如果继续沿用世界上采用的“提液稳油”的办法，年产液量将激增，而经济效益将会大大降低。从国民经济发展的大局出发，国家要求石油工业“稳定东部、发展西部”，中国石油天然气总公司要求“东部要硬稳定”，大庆油田要“雪中送炭”。如何寻找一条既不大幅度提液，又能保持稳产，切实可行地把稳油与控水统一起来的开发新路，王启民为此呕心沥血，他以铁人为榜样，发扬“为国争光、为民争气”的爱国主义精神。组织科技人员潜心研究，集中群体的智慧，得出了不同区块、不同井网、不同井点的地下油层在注水开发过程中始终存在着不均衡性的结论。根据这一特点，采用老井转抽、新井压裂、打致密井、堵水等技术措施，探索出了一套符合油田实际的开采技术，这就是作为确保油田持续高产稳产重大战略方针的“稳油控水”系统工程。全油田广大科技人员因此投入了大规模的以“攻三难，过三关”为主要内容的科技攻关战。王启民把全部精力都放在全油田稳油控水规划的编制和结构调整上，及时组织研究院的有关科技人员进行数十项科技攻关。经过群策群力的研究，他们提出了“三分一优”等一套具体做法和调整原则，即利用油水井和各类井不均衡的特点，进行分类井结构调整，使“稳油控水”有了切实可行的操作性。

“稳油控水”的开发理论和战略，更新了“提液稳油”“稳液降油”的传统做法；而“三分一优”的结构调整方法，则使大庆油田实现了三年含水上升不超过1%，即到1995年底，油田综合含水没有超过81%，有效地控制了产液量剧增，与国家审定的“八五”油田开发指标相比，5年累计多产原油610多万吨，少产液24749万吨，累计增收节支150亿元，而且使大庆油田连续20年保持年产5000万吨以上高产稳产。这一凝结着以王启民为代表的油田广大科技人员和职工心血的成果，标志着大庆油田又攀上了世界油田开发的新高峰，因为世界上同类油田高产稳产的最长年限仅为12年。

1997年1月1日，中国石油天然气总公司授予王启民首届“铁人科技成就奖”金奖，以奖励他多年来在大庆油田开发中作出的突出贡献。面对鲜花和掌声，王启民表示：“我取得的每项成绩都包含着油田许多科技人员和现场工人的心血，我只是他们的代表，是代表他们领奖的。”对于总公司发给他的10万元奖金，他自己一分钱没要，而是用作科研奖励基金，鼓励广大科技人员搞科研。王启民主持研究试验的项目，多是事关油田发展的重大科研课题。参加者少则几个人，多则几十人，上至技术专家下至钻井工人。每搞一次现场试验，每担一个科研课题，他都博采众长，认真听取各方面意见。

2008年7月12日清晨，一场大雨与大庆奥运火炬传递活动不期而遇。数万观众翘首期待“祥云”火炬的出现，歌声不断，口号声不断，加油声不断。8时26分，“新时期铁人”、大庆油田公司总经理助理、副总地质师王启民双手紧紧握住奥运火炬，在大庆油田历史陈列馆门前第3号接力点，与第二棒火炬手对接点火击掌后，健步出发。

重温“新铁人”的足迹：

1960年，大庆发现了大油田，4月拉开了石油大会战的序幕，王启民被校方分配去油田实习，担任葡田井试油队技术员。

1961年8月，王启民和同学陈宝玲等响应国家号召，一毕业就重返大庆会战战场。

1963年，油田出现了注水三年，一半油井被水淹，采收率仅5%的严重局面。王启民和同志们一起，在阴冷潮湿的帐篷中，反复实验，最后得出结论：油田开采的关键是保持压力，不能怕见水就不注水。

1970年，为摸清油田高产稳产规律，王启民和科技人员一起又住进了中区西部试验，进行调查、分析、比较以确定调整采取措施的井号层位，编制施工设计方案。

1975年，试验区主力油层产量下降幅度增大，油井平均含水量上升到54%，油田生产又面临新考验。王启民同4名同事，顶朔风，冒飞雪，坚持拼搏在工地。

1976年，大庆油田年产原油5030万吨，跨入了世界特大型油田的行列，开创了中国石油工业发展的新纪元。大庆石油出口量也成倍增长，最高年份全国每100元换汇就有大庆人创造的14元。

1978年，王启民光荣地加入了中国共产党。

1985年，大庆第一个稳产10年的目标胜利实现了，油田领导又提出第二个稳产10年的奋斗目标。

1991年年初，在油田开发技术座谈会上，全油田科技工作者，各抒己见、献计献策。王启民及时提出了“三分一优”结构调整原则和“挖液稳油”的新模式，经集体科学论证后，领导决定在全油田实施

“稳油挖水”战略，并很快在全油田推广。

1996年年底，大庆实现了5000万吨连续21年稳产，创造了世界油田开发史上的奇迹。

王启民，“双百”人物中的共产党员，被中国石油天然气总公司党组授予“新时期铁人”荣誉称号，先后参加过40多项课题研究，主持了8项重大专题研究和实验任务，取得成果38项：

1978年获全国科技大会奖并当选为第五届全国人大代表；先后13年被评为大庆市（局）劳动模范。

1985年被国家人事部授予“中青年有突出贡献专家”称号。

1986年被国家人事部授予“中青年有突出贡献的科技专家”称号。

1991年被评为黑龙江特等劳动模范,并被批准享受政府特殊津贴。

1995年获中国十大科技成果奖、国家科技进步奖、孙越崎科技教育基金能源奖；同年还被评为大庆石油管理局“十佳职工”、中国石油天然气总公司特等劳动模范，获“全国先进工作者”荣誉称号。

1996年，“稳油控水”系统工程荣获国家科技进步特等奖，王启民进京参加颁奖大会时，受到江泽民、李鹏、胡锦涛等党和国家领导人的亲切接见。

1996年8月27日，被大庆石油管理局党委授予“新时期铁人”称号。

1997年4月17日，王启民先进事迹报告会在人民大会堂隆重举行，全国掀起了学习“新时期铁人”王启民的热潮。

2002年，荣获“李四光地质科学野外地质工作者奖”。

2018年12月18日，党中央、国务院授予王启民同志“改革先锋”称号，颁授改革先锋奖章，并被评为“科技兴油保稳产的大庆‘新铁人’”。

2019年9月17日，国家主席习近平签署主席令，授予王启民“人民楷模”国家荣誉称号。

2019年9月，王启民被授予“最美奋斗者”称号。

王启民不仅是科技攻关的先进典型，也是党风廉政建设的先进典型。在卓绝的工作生涯中，无论职务、地位发生多大变化，他始终坚持国家和人民的利益高于一切。为了国家和人民的利益，不惜牺牲个人和家庭的利益。他爱妻子，却不能尽责；他爱父母，却没有尽孝；他爱儿女，却没有给予特殊“关照”。

王启民是科技界的楷模，从他身上，不仅使人看到了铁人的顽强拼搏精神，更反映出了“科学技术是第一生产力”的耀眼光辉。他处处以国家和人民的利益为重，毫无自私自利之心的精神，值得每个人学习。正如毛泽东同志在《纪念白求恩》一文中所说的那样：“一个人的能力有大小，但只要有这点精神，就是一个高尚的人，一个纯粹的人，一个有道德的人，一个脱离了低级趣味的人，一个有益于人民的人。”王启民就是这样的一个人。

王启民一直在大庆油田从事地质开发研究工作。他深入实际，扎根油田，用大庆精神和铁人精神从事科学研究，创造出辉煌业绩，令广大知识分子特别是科技界深受鼓舞。

在当今生产力发展越来越依赖于科技进步的新形势下，王启民所代表的“新时期铁人精神”有它更新更深的时代内涵。科技界学习王启民，就是要学习他把国家与人民的利益置于最高位置，艰苦奋斗、克己奉公，一丝不苟、精益求精、脚踏实地，从而为国民经济建设做出应有的贡献。

王为民，铁人式的好工人

王为民（1949—1997），山东省济阳县江店乡红庙村人。1968年2

铁人式的好工人王为民

月入伍，1970年转业，1981年调入胜利油田，1984年9月加入中国共产党，1991年被聘为高级技师，任胜利石油管理局临盘采油一矿副矿长。他立足本职岗位，对工作认真负责，对技术刻苦钻研，对人民无私奉献，先后被评为胜利油田优秀共产党员、劳动模范、先进生产者和“双文明”标兵，山东省劳动模范，全国劳动模范，“铁人式的好工人”等，且荣获首届中华科技大奖。1993年当选为八届全国人大代表。曾先后四次受到邓小平、江泽民、李鹏等中央领导同志的接见。1997年9月14日，王为民在革新试验现场不幸因公殉职。

王为民具有强烈的敬业精神，把爱党、爱国热情与热爱石油事业、热爱本职工作有机地结合起来，干一行，爱一行，专一行。紧密结合基层的生产实际，先后攻克了一个个难关，取得了一系列革新成果。从1984年到1997年期间，王为民先后研制成功了千斤顶式扒轮器、硅橡胶套安全阀、多功能流量计、永久性盘根及油井井口防盗系列装置等30多项技术革新成果，其中，5项成果获得了全国专利。王为民本人于1995年11月获得了全国首届“中华技能大奖”，成为闻名油田内外的技术革新能手。1984年以来，他连续14年被评为胜利油田劳动模范和“双文明”标兵，多次被评为山东省和胜利油田优秀共产党员。1985年，被评为山东省劳动模范。1989年，被评为能源部劳动模范和全国劳动模范。1990年，出席了全国劳模代表大会，并参加了全国劳模代表团，先后到7个省市作巡回报告。1993年，王为民当选八届全国人大代表。1994年，被评为中国石油天然气总公司特等劳动模范。1997年1月，被中国石油天然气总公司党组授予“铁人式的好工人”荣誉称号。同年1月17日，王为民在北京人民大会堂受到了江泽民总书记和李鹏总理等党和国家领导人的亲切接见，被江泽民称为“新时期的铁人”。

王为民去世后，中国石化集团公司党组、胜利油田党委、临盘采油厂党委及油田所在地中共东营市委、中共德州市委、中共临邑县委和中共济阳县委先后做出关于开展向王为民同志学习活动的决定，时任中共中央政治局委员、山东省委书记吴官正评价王为民具有“崇高的思想品德，忘我的奉献精神，执着的科学追求，勤奋的工作态度”。称王为民是“我们党的优秀党员，工人阶级的先进代表，齐鲁大地的英雄儿女，是我们全省广大党员干部和人民群众学习的榜样”。

为了学习宣传王为民同志，进一步弘扬“为民精神”，胜利石油管

王为民生前工作照

理局在临盘采油厂建成了王为民事迹展览馆。展览馆占地16800平方米，总建筑面积1854平方米。展厅采用雕塑、图片、文字、实物及特景等多种展出手段，展现了王为民“敬业、爱民、奉献”的光辉一生，既有深刻的思想性，又具有较强的艺术感染力，成为重要的爱国主义教育示范基地。

第二节　中国海洋石油渤海油田精神

中国海洋石油工业是在20世纪50年代末、60年代初起步，在80年代崛起的海上新兴工业。渤海是中国的内海，渤海油田因所辖矿区位置在渤海海域而得名。油田基地设在天津塘沽，隶属于中国海洋石油集团有限公司，管理机构为中国海洋石油渤海石油管理局，并设有天津分公司、海油工程、中海油服天津分公司、海油发展、气电集团天津LNG、销售天津分公司等专业公司。渤海油田的开发，在中国海洋石油工业发展史上具有重要的地位，它是在中国海域最早从事开发建设和实验生产，并最早同外国石油公司进行合作，在改革开放中获得迅速发展的油田。

海洋石油工业艰苦坚韧的发展，不仅创造了巨大的经济效益和社会效益，而且赋予石油精神新的时代色彩，这种精神突出表现在：钻塔挺立，平台高耸，挺起了海洋石油的脊梁；战天斗海，抵御冰封，练就了海洋石油的气概；艰苦创业，攻坚克难，造就了海洋石油的品格；创新发展，科技进步，彰显了海洋石油的智慧；中国特色，国际一流，铸造了海洋石油的灵魂。

渤海油田几十年的创业实践，形成了以“敢于突破、科学求实、追求卓越”为核心的中国海洋石油渤海油田精神，是海油文化的重要组成部分，是石油精神的传承。

渤海油田发展历程及精神体现

渤海油田50年改革发展史，就是石油精神传承、融合、升华的历程。面对复杂的外部环境和艰巨的生产经营任务，渤海石油人以石油精神为传承、为指引，凝心聚力、奋发图强，为渤海油田改革发展排除万难、不懈奋斗，为推动渤海油田健康可持续发展注入了强大活力和持久动力。

艰苦创业时期，铁人精神铸就苦难辉煌

艰苦创业，勘探开发起步（1964—1979）。1965年1月，石油工业部颁布文件，决定在渤海开展实质性油气勘探开发作业，成立海上石油勘探机构和队伍。油田管理机构始建于1966年，原名石油工业部六四一厂海洋石油勘探指挥部，后扩建为华北石油会战指挥部海洋石油勘探指挥部、石油工业部海洋石油勘探局，1983年更名为渤海石油公司，2013年成立渤海石油管理局，为中国海洋石油集团公司下属的最大的地区管理机构。

成立初期的渤海油田不仅没有技术，连一条下海的船都没有。在石油部的协调下，从东海舰队协调来了“海渔26”“海潜505”两条船，从交通部协调来了“民主20号”客轮。同时，又从华东石油局调了十几条木船，还有一条原国民党的“重庆号”军舰。从此，石油前辈们在渤海这片蓝色国土上，艰苦奋斗、战天斗海，拉开了渤海油气勘探的序幕。

1965年3月25日，从陆地抽调500职工在塘沽一废弃的露天游泳池举行海洋地调一大队成立大会。昔日的更衣棚和厕所成为大队办公室和材料库房，租用捕鱼帆船和货船稍加改造成为地震重力勘探的作业船，在4万多平方公里的海域内，开展多工种联合作业。

创业初期，海上工作生活条件极其艰苦，海一井开钻时，平台上人员多，住宿条件很差，队员们有的甚至睡在泥浆槽里。1965年，创业者们赶上了40年不遇的大海潮，53名钻井队员爬上在航标灯下铁架周围搭起的“临时避难所”才幸免于难。

1966年，渤海石油人凭自己的聪明智慧，自行设计建成了我国第一座海上固定平台——渤海1号海上钻井平台。

1967年6月14日，渤海1号钻井平台成功钻探的我国海上第一口深探井——海1井喷油。6月21日，周恩来总理获悉，非常激动，称赞

新中国第一代海洋铁军人拉肩扛保新井开钻

海洋石油工人“创造了我国海上打探井出油的先例”。

渤海冰灾：

1969年，渤海遭遇百年冰灾，2月22日，海2生活平台被冰撞沉，消息传到国务院。周恩来立即指示成立中央临时破冰领导小组组织抢险，命令海、陆、空三军部队紧急支援。这次破冰抢险共投入船只15艘，参战人员1100人；飞机3架，先后飞行37架次，进行空中侦察和投掷炸药破冰。平台经过大家不懈的努力，终于保住了，这是渤海石油人艰苦创业的一座丰碑。

中国海洋石油第一座国产钻井平台渤海1号平台冬季出海打井欢送场面

海上新高潮：

1972年初，周恩来了解到海洋石油勘探作业难度较大，设备落后，出于国家海洋战略的考虑，毫不犹豫地同意去国外购买先进设备。2月5日，中共中央批准了国家计委提出的进口43亿美元外国成套工业设备的方案，其中有4.8亿美元用于购买海洋石油设备。1973年，共引进钻井船9条、三用工作船21艘、各类工程船舶10艘。

1973年开始，我国设计建造的可移动自升钻井平台渤海1号、渤海3号、渤海5号、渤海7号和渤海9号，从国外引进的渤海2号、渤海4号、渤海6号、渤海8号和渤海10号自升式平台陆续到达渤海，随着装备改善，勘探逐步扩展到辽西、渤东、渤南、垦东、埕北等区域。

在渤海油田艰苦创业阶段，老一辈渤油人以“拼命也要拿下大油田”的铁人精神，在极其艰苦的条件下围井场、建平台，抵御大海啸，对抗大冰封，在大海中站稳脚跟，为油田发展打下了基础，体现出了爱国奉献、忘我拼搏、艰苦奋斗的铁人精神。

国务院为中国海洋石油渤海油田第一口探井喷油发的贺信

创业阶段，渤海油田从无到有，从小到大，建立了较为完整的生产科研队伍，发现4个油田，石油地质储量4500万吨，两个油田投入试验性开发，最高年产量17万吨。

对外合作时期，埕北精神引领开放合作

1978年，中央决定中国海洋石油工业实行对外开放，借助国外资金、技术、管理发展海洋石油工业。1982年，国务院发布《中国海洋石油对外合作条例》，中国海洋石油总公司挂牌成立，中国海油正式进入对外合作阶段。

中国海油领导层曾经大胆提出“按市场规则办”“按国际惯例办”“在一定时期坚持拿来主义”，即在坚持国企的基本性质的前提下，认真学习借鉴国际公司的先进经验，全面与国际接轨。矢志不渝地坚持“不能以保持特色为借口保护传统结构遗留的低标准、老毛病、坏习惯”，使企业在原有计划经济模式下，迅速得到了脱胎换骨的改造。

海洋石油树立了“不承认落后不是爱国主义，只有承认落后而不甘心落后，才是清醒的有作为的爱国主义者”这样崭新的观念，提出了“借助洋拐棍走路”，放低姿态向国际同行求教。如对外合作初期，渤海石油钻井公司与日本JNC签订培训协议，以日本钻井平台“白龙9号”为培训基地，选送20名钻井平台经理、队长、司钻、副钻及机械、电气、仪表工程师等高岗位人员，接受日方极为严格的“魔鬼式的培训”。在培训过程中，除了规定的倒班一小考、半年一大考，每天还有接连不断的突袭考试，不时通过电话进行“连珠炮”式的提问，学员回答稍不准确就要被“劝退”。在操作实习中，谁出现失误就用粉笔在谁的背上画叉。最初的20名高岗位人员几乎有一半被强行“劝退”。

对外合作，吸引外资和技术（1980—1986）。渤海油田是党中央决策最早对外开放的海域之一。几代国家领导人，对渤海油田的发展寄予了厚望。在改革开放的大潮中，渤海油田通过吸收外资，引进技术，学习管理，先后建成具有国际水平的埕北、渤中28-1、渤中34-2/4等油气田。

自营勘探，走向成熟（1987—1998）。渤海油田加大“找油”力度，自营勘探获得突破。相继发现绥中36-1、旅大5-2、锦州9-3、秦皇岛32-6、南堡35-2、渤中25-1南等16个油气田，成为支撑渤海油田产量增长的主要力量。

绥中36-1油田，1987年发现，石油地质储量28900万吨，是渤海最早发现的亿吨级油田，也是国内海上自营开发规模最大的油田。现有13座平台、陆上终端1个，开发井330口，高峰年产量435万吨。截至2010年12月，累计采油4575万吨。

锦州9-3油田，1988年发现，石油地质储量5000万吨，天然气地质储量13亿立方米。有3座平台，开发井57口，高峰年产量95万吨。截至2010年12月，累计采油792万吨。

自营勘探捷报频传，对外合作蒸蒸日上，在合作中学管理、学技术、育人才、建队伍，从管理到技术，从装备到人才，都证明了中国海洋石油工业逐步走向成熟。

在多年的对外合作和自营勘探开发过程中，渤海油田在三个层面上取得了值得一述的成绩。一是在我国海洋石油工业已有的薄弱基础之上，获得了比以前多得多的油气储量和高速增长的油气产量，为中国能源工业和国民经济增长做出了贡献；二是生产技术和科研水平得到了很大提高，并通过借鉴国际石油公司的经验，建立了一套富有成效且与国际接轨的管理模式；三是通过对外合作，渤海油田的员工普遍具有了较为开放的思想意识，更加坚定了爱国主义信念。这套管理模式和开放的思想意识，在一定范围内起到了积极的示范作用。

在对外合作阶段，渤海石油人继承和发扬石油精神，大胆突破思想的藩篱和舆论的禁锢，不断对标一流、追赶先进，在困难面前不言退，在竞争面前不言败，在成绩面前不言止，逐步缩小了与世界一流石油公司在技术、管理方面的差距，促进了海洋工程、钻井和采油工艺的快速发展，使渤海油田步入正规开发阶段，体现出了解放思想、敢闯敢试、合作共赢的埕北精神。

高速发展时期，优快精神推动国际一流

中国海油在改革开放中积蓄力量，爆发能量，在上游迅速结束海上原油年产量在9万吨左右徘徊的局面，以高速高效发展的态势，在

中国海洋石油埕北油田操作者地位转移仪式

1996年就突破了原油年产量1000万吨的大关。2003年又在年产油气2600万吨的基础上，提出用7年时间，即到2010年达到5000万吨油气当量，建成“海上大庆”。

渤海油田承担了年产量由900万吨跃升到3000万吨的重任，有18个自营油气田和2个合作油田投入建设，需新建34座海上平台，铺设770千米管道和200千米海底电缆，建设1座油终端和1座气终端，完成1座终端码头的扩建。如何在短短7年时间内完成这么大的工作量，对海洋石油工程建设者来说，既是一次严峻的考验，检验大家是否具有勇挑重担的责任心、意志力和聪明才智，同时也是一次锻炼队伍的难得机会，包括设计、采办、施工管理，还有多个项目齐头并进的组织协调，都是前所未遇的。

渤海油田从1965年开始，到1993年年底，钻探井146口，探明地质储量4.1亿吨，天然气191亿立方米。钻开发井128口，原油产量100多万吨。

波涛汹涌的大海上渤海油田喜喷高产油流

20世纪80年代中期，国际油价一直在低价徘徊。与此同时，辽东湾海域相继发现了锦州9–3、绥中36–1、锦州20–2等一大批油气田。然而，由于开发成本居高不下，使得油田开发因为经济评价达不到盈利目标而停滞不前。

为低成本、高效益开采油田，1995年8月，渤海油田以歧口18–1油田快速钻井试验为标志正式启动“优快”钻完井工程。通过转变思维方式、创新项目管理模式和推动技术创新，创造出令人难以置信的奇迹：3口试验生产井从原来平均57天的建井周期，缩短到18.82天，其中最快的一口井仅历时13.31天。项目最终决算，节约成本2280多万元人民币。

1998年，三起三落的锦州9–3油田，由于优快钻完井技术的成功应用获得了新生。绥中36–1油田、渤中25–1油田、旅大10–1油田等在优快钻完井技术的推广应用下，突破了效益低的瓶颈制约，得以顺利开发，多口井喜获高产。

2001年，钻完井与勘探人员创新勘探理念，将优快钻完井技术方法引入勘探作业，解决了勘探工作量不足的问题，并有效降低了勘探作业成本。

“优快”精神，继承于渤海油田几十年的创业实践，形成于世纪之交的钻完井作业，渤海油田广大干部员工努力承担能源报国的本质责任，不断改革探索、创新创造，弘扬和丰富了以“敢于突破、科学求实、追求卓越”为核心的“优快”精神，实现了渤海油田高速高效发展，形成了宝贵的物质和精神财富。“优快”精神作为一种文化凝结成中国海油文化的重要组成部分，是石油精神的传承，已渗透到各专业领域，并不断被充实、丰富和升华。

2004—2010年，渤海油田4万余名干部员工以“优快”精神为引领，大力推广“优快”工作模式，全面启动系统“优快”工作，与大海拼搏，和时间赛跑，携手闯过油气储量、前期研究、开发建设、生产挖潜等一道道难关，取得了历史性跨越：油气勘探新区老区屡获突破，收获石油地质储量10亿吨；油田开发优化管理、高度集约，新建油田40个；油田生产创新技术、精细实施，24个老油田全部实现零递减，成功上产3000万吨，成为我国第二大原油生产基地和国家重要的能源基地。

“十二五”期间，以“优快”精神为引领，勘探开发和油气生产稳中有进，超计划增长：油气勘探实现三维采集全覆盖，发现5个亿吨级油田；油田开发完成17个开发项目前期研究工作。新建平台32座，终端3座，钻井1420口，7个新油田、7个在生产油田综合调整项目陆续投产，新增可采储量1.5亿吨，提高采收率5.3%；油气生产加强管理深入挖潜，完成产量1.47亿吨，超出“十二五”规划目标470万吨；平稳接管曹妃甸油田和蓬莱19–3油田作业权，实现安全生产、降本增效，展示了中方作业者驾驭大油田的良好能力。

进入“十三五”以来，渤海油田干部员工攻坚克难、不懈努力，应对外部环境影响、国际油价断崖式下跌等重大挑战，大力实施深化改革创新，常态化开展提质降本增效，油气产量保持并巩固3000万吨级产量规模。截至2018年年底，已累产油气4.06亿吨。其中，原油37454.1万吨，液化气160万吨，天然气299.6亿方。

渤海油田发展史，就是一部创业史，一部奋斗史，她的发展历程就是渤海石油人矢志不渝“我为祖国献石油”的历程，就是初心不改坚持“在经济领域为党工作”的历程。

无论什么时候，渤海石油人始终坚持党的领导，听从党的召唤，时刻与祖国同呼吸、共命运；无论哪个时期，都会以高度的主人翁责任感和强烈的历史使命感，融入国家发展战略，服务和服从中央的战略布局，毫不松懈地履行“我为祖国献石油”的初心和使命。

渤海油田未来发展规划

构建国家油气安全保障体系，提升国际油气市场话语权，成为当务之急

油气进口量双双全球第一。2018年，全年石油净进口量4.4亿吨，同比增长11%，石油对外依存度升至69.8%（国际社会公认警戒线为65%）。天然气进口量1254亿立方米，同比增长31.7%，对外依存度升至45.3%，继2017年成为世界最大原油进口国之后，又超过日本成为世界最大天然气进口国。

国内原油产量三连降。2018年中国的原油产量预计为1.89亿吨，同比下降1.3%，已经是2016年原油产量跌破2亿吨后，连续第3年下降。

国内天然气消费需求继续加速。其中，环渤海“煤改气”增量大幅拉升需求，主要是“2+26城市”居民、采暖、工业、商业、公共服务的煤改气带动，预计全年消费量达590亿立方米，增速近23%。

2018年7月，习近平总书记在能源局给中央及国务院的报告上批示：今后若干年要大力提升勘探开发力度，保障能源安全。

中国海油落实要求做好部署

全力增储上产、保障国家能源安全既是海油人义不容辞的责任，也是公司发展的内在要求。为此，中国海油编制了《关于中国海油强化国内勘探开发未来“七年行动计划”》(简称《“七年行动计划”》)，提出到2025年，公司勘探工作量和探明储量要翻一番，国内海上原油产量2020年要达到4334万吨，2025年实现5300万吨。其中，渤海油田到2025年，原油产量达到3754万吨，油气当量实现4000万吨。

渤海油田面临的困难和挑战

环境制约——用海矛盾。渤海油田76%的矿区面积与其他用海方存在权益重叠影响。

新油田储量环境影响情况。25个认定商业性油气田探明石油地质储量9.9亿吨。其中，没有环境风险的探明石油地质储量1.1亿吨，占比11%；受限区探明石油地质储量8.8亿吨，占比89%，主要受军事、航道、码头、生态红区等因素影响。

油田自身发展困难挑战。找油找气的难度，特别是发现“大而肥”油气田的难度日趋加大；开发建设海上油气田的成本压力越来越大；油气田生产，特别是老油田稳产的难度越来越大；“低边稠”地质储量开发建设的关键技术亟待突破；维持科学适度的储量替代率、储采比困难重重。

半个世纪前，在新中国用“洋油”来驱动“洋车”的尴尬境遇下，海洋石油人带着一腔热血、赤手空拳到烟波浩渺的大洋和市场的价值蓝海中弄潮，中国海有了一片耀眼的蓝色奇迹。这奇迹，是中国共产党领导中华民族创造的中国奇迹的一部分，是中国特色社会主义伟大实践的一个缩影，是一个曾经积贫积弱的大国阔步迈向强盛的见证，更是无数海油人在漫长的征程中用青春、热血和生命谱写的民族工业强盛之歌。

回望过去，海洋石油人每一步的前行，都闪烁着理想信念的光辉，都踏踏实实践行着艰苦奋斗、改革创新、实事求是、以人为本的宝贵精神。

正因为坚持这些精神气质，无资金、没设备、缺人才的海洋石油人还是毅然决然，在炮火轰鸣声中驾着小船驶进波涛汹涌的南海，人拉肩扛实现了零的突破，才能把“洋专家”认为没有开发价值的贫瘠油气田变为“金饽饽”，才能在遭遇平台倒塌、船只沉没后再出海、再超越，以血泪为墨、狂风坚冰作笔，践行“我为祖国献石油”的铮铮誓言，铭刻为国拼搏的艰辛与坚持。

正因为坚持这些精神气质，海洋石油人才敢于突破制度、意识障碍，顶着“卖国贼”的帽子，率先开展对外合作，引

“海上铁人”、新时期大国工匠郝振山

进国外资本和先进技术，建起“海上经济特区”；才敢于突破传统管理体制和机制，坚持效益和效率优先，建立起现代企业制度、产权制度，在坚忍不拔的学习、引进与创造中超越自我，追赶潮流，在“国有企业能不能搞好”的质疑声中，走出独特的发展道路，打造出独有的竞争优势。

正因为坚持这些精神气质，渤海油田更知实事求是的宝贵，将其作为立身建业的基础，不回避矛盾，敢于纠错、善于纠错，更愿意回归常识、尊重常识、善用常识，用常识推进创新和变革。我们有很多超前的思维和做法，但都是在尊重常识、尊重客观规律的前提下，与国情、企情科学地结合，学习外国管理经验、参照国际惯例，而不是生搬硬套；学习外国科学技术，不脱离员工整体素质、装备整体水平，避免花冤枉钱而无效益；改革举措不求一步到位，而是循序渐进，穿合适自己脚的鞋，走适合自己体力、耐力的路。

忆往昔，峥嵘岁月，老一代渤海油田人，在有条件要上，没条件创造条件也要上的铁人精神感召下，创造了海油奇迹；看今朝，大海飞歌，渤海油田人在“优快”精神的鼓舞下，树起了“海上大庆”的丰碑；想未来，前程似锦，新一代渤海油田人怀揣“我为祖国献石油”的梦想，在祖国的万里海疆上，将再创辉煌！

第三节　新时期的胜利精神

胜利油田是中国重要的石油工业基地，是中国石油化工集团胜利石油管理局有限公司、中国石油化工股份有限公司胜利油田分公司和中石化石油工程技术服务有限公司胜利石油工程有限公司的统称。胜利油田的主要业务包括石油天然气勘探开发、石油工程技术服务、地面工程建设、油气深加工、矿区服务等，工作区域分为东部油区和西部油区。东部油区主要分布在山东省东营、滨州、淄博、德州、潍坊、烟台、济南、聊城8个市的28个县（区）内以及海上辽东东地区，主体部分位于山东省东营市；西部油区分布在新疆、青海、甘肃、宁夏4个省（自治区），涉及准噶尔、吐哈等6个盆地，主要工区位于准噶尔盆地，油区地表条件复杂，涉及城乡、浅海、滩涂、沙漠、戈壁等。截至2018年底，油田探矿权登记面积8.99万平方千米，采矿权登记面积6501.8平方千米，共发现油气田81个，探明石油地质储量54.82亿吨、天然气地质储量2663.81亿立方米。油气水井总数4.4万口，综合含水92.41%。1987年到1995年连续9年保持原油产量在3000万吨以上，1996年到2015年连续20年年均产量稳定在2700万吨以上，2013年浅海油田产量突破300万吨，2015年在准噶尔盆地西部建成百万吨级原油生产基地。2018年生产原油2341万吨。

1961年4月16日，华8井喷出工业油流，日产油8.1吨，标志着胜利油田发现。1962年9月23日，营2井获日产油555吨高产油流，是当时全国日产量最高的井，胜利油田早期的名称“九二三厂”就是由此而来。1964年1月，经党中央正式批准，展开了继大庆石油会战之后又一次大规模石油会战，当年6月石油工业部华北石油勘探会战总指挥部成立，1972年8月改称胜利油田会战指挥部。1989年油田结束会战体制，更名为胜利石油管理局。1998年，国家进行石油石化重组，胜利油田划归中国石化集团公司。2000年，中国石化整合上市，将油田勘探开发核心业务组建成立胜利油田有限公司，2006年变更为胜利油田分公司。2013年，将管理局的物探、钻井、测井、录井及地面工程建设等业务，整合到中石化石油工程技术服务有限公司。2017年，进行公司制改造，成立胜利石油管理局有限公司。目前胜利油田由胜利石油管理局有限公司党委统筹协调，胜利石油管理局有限公司、胜利油田分公司、胜利石油工程公司是相对独立的企业实体，胜利石油管理局有限公司与胜利油田分公司合署办公。

经过近60年的勘探开发建设，胜利油田实现了“从陆地到海洋、从东部到西部、从国内到国外”的三大跨越，为我国石油工业“稳定东部，发展西部”战略发挥了重要作用，为促进国民经济建设、推动石油石化工业发展和带动区域经济社会进步做出了重要贡献，同时也凝练出了独具特色的胜利精神。胜利精神以爱党、爱国、爱油田为主线，以“我为祖国献石油”为初心使命，既具有国企精神的普遍性，又有个性化的特定内涵。

鲜明时代性。胜利精神的鲜明时代性，既表现为与时俱进的先进性，又呈现出分期发展的阶段性。胜利精神的孕育形成和丰富发展，大致可分为三个阶段。第一阶段，会战上产时期（20世纪60年代到90年代）。在这个时期，胜利油田成为全国第二大油田，并呈现出蒸蒸日上的发展局面。这一时期的精神理念，是“闻油则喜，为油而战”“自觉加压、滚石上山”“攻坚啃硬、精雕细刻”“大干了再大干，超产了再超产，奉献了再奉献”；第二阶段，是持续稳定发展时期（20世纪90年代到2014年）。胜利油田从艰苦创业走

永安69-1井场战井喷

抗击风暴潮

抗洪抢险

人拉

肩扛

孤东会战领导小组驻地

孤东会战场景

孤东一号联合站

孤东会战前线祝捷大会

我们一路走来

红花热泪

川气东送建设

渤海钻井出征埃及

胜利油田河50丛式井组

乐安油田稠油热采

海油陆采平台垦东 12

海上石油平台

汶川救灾

援建肯尼亚

抗飓风，保安全生产

向全面创新，追求更有质量更有效益更可持续发展。这一时期的精神理念是："共创百年胜利，共建和谐油田，共享美好生活""打造胜利品牌，实现持续发展""油田与心田共建，文化与文明共创""油为业，家为根，人为本，和为魂""想干有责任，会干有技术，巧干有绝活，实干有贡献"。第三个阶段，是低油价调整时期（2014年以来）。胜利油田"战寒冬、求生存、谋发展"，实施五大战略、确立三大目标，全面开创油田高质量发展新局面。这时期的精神理念，是"以效益为中心，以利润论英雄""算效益账、干效益活、产效益油"，一切工作向价值创造聚焦，一切资源向价值创造流动。

一体多样性。胜利油田以中国特色社会主义和中国石化核心价值理念为主导，在培育弘扬传统胜利精神的同时，尊重差异、发展多样，形成多层级的精神谱系。在油田层面上，是"从创业走向创新，从胜利走向胜利"；在油田二级层面，是数十个具有行业特性的精神单元，如"务本探源，为国找油"的胜利物探精神；"为海油拼搏，为胜利超越"的胜利海油精神；石油开发中心"难动敢动，迎难而动"的敢闯精神。在基层单位，是成百上千个昂扬向上的团队精神，“让明天胜过今天”“为油井负责一辈子”“细微之处见卓著”，诸层系的精神之光，活力四射，催人奋进。

实践创造性。胜利精神来自艰苦卓绝的生产和社会实践活动，是在胜利人艰苦创业、不畏艰辛、顽强拼搏、无私奉献的实践中诞生的。胜利油田复杂的地质条件，赋予了胜利人独有而丰富的想象力和创造力。艺术界专家说，胜利人的创造是最实际的创造，一切创造都围绕着为国家多产油、产好油，都围绕着以提高胜利人的物质、文化生活水准而展开的。以追求卓越、活力迸发、创新文化为引领，“挑战极限，创新无限”“把想法变成做法，把点子变成金子”，形成了一系列符合胜利油田实际、具有胜利特色的勘探开发理论和技术，用哲学思维认识和分析复式油气区、隐蔽油气藏，建立勘探开发理论和技术体系，为促进油田生产建设和发展提供了强力支撑。

人文归属性。胜利人来自五湖四海，有着高尚的人文情怀，有着共同的奋斗目标，逐渐融合成了一个休戚相关、荣辱与共、高度认同、强烈归属、强大凝聚、自立自信的文化共同体。①胜利人是一支大乐队。石油似乎如交响乐团的指挥棒那么富有魅力，荒原上的一台台抽油机，仿佛是一台台摆放在荒原上的竖琴，日夜弹奏着采油工人心中的歌。②胜利人是一个大家庭。这里是一个大家庭，他们能充分感受到理解、同情、信赖和友爱，感受到真善美，感受到人格在奉献中升华。③胜利人是一所大学校。胜利油田是一所没有围墙的社会大学，在这里可以学到很多书本上学不到的东西，在这里可以增长才干、大显身手，又可以丰富学识、自我完善、自立自信、自强不息。

开放包容性。胜利精神具有开放延展的辐射性。“立足胜利发展胜利，跳出胜利发展胜利”，从1993年起，胜利队伍就开始走向外部市场。胜利人无论走到哪里，都把胜利精神弘扬到哪里。油田的一些改制企业，像新大集团、高原公司、胜利软件等，都秉承胜利精神，构建特色文化，收获巨大效益。胜利精神具有包容多样的融合性，胜利文化不仅具有各种行业文化、军营文化、海洋文化、社区文化、医院文化、学校文化等元素，还有不同民族文化、地方文化、家庭文化等，这使胜利精神的包容性淋漓地呈现出来。胜利精神具有同生共长的地域性，从地域上说，胜利精神体现着山东精神。山东人豪爽、豁达、实在、义气，奋战在山东的土地上就是近距离地接受着儒家文化的熏陶，“忠诚守信、勤劳勇敢、务实苦干、开放创新”的山东精神，是滋养胜利精神茁壮成长的土壤。同时，胜利文化、胜利精神也丰富了地域文化，成为“齐鲁文化的宝贵财富”和“东营不可或缺的名片”。

“从创业走向创新，从胜利走向胜利”是对新时期胜利精神的精辟归纳。胜利油田以国为重、做好示范和责任担当、永不言败、勇夺第一的英雄气概，雷厉风行、执行有力的铁军作风，人才辈出、英模璀璨的兴旺气象，高度负责任、高度受尊敬的企业形象，已经成为超越时空、恒久不变的核心价值和文化符号。在创新发展的新时代，不断赋予新内涵、形成新表征的胜利精神，更应成为胜利人砥砺前行的旗帜，在沸腾的百里战区、在征战的外部市场，迎风招展，高高飘扬！胜利人有能力创造波澜壮阔的历史，也一定能够创造更加美好的未来，胜利必将走向胜利。

在新时期、新时代，永远不忘华8井，她是胜利油田的发现井，58年前，在这里举行了胜利油田规模开发的奠基礼，她是胜利精神之母。华8井作为油田的发端和起点，已成为胜利符号和胜利记忆。华8井的发现，记录了一部自力更生的奋斗史。在华北地质勘探最需要苏联专家技术支持的时候，他们撤走了。老一辈科研人员不等、不靠、敢闯、敢干，发扬“功成不必在我，但功成必定有我”的精神，突破了一个个技术“禁区”，为华8井的钻探成功打下了坚实基础。华8井的钻探和试油成功，成为我国石油工业发展的重要里程碑。这种“有条件要上，没有条件创造条件也要上”的豪迈气概和“我为祖国献石油”的初心使命，一直激励着油田人不断前行。多年来，胜利人坚持弘扬华8井精神，用老一辈石油人“以国为重、以苦为荣”的优良传统激励人、凝聚人、鼓舞人，员工队伍保持着昂扬向上的精神，即使在经营困难时期，依然呈现出“油价低、工作标准不低、精神状态不减”的良好状态，涌现出了代旭升、吕幸端、吴吉林、薛梅等一批先进典型。无论是过去、现在还是将来，石油石化优良传统都是激励我们前行的动力。几十年来，以华8井凝心聚力、涵养境界的精神为动力，通过开展“忆传统、讲变化、比贡献”“华8井精神大讨论”等系列活动，振作精神、激发动力，以优良传统积聚力量，埋头苦干，无私奉献。党的十九大绘出了中国梦的宏伟蓝图，油田党代会、职代会规划了油田高质量发展的目标任务、路径措施。胜利人将以更开阔的视野、更长远的眼光、更高的标准抓谋划、抓发展，从华8井再出发，走好新的长征路。昨天，老一辈石油人“闻油则喜、为油而战”，铸就了油田的辉煌；今天，在新起点上开创高质量发展新局面历史使命，又落在了我们这一代人肩上，我们将牢记初心使命，践行石油石化优良传统，用新理念引领新作为，用新方式推动新发展，扎实开展好“不忘初心使命、深化三转三创”主题活动，全力落实“五大战略”、积极投身“五大攻坚战”，力争在油田高质量发展的进程中站排头、当先锋。历经50多年的勘探开发，油田储量品位越来越差，新增储量动用难度不断加大。面对困难挑战，要像老一辈石油人那样，严细认真、执着探索，实现接替阵地有新发现、新拓展，力争今后几年里，大力推进效益开发，做稳老区保值保效，推进分质分压注水等油藏开发试验区的建设，确保效益稳产，推进并力图实现良性可持续发展。改革发展的新长征，没有平坦的大道可走，没有现成的经验可用，最需要的是汲取石油石化优良传统，凝聚共识、戮力前行。加快新型采油管理区建设，在油公司建设上提速推进，让管理区真正成为油藏经营管理的责任主体。在人力资源优化上提速推进，积极寻求新的突破口，不断释放人力资源潜力活力。在资产盘活创效上提速推进，力争资产盘活创效最大化。油田安全环保风险大、压力重。应积极落实绿色企业行动计划，主动融入城市建设，深化推进“戮力同心抓三标，打造油城风景线”达标升级活动，推进班站、设备及井场逐级整治提升，努力营造“景中有井、井在景中、生态和谐、社企共融”的良好环境。从华8井再出发，是新时代赋予的新任务、新使命。坚持做到会战优良传统永不忘，三老四严的作风永不丢；艰苦奋斗精神永不忘，勤俭节约的传统永不丢；艰辛创业历程永不忘，为油拼搏的精神永不丢。在高质量发展的新征程上，续写新篇章、创造新辉煌！

参加社会实践的中国石油大学学生来到华8井

一代人有一代人的责任，一代人有一代人的使命。无论是人拉肩扛、滚石上山的创业年代，还是锐意创新、无私奉献的高产稳产阶段，抑或是勇挑重担、迎难而上的改革发展时期，胜利人始终高举红旗向前，彰显了“从创业走向创新，从胜利走向胜利”的精神力量。英雄的胜利人，坚持从全局和战略的高度谋划油田发展，牢记使命、勇挑重任，积聚和凝练新时代的胜利精神，提高政治站位，履行经济责任、政治责任、社会责任，保障永恒的高质量发展，努力向祖国递交高水平的胜利答卷。

第四节　东方物探先锋精神

东方地球物理公司（英文缩写BGP）是中国石油天然气集团公司的全资子公司，是以地球物理方法勘探油气资源为核心业务，集油气陆上、海上勘探，资料处理解释，综合物化探，信息技术服务，物探装备、软件研发制造，多用户勘探，对外培训，物业服务等业务于一体的综合性国际化技术服务公司。作为中国石油找油找气的主力军和战略部队，公司以“奉献能源、创造和谐”为宗旨，秉承“东方物探先锋精神”，勘探足迹遍及国内主要含油气盆地，先后参与大庆、华北、胜利、四川、江汉、陕甘宁、辽河和塔里木等石油勘探会战，配合油田取得了一系列重大油气勘探发现，被国家授予“地质勘探功勋单位”。截至2018年12月31日，公司在册员工27244人，拥有中国工程院院士1名，24名集团公司高级专家，5名国家特聘专家，9名首席技术专家，76名高级技术专家，8000余名技术人员组成的科技人才队伍；公司资产总额159.11亿元，拥有物探队179支，主要物探装备与国际先进水平同步；公司业务发展到国内29个省、市、自治区和海外54个国家，为全球近270家油公司提供技术服务，营业收入连续四年保持全球物探行业第一。公司是国家级企业技术中心、油气勘探计算机软件国家工程研究中心，国际地球物理承包商协会核心会员，欧洲地球物理学家与工程师协会、勘探地球物理学家协会主要会员。

公司成立以来，始终以为国找油找气为己任，紧紧围绕建设世界一流地球物理技术服务为目标，大力实施“两先两化”战略，努力做大做强油气勘探主业，持续加快发展资料处理解释、综合物化探、信息技术服务、深海勘探和软件装备研发制造等成长性业务，实现了向物探全领域技术服务的转变。陆上勘探技术实力居国际领先地位，市场份额连续16年稳居全球首位。处理解释业务建立了亚洲最大的地震勘探资料处理解释中心和油田地质数据库，在美国、中东和东南亚建立了三大资料处理中心，技术服务能力达到国际先进水平。综合物化探业务建立了国内最大的重磁电及地球化学勘探服务中心，技术实力居国际领先水平，为全球客户在油气勘查、地热勘探、地下埋设物探测等领域提供了优质服务。深海勘探拥有6支船队，在OBN等勘探领域居国际先进水平。软件、装备研发制造能力居国际先进水平，为公司打造了一系列先进勘探利器。信息技术服务业务打造了2900余人的专业化IT服务团队，形成数据中心、ERP咨询、信息安全、数字油田、智慧城市等十大主营业务，承担了中国石油50%以上的信息化建设项目，打造了秦皇岛、四平市等智慧城市示范项目，成为集团公司的信息技术专家中心、支持中心、互联网+国企党建研究中心，成功运作阿尔及利亚ERP、乍得数字油田建设等海外项目，业务范围覆盖全球39个国家和地区。

公司始终把科技作为物探之魂，持续加大科技创新力度，构建了开放式、国际化研发平台，建立了“两国三地”24小时研发模式，成立了东方物探院士工作站，推进技术创新进入“快车道”，“十二五”以来累计申请专利1146件，取得授权专利889件，荣获省部级以上奖励102项，其中国家科技进步一等奖2项、二等奖3项，形成了核心软件、核心装备和关键技术三大系列。在物探技术方面，打造形成针对全球油气勘探客户的“PAI”技术系列品牌，复杂山地等地震勘探技术居全球领先地位，宽频、宽方位、高精度勘探技术成为开拓国内外市场的技术利器。在软件技术方面，自主研发形成涵盖物探技术全领域、整体水平行业领先的GeoEast解释、KLSeis Ⅱ采集系列软件，极大地满足了油公司一体化服务需求，有力推进了国内外市场开发。在装备技术方面，低频可控震源技术全面超越国际竞争对手，研发的全球首台高精度可控震源EV56经过野外环境严苛检验，标志着全球低频地震勘探时代的到来。科技创新有力地提升了公司找油找气能力，2018年，公司参与中国石油国内油气勘探重大发现超过92%，海外油气重要发现参与率继续保持100%。

公司始终把全面国际化作为实现稳健发展的战略举措，持续加大“走出去”步伐，推进海外业务实现跨越式发展，收入连续10年超过公司勘探主业收入的50%，在海外形成中东、中亚、北非、东非、西非、东南亚、拉美七大规模生产基地，高端市场比例占比超过42.6%，先后成功打造了壳牌印尼OBN、科威特KOC、沙特S78 等在业界产生重大影响的样板工程，推动公司成为中东高端市场最大物探承包商，成功获得ADNOC价值16亿美元全球最大三维地震项目，在行业内引起极大反响。公司建立了具有国际先进水平的运营管理体系，海外项目本土化率达到90%，外籍雇员占公司用工总量的25%。HSE管理业绩居行业先进水平，获得国家安全生产标准化一级达标企业资质，连续9年被评为中国石油安全生产先进企业。

在为国找油找气的道路上，公司大力弘扬以“苦干实干”“三老四严”为核心的石油精神，认真践行“我为祖国献石油”的核心价值观，持续打造“精诚伙伴、找油先锋”文化，在野外极其恶劣和海外极其复杂的环境中，用智慧和汗水矢志找油，奉献社会。公司坚持以人为本，追求企业与员工、用户、社会、自然环境和谐发展，坚持经济、政治和社会责任的有机统一，创造了良好的信誉和知名度，先后荣获全国五一劳动奖状、中央企业先进集体、中央企业先进基层党组织和全国模范劳动关系和谐企业等光荣称号。

面对未来发展，公司以建设世界一流地球物理技术服务公司为目标，以为国找油找气为使命，持续提升技术服务保障能力，以一流的技术和管理，努力为国内外广大客户提供更优的服务，创造更大的价值。

先锋故事：

传　奇

2015年5月，一条喜讯从阿曼项目经理部传来，行业寒冬中，BGP赢得了PDO又一次的签约，随着CGG从阿曼市场的退出，BGP成为唯一一家与PDO长期合作的物探公司。

阿曼作为物探界的高端市场久负盛名，而PDO作为壳牌和阿曼政府的合资公司，掌握着全国70%的原油和几乎全部的天然气供应，这一次成功续约，不仅仅为经理部赢得超过两年的工作量，更进一步让BGP的品牌在全球高端市场坚实挺立。

甲方的青睐与信任来源于BGP创造的一个又一个奇迹。从2003年进入阿曼市场以来，BGP运用同步滑动扫描等这些最领先的技术，成功完成一个又一个优质项目，创造出最高日效2万炮的世界纪录，施工质量和效率令业界瞩目，在短短的五年期间就发展成为阿曼市场占有率第一的物探企业。

与此同时，承担PDO项目的阿曼8622队，也成长为一支物探界的超级地震队——从2004年的4500道地面设备到2015年的6万道，8622队一直在采集设备上保持着世界最大规模陆上勘探队伍的纪录。

而这支队伍的传奇，要从2012年那个炎热的夏天开始。2012年5月，8622队受命执行阿曼历史上面积最大的三维项目，第一个工区位于盐沼地区，这里因为条件极其艰苦，从未进行过勘探作业。

8622队开足马力，挺进工区，为了保证生产效率，开工前，队上用36台刮路机把整个炮线刮了一遍，给震源清障。可一开工，盐沼地还是给了他们一个下马威：震源几乎是开进去一辆就陷进去一辆，误车不断。为啥？原来，这盐沼地表面看是一层硬壳，但底下的情况却复杂多端，第一天开过时还稳稳当当，第二天再一轧就往外冒水；有的地方前一天还能承受380震源，第二天再经过就陷进去了；有的地方第一台震源通过时安然无恙，第二台再过就寸步难行。误车就窝工，而PDO的项目都是日费制，24小时连续作业，耽误一天就是上百万美元打水漂。怎么办？8622队党支部紧急成立生产突击队，一方面调整大小震源的施工安排，保持生产效率。另一方面立刻成立实验小组，带着一台备用震源沿着炮线，一个点一个点地挨个儿尝试各个炮点的承重能力，确定震源的吨位，终于解决了误车的难题。

可一波未平一波又起，震源的事刚解决，检波器埋置又出了问题，因为盐沼地的表壳特别坚硬，用手电钻打孔，人累得够呛，一天还打不了几个，这速度让人急得直出汗。关键时刻还得靠集体智慧，队上技术人员把大家叫到一起，出主意想办法，还真琢磨出了好招，他们自己动手做出了检波器埋置镐，镐头就是一个标准检波器椎，先挖坑，后埋置，又省时，又省力，一下儿就把检波器埋置的问题解决了。

在长达两年三个月的项目中，像这样的困难8622队不知遇到了多少次，他们遇山开路，遇河架桥，愣是摆平了一个又一个拦路虎。还创造性地将公司的SeisPro、Geoeast、DSG导航、无桩号采集等新技术应用于生产，并创造了提前一个月完工的奇迹。为此，PDO勘探部总经理专程发来贺信，激动地表示：愿与BGP精诚合作，一起取得更高的成就！

8622队的传奇远不止于此，就在这个项目结束当天，8622队即时启动了另一个特大项目。在这个三维项目运作过程中，他们又创造了新的奇迹：在大沙区实现了同步滑动扫描高效施工，同时使用72台推土机作业，规模之大为历史之最；率先实现大沙震源夜间采集，平均日效超过10000炮，刷新了PDO沙漠三维勘探纪录。

其实，8622队的传奇都是从一个个小细节开始的。比如，来到队上，你就会发现，200多台运输车辆每个轮胎上都戴着一圈亮黄色的指示帽，指示帽尖端两两相对，只要看到相对位移，就说明轮胎螺母松动了，它叫轮胎螺丝防松指示帽。这顶小帽子既减少了检查轮胎的时间，又避免了安全风险。

正是凭着这种注重细节，防患未然的作风，阿曼经理部创造了安全生产的奇迹——截至2016年4月8日，阿曼经理部8622队累计安全驾驶3287万公里，累计安全作业4334天，连续安全生产一千八百多万小时。传奇来自最卓越的团队。在阿曼，BGP的队伍国际化程度最高，几千人的队伍里中方员工仅仅73人，其中党员33人，只占员工总数的3%，但正是这3%，成为阿曼团队的核心力量和领路人，在生产中，他们是旗帜，是永动机，十余年如一日，带领外籍雇员转战在阿曼的高原沙漠，几千个日日夜夜24小时连续施工，生产纪录屡创新高。公司总经理苟量来到阿曼视察工作，欣喜地说：这是一支迎难而上、创造奇迹的队伍，你们的奋斗与拼搏，让东方公司都为之骄傲和自豪！

创业之歌

五月的科威特进入了旱季，气温高达40摄氏度。和这炙热天气一样的，还有李虹焦急等待消息的心情，此时KOC NWR三维试处理项目正在接受科威特石油公司专家组的审视。

面对BGP处理成果剖面，项目经理阿德尔眼前一亮。“没有前期成果的对比参照，BGP能做出这样的效果，非常令人惊讶！”甲方的评价从科威特传来，李虹忐忑的心终于“着陆”。

科威特，国土面积与北京相似，却拥有占世界第四位的石油储量。这里全球顶级油公司云集，世界最先进的地球物理技术荟萃，一直以来，被西方技术服务公司垄断。

打入这一高端市场，是海外奋战二十余载的东方人的梦想。而处理业务作为公司的优势业务，只有在高端市场有所作为，才能得到国际业界的认可和尊重。

2015年研究院建立迪拜靠前研究中心，通过一次又一次的技术宣传，终于争取到了科威特国家石油公司KOC NWR三维试处理的机会。

这是公司拿到的第一块科威特地震资料，也是第一次做Q-Land数据处理。重担落到了看似柔弱的女副总工程师，公司优秀共产党员李虹肩上。

为了考察公司实力，科威特石油公司没有提供任何历史资料，这让李虹和她的团队没有任何信息可参考。他们如同一艘行驶在茫茫大海中的孤舟，没有灯塔的指引，只能靠经验与直觉，硬着头皮摸索前进。

面对来之不易的试处理机会和虎视眈眈的竞争对手，项目只能成功，绝不能失败。从接到任务的那一刻起，李虹就绷紧了弦，憋足了劲。

Q-Land是西方地球物理公司特有的采集技术，为保持竞争优势，专利软件不对外售卖。李虹要做的首要任务就是解密“黑匣子”，将子测线与主测线更好组合。工区面积145平方公里，数据量极大；一条主测线、四条子测线，这么多种排列组合的方式里，究竟哪种更好？查文献，问专家，找思路，一遍遍尝试，一项项试验。年近半百的李虹和年轻人一起挑灯奋战，每天都在无休无止的思考中找寻灵感的火花，熬红了双眼，熬瘦了双颊。

项目组试验了四大类组合方案，在每一个方案中又做出若干种子测线的组合方案。每一种组合实验结果出来后，都要看频谱、分析叠加、比较单炮，选取效果最佳的一组再跟其他优选出来的试验结果去比对。失败了，再鼓劲，再重来……

时间利用被精确到了分，大家有些沉不住气了。“这样处理真的会比老剖面好吗？”“还要在Ω软件上再做一遍，哪还有时间？”

交卷的日子一天天逼近，最佳方案仍未确定。面对大家焦急的议论，李虹内心所承受的压力几乎让她崩溃，她咬着牙，一遍遍告诉自己“坚持下去！”

这天深夜，加班回来刚刚躺下的李虹脑子里又开始过筛子，白天组合试验不理想，到底是什么原因？还有没有更好的解决办法？突然，灵感一闪，她一骨碌从床上爬起来，迅速把想到的实验参数记录下来，然后上机演算，终于发现了一个满意的结果。

为了排除软件的因素，让实验结果更有说服力，李虹在GeoEast软件上做完试验，又在Ω软件上比对频宽、信噪比，看组合效果。实验证明GeoEast软件运算速度更快，而且效果完全没有差异，李虹这才放下心。项目组用GeoEast现有模块实现了组合处理，并开发完善了Q-Land资料处理模块与功能。

之后的六个月，低频补偿技术、OVT、模式识别压制多次波等成熟与先进处理技术被一一应用，向科威特石油公司完美地展示了东方物探的处理成果与技术能力。

实力铸就品牌，打造出了市场竞争中耀眼的名片。CGG公司在科威特湾采集了6000公里OBC二维资料，但资料处理效果很不理想。于是向我们主动邀约，李虹欣然接受。当她把几十个试验结果提交到甲方手里时，科威特石油公司专家抑制不住钦佩和兴奋，连连称赞“BGP太棒了！”

两次艰苦的战役，两次完美的胜利。在科威特石油公司对东方物探的资格预审表上，这两个试处理项目成功地填补了五项空白，完全具备了科威特石油公司要求的十八项准入资质，促进了东方物探科威特KOC采集项目的顺利开工。

正是凭着不服输的劲头、为人先的精神、创一流的信念，李虹和她的团队在奋斗中前行，在挑战中攀登新的高峰，在布满荆棘的道路上书写着更多的传奇。

第五节　塔里木精神

塔里木油田位于西部新疆维吾尔自治区境内的塔克拉玛干大沙漠中，石油和天然气储量丰富。由于石油和天然气在中国能源结构中的作用不断发展扩大，塔里木油田被经济学者称为中国西部的能源经济动脉。塔里木油田自会战以来，持续开展“形势任务、艰苦奋斗、两新两高、民族团结与民族政策”四项教育，秉承“艰苦奋斗，真抓实干，求实创新，五湖四海”为内涵的塔里木精神，锻造了一支以油为家、甘愿奉献的职工队伍，创造了系统性、人文性、可行性的企业文化，生动、具体地践行着塔里木精神，强化了中国石油精神的内涵和作用。

2019年10月，深度达7880米的超深井——博孜9井试井成功，获高产工业油气流，日产天然气41.82万立方米、凝析油115.15立方米，成为塔里木油田一年内在天山南部发现的又一个千亿方级大气田。博孜9井的成功发现，落实了含气规模，预计含油气面积40.9平方千米，气层段厚度共178米，初步预计天然气地质储量1153亿方、凝析油2166万吨，这标志着塔里木油田又发现一个超千亿方的优质、整装、高产的凝析气藏。

20世纪80年代末，党中央、国务院准确把握石油工业战略发展格

塔里木油田会战

局，做出了石油工业“稳定东部，发展西部”的重大部署，于1989年4月成立了塔里木石油勘探开发指挥部，奏响了西部大开发的序曲。江泽民总书记两次题词“加快塔里木石油勘探开发，为实现国民经济持续稳定发展做出更大贡献”。共投入勘探资金192亿元，180口探井获工业油气流，探井成功率42%。探明石油储量3.2亿吨，天然气储量5580亿立方米，三级油气当量15.56亿吨。探明24个油气田，形成轮南、东河、塔中、哈得4个油气田群和库车—塔北、巴楚—塔西南两个天然气富集区。已投入开发了11个油田，建成了轮南、东河、塔中、牙哈、哈得、柯克亚6个油气生产处理基地。原油产量逐年大幅上升，由1989年的3.4万吨上升到2001年的472.63万吨，年产油已达505万吨。塔里木油田平均单井日产油60吨，是全国平均水平的10倍多。会战之初，原中国石油天然气总公司制定了“采用新的管理体制和新的工艺技术，实现塔里木石油会战高水平和高效益”的“两新两高”工作方针，要求我们按新体制组织塔里木石油会战。经过十多年的探索和实践，基本形成了符合社会主义市场经济要求的油公司管理体制，其内涵是不搞“大而全”“小而全”，实行市场化运行，合同化管理，专业化服务，社会化依托，坚持“三位一体”的用工制度和党工委统一领导。新体制的实施实现了油公司与专业公司的分离、企业与社会的分开，培育了油田内部市场体系，全面提升了油田的核心竞争力，为石油企业的改革提供了一种成功的模式。

塔里木地面环境艰苦，地下情况复杂，远离东部大市场，但由于始终坚持低成本发展战略，探索并实行新型管理体制，仍然取得了较好的效益。截至2001年底，塔里木油田投入资金359亿元，其中油气勘探投资192亿元，开发建设投资131亿元。实现销售收入372.14亿元，实现利税134.72亿元，其中净利润68.89亿元。探明油气可采储量平均成本0.7美元/桶，低于国际油公司1.20美元/桶的平均水平。原油单位操作成本在中国石油天然气股份公司的所有地区公司中是最低的，也低于同期国际油公司的平均水平。百万吨产能建设投资平均为17.4亿元，比全国平均水平22亿元低4.6亿元。

西气东输天然气资源已经落实，库车—塔北气区作为西气东输的主力气区，已发现克拉2、迪那2等一批大中型气田，探明天然气储量4266.33亿立方米，可采储量3049.15亿立方米，能够满足120亿立方米稳定供气20年的需求。克拉2气田是西气东输主力气田，探明天然气地质储量2840.86亿立方米，是我国规模最大的整装气田，可年输气100亿立方米稳产20年。该气区天然气资源总量为2.23万亿立方米，又发现了61个圈闭，圈闭资源量1.5万亿立方米。加上巴楚—塔西南、英吉苏等具有丰富天然气资源的后备地区，后备资源十分充足。开发事业部大打措施增油进攻仗取得显著成效。

会战之初，原中国石油天然气总公司和新疆维吾尔自治区共同制定了“依靠行业主力，依托社会基础，统筹规划，共同发展”的二十字方针，为建立新型油地关系明确了方向。塔里木石油会战坚持依托当地社会基础，积极向地方开放市场，累计用在新疆当地的资金146亿元，占总投资的40.6%，有力地拉动了当地经济的发展。石油会战形成的生产要素市场、消费市场以及衍生的中下游产业，为当地经济发展提供了巨大的空间，推动了贫困地区的脱贫致富，促进了新疆南部地区大开发、大流通、大市场格局的形成。塔里木油田党工委始终坚持“两手抓，两手都要硬”，大力加强党的建设、领导班子建设、职工队伍建设，持续开展“形势任务、艰苦奋斗、两新两高、民族团结与民族政策”四项教育，抓好思想政治工作，形成了以“艰苦奋斗，真抓实干，五湖四海”为内涵的塔里木“三种精神”，锻造了一支以油为家、甘愿奉献的职工队伍，油田也获得了一系列精神文明成果：连续4年被新疆维吾尔自治区评为文明单位；连续7年被评为全国优秀示范小区；1999年被评为全国民族团结先进单位；1999年被评为全国青年文明社区；2001年塔中作业区荣获“全国杰出青年文明号”；2002年塔里木油田荣获“全国五一劳动奖状”。

据最新资源评价，塔里木盆地最终可探明油气资源总量为160亿吨油当量，其中，石油80亿吨、天然气10万亿立方米，被中外地质家称为21世纪中国石油战略接替地区。1989年以来，在中国石油的领导下，塔里木油田公司借鉴国际油公司的成功经验，采用“两新两高”工作方针，在塔里木盆地开展大规模石油勘探开发。十多年来，取得丰硕成果，发现了一系列优质油气田，特别是找到了大规模的天然气资源，促成并加快了举世瞩目的西气东输工程的建设，形成了现代化的油气生产基地。发现中国最大的沙漠油田——塔中油田，探明石油地质储量6130万吨，可采储量2036万吨。发现中国第一个亿吨级海相砂岩油田——哈得油田，探明加控制石油地质储量1.2亿吨。发现中国最大、特高压、特高产、特高丰度优质整装气田——克拉2气田，探明储量2840亿立方米，可采储量2290亿立方米。找到了中国最大的凝析油气聚集带——牙哈–英买力油气田群。发现了中国第一个亿吨级礁滩相油气田——塔中1气田。

截至2005年底，塔里木油田公司累计探明石油地质储量5.2亿吨、天然气地质储量7241亿立方米，三级油气储量当量达到24.1亿吨。已探明的天然气储量可以确保西气东输工程塔里木年输200亿立方米、稳定供气20年以上。2005年，生产原油600万吨、天然气57亿立方米，油气产量当量首次突破1000万吨；实现主营业务收入224亿元、上交税费35亿元。近20年的奋斗使塔里木油田进入了油气并举、规模化加快发展的新阶段。展望新时期，塔里木油田正在以建设中国重要的油气生产基地为目标加快发展。到2010年，原油年产量将达到800万吨，天然气年产量将达到200亿立方米，油气产量当量将突破2500万吨。

会战精神："艰苦奋斗，真抓实干，求实创新，五湖四海"

核心经营管理理念：诚信，创新，业绩，和谐，安全。"诚信"具体表现在立诚守信，言真行实。"创新"具体表现在与时俱进，开拓创新。"业绩"具体表现在业绩至上，创造卓越。"和谐"具体表现在团结协作，营造和谐。"安全"具体表现在以人为本，安全第一。

企业宗旨：奉献能源，创造和谐。正确处理好企业经济责任与社会责任的关系，实现企业与社会的和谐；加强企业与地方党委、政府的协调关系，在加快自身发展的同时，促进和带动地方经济社会发展；正确处理好企业发展与保护环境的关系，实现能源与环境的和谐。

企业愿景：塔里木——中国石油的希望。塔里木蕴藏着巨大的油气资源，是国家"稳定东部，发展西部"的重要战略接替区。塔里木的发展速度很大程度上决定了中国石油工业的发展速度，成为国家石油工业的希望。塔里木油田公司是股份公司的地区公司，塔里木盆地是集团公司的重点勘探区域，是集团公司的希望。而对于员工而言，塔里木成为中国石油的希望，也是个人事业发展和个人价值实现的希望，更是塔里木人报效祖国、服务人民的愿景。

企业使命：建设中国油气资源重要战略基地。塔里木在我国石油勘探开发领域占有举足轻重的地位，塔里木石油事业的发展不仅关系到集团公司发展目标的实现，而且关系到国家的能源安全。这一使命具有重要的现实意义和深远的历史意义。这一使命是从国家能源安全的大局和石油工业战略发展的需要出发提出来的。这是历史赋予塔里木的光荣使命，所有塔里木人将共同肩负起这一历史责任，加快塔里木实现战略接替的步伐。

企业价值观：为社会提供不竭动力，为员工搭建广阔舞台。塔里木油田的价值在于坚持科学的发展观，以习近平新时代中国特色社会主义思想为指导，走可持续发展之路，不断为国家为社会提供油气资源。塔里木油田奉行油地共建原则，在自身发展的同时也推动了边疆发展和社会进步。塔里木油田广阔的前景为员工提供了机遇。健全和完善人才引进、培养、使用和激励新机制，为员工的成长提供广阔的舞台。

人文精神（企业座右铭）：尊重自己，尊重他人，崇尚事业，克制物欲。尊重自己：每一个人都要珍惜自己的前途和家庭，为自己的成长负责，为自己的发展负责，对自己的家庭负责，形成科学的价值取向和正确的人生定位。尊重他人：要尊重他人的人格和劳动成果，不要瞧不起他人。每个人都有自己的优点和缺点，不要总是拿自己的长处和他人的短处相比较，应该多看到他人的长处，并虚心向他人学习。

崇尚事业：我们要坚定正确的信念，树立远大的理想，自觉自愿地投身塔里木充满希望而又富有挑战的舞台，以“踏踏实实干事”为荣耀。崇尚事业，让我们生活充实；崇尚事业，让我们目标明确；也唯有事业，让我们精神更加富足。克制物欲：告诫我们对物质的追求要有限度，提倡奉献精神，不要盲目攀比，总想着功名利禄，为小利斤斤计较，这样只会迷失自己，影响到自己的成长和发展。遵循这一企业座右铭，我们才能很好地把塔里木油田建成“中国石油的希望”。也只有这样，我们才能很好地承担起塔里木报效祖国、服务人民、实现战略接替的光荣使命。

管理方针：新体制，新技术，高水平，高效益。“两新两高”是塔里木油田会战初期提出的工作方针，是指引塔里木油田取得丰硕成果的成功经验，经受住了历史的考验。在新形势下，塔里木油田要根据新领域和新形势的特点，继续坚持新体制，采用新技术，提高管理水平，讲求效率效益，用有效的机制和科学的制度来组织运行。

企业作风：闻油而动　雷厉风行。闻油而动：作为石油人，要有石油人的敏锐，石油事业的敏感；要做到思想上敏觉，行动上迅速；要有一种闻油而喜，闻油而战的敬业精神和职业精神。雷厉风行：体现在办事要果敢，行动要迅捷，要做到“雷声”就是命令，行动就是执行。“闻油而动，雷厉风行”，既是塔里木良好的精神面貌，又是我们必须遵循的工作作风。

发展观：依靠行业主力，依托社会基础，统筹规划，共同发展。采用“油地共建”的二十字工作方针，是塔里木油田多年的工作指南。依靠行业主力，依托社会基础：塔里木不搞“大而全、小而全”，抓住管理、业务和技术的核心，建立战略联盟，实现企业快速发展。统筹规划，共同发展：统筹油地发展，统筹能源与自然和谐发展，统筹员工与企业的发展，推进塔里木的全面发展。在新时期，塔里木坚持遵循“二十字”方针，这是指导塔里木油田实现战略接替的发展观念。

人生观：只有荒凉的沙漠，没有荒凉的人生。只有荒凉的沙漠：塔里木油田地处我国最大的流动性沙漠——塔克拉玛干大沙漠，人称“死亡之海”，自然环境十分恶劣，空气干燥，风沙严重，不仅给勘探、开发带来极大困难，也给日常生活和工作造成极大的不便。没有荒凉的人生：塔里木人在这样一个极其恶劣的自然条件下，肩负国家重任，追求人生价值，创造社会财富，虽地处荒凉的沙漠，但塔里木人的价值没有荒漠，塔里木人的事业没有荒废，塔里木人的技能没有荒疏，塔里木人的油田没有荒芜，塔里木人的人生没有荒凉。“只有荒凉的沙漠，没有荒凉的人生”，这一人生观激励和鼓舞着我们：塔里木人为了祖国的石油事业，为了完成中国石油的战略接替这一崇高使命，为了实现领先国内、赶超世界，成为世界一流油田的目标，我们的“人生”没有“荒凉”，我们的“人生”更有意义！

人才观：以发展吸引人，以事业凝聚人，以业绩激励人，以人文关爱人。“以发展吸引人”：是塔里木一贯的吸引人才的原则，发展才能为社会创造价值，为优秀人才创造更广阔舞台。“以事业凝聚人”：作为承担国家石油安全重大责任的石油事业，敞开大门，迎接所有热爱和奉献石油事业的各种人才，把他们都凝聚在塔里木宏伟事业里。“以业绩激励人”：指塔里木采用科学、公平的人才选拔、考核、薪酬制度，激发广大员工的积极性和主动性。“以人文关爱人”：体现在塔里木给广大员工创造轻松、和谐的工作、生活人文环境，关爱员工身心，关心员工成长，关心员工发展。

健康观：关注员工健康，从健康时做起。防患于未然，不能等员工身体得疾病才去关注，而是要平时就形成良好的健康意识，注重身体锻炼，强化人文关怀，防患各种职业病的发生。

安全观：付出一万的努力，防止万一的发生。生产的安全非常重要，安全无小事，任何思想上的麻痹或疏忽，都可能酿成大错，给公司带来巨大的损失。

环境观：创造能源与环境的和谐。一方面，我们在勘探开发生产的过程中，要注意自然环境的保护，因为完好的自然生态环境是人类生活居住的基础；另一方面，我们也要处理好和当地人民群众的关系，做到“油地共建”，得到当地人民群众的拥护和支持，从而可以更好更有利地开展我们的工作。

创新观：勇于学习新知，敢于超越自我。创新是企业发展的不竭动力，也是企业永葆生机的源泉。创新的根本要求是体现时代性，把握规律性，富于创造性。塔里木盆地地质结构复杂，勘探开发面临很多前所未有的困难，甚至是世界级的难题，这就需要塔里木人大力提倡创新精神，在实践中不断进行体制创新、机制创新、管理创新、科技创新以及其他各方面的创新活动，努力领先竞争对手，不断超越自我。塔里木肩负着战略接替的历史重任，在时代的变革中不断创新发展的模式。塔里木的大场面就在创新突破之中，这就要求所有塔里木员工不因循守旧，在不断自我否定中探索塔里木的大场面。学习是创新的重要基础，一旦自足自满，就没有创新和进步的动力。塔里木提倡员工每日自省，不断提高自我素养和技能，敢于否定成绩，从成绩中找不足，追求更高的目标。

员工誓言：我自愿加入塔里木油田，忠诚石油事业，发扬“爱国、创业、求实、奉献”的企业精神，恪守“诚信、创新、业绩、和谐、安全”的企业核心理念，团结奋进，锐意进取，以领先国内赶超世界为目标，用我们的真诚和汗水，为建设中国油气资源重要战略基地而努力奋斗！

据最新资源评价，塔里木盆地最终可探明油气资源总量为160亿吨油当量，其中，石油80亿吨、天然气10万亿立方米，被中外地质家称为21世纪中国石油战略接替地区。1989年以来，在中国石油的领导下，塔里木油田公司借鉴国际油公司的成功经验，采用“两新两高”的工作方针，在塔里木盆地开展大规模石油勘探开发。十多年来，取得丰硕成果，发现了一系列优质油气田，特别是找到了大规模的天然气资源，促成并加快了举世瞩目的西气东输的工程建设，形成了现代化的油气生产基地。发现中国最大的沙漠油田——塔中油田，探明石油地质储量6130万吨，可采储量2036万吨。发现中国第一个亿吨级海相砂岩油田——哈得油田，探明加控制石油地质储量1.2亿吨。发现中国最大、特高压、特高产、特高丰度优质整装气田——克拉2气田，探明储量2840亿立方米，可采储量2290亿立方米。找到了中国最大的凝析油气聚集带——牙哈—英买力油气田群。发现了中国第一个亿吨级礁滩相油气田——塔中1气田。

截至2018年4月，塔里木油田建成了2500万吨级大油气田，累计生产油气产量当量突破3亿吨。29年来，塔里木油田油气产量由最初的3.39万吨到2017年2538万吨，油气产量年均增长百万吨，成为我国陆上第三大油气田。仅2017年塔里木油田油气产量当量同比增长111万吨，天然气产量占国内生产总量的六分之一，油气产量当量占中石油国内总产量的近七分之一。

第六节　中石油海外创业精神

党的十一届三中全会以来，石油工业坚持改革开放的总方针，与世界上几十个国家建立了石油经济和技术合作。石油对外合作经历了从合作风险勘探、扩大合作勘探开发到油气勘探开发全面合作三个发展时期。先后与澳大利亚、美国、英国、荷兰、意大利、加拿大、法国、新西兰、日本、新加坡以及香港等十多个国家和地区的48家石油公司，签订石油合同和合作协议，涉及风险勘探、油气开发、提高采收率、合作开发、单井技术、物探作业、管道敷设、仪表安装、油罐工程等业务，在国门外，苦干实干，严把工程速度、效率和质量，不仅收到了丰厚的效益，还受到所在国的广泛赞誉。

对外合作经历，使中国石油企业初步了解国际石油合作的游戏规则，能够比较容易适应“走出去”的环境，是中国石油企业国际化经营的有利条件之一。这一时期培养的人才成为中国石油企业国际化经营的宝贵财富和“走出去”的骨干力量。

中国实施“走出去”战略以来，中国企业的海外创业足迹已经遍布五洲四海。经济发展全球化，世界经济一体化，这是不可逆转的时代潮流。作为发展中的大国，中国坚持与时俱进，实行改革开放，成就有目共睹，如今中国已经融入整个世界的大格局之中。肩负保障国家能源安全的石油企业，是中国企业海外创业队伍中的一支劲旅。中国石油作为石油行业“走出去”的先锋官，成功践行党和国家提出的充分利用“两种资源、两个市场”的战略决策，增强了国家能源供应的保障能力，实现了资源全球化配置，提升了中国企业整体竞争力，探索出了一条大型国有企业市场化改革、国际化经营的发展道路，树立了国际能源合作的典范，呈现出快速发展、健康发展、科学发展的态势。

以建成“海外大庆”为标志，中国石油的海外创业之旅，已经走过近30年的艰辛历程。艰苦创业，风雨兼程，励精图治，海外建功，石油报国，名就功成！在这段历史中，中国石油海外业务实现了从无到有、从小到大、从弱到强的历史跨越。如今，五大海外油气合作区初步建成，四大油气战略通道建设快速推进，三大油气运营中心初具规模，油气投资业务与工程技术等服务保障业务一体化协调发展的格局已经形成，国际业务进入规模发展的新阶段。

2011年，中国石油海外油气作业产量当量超过1亿吨、权益产量达到5170万吨，相当于在海外建成了一个大庆油田。中国石油“海外大庆”的建成，是中国石油人拼搏创业和无私奉献的结果，是中国石油“走出去”利用两种资源开拓两个市场、保障国内能源供应的重大实践，是实施中国石油发展战略的巨大成功，是对完善世界油气资源生产和供应格局做出的重要贡献，是新的历史时期，中国石油人艰苦创业的光辉典范，是海外油气合作的一座丰碑。

回顾中国石油“走出去”的艰难历程，海外创业的累累硕果，总结中国石油海外发展的宝贵经验，每一位置身海外中国石油人都会有许多体会、感想与认识，靠的是精神，用的是干劲，有启示，有思考，有理想，这是一本精彩的海外创业教科书。

坚定“走出去”的指导方针

党中央关于“走出去”重大战略方针的提出，为中国企业“走出去”指明了方向。中国企业“走出去”离不开党中央、国务院的高度重视和亲切关怀，离不开国家有关部委的大力支持，这是国际业务发展取得成功的根本保证。

1993年，中国告别石油自给自足30年的历史，成为石油净进口国。为保障国家能源供应，中国石油“走出去”开展油气合作，以全球视野在世界范围内捕捉发展机遇。这一年，在遥远的美洲大陆，中国石油将海外油气合作第一粒种子，撒在了秘鲁塔拉拉油田。自此，“星星之火”开始燎原。中央企业的海外发展，关系到国家国际地位和综合实力的提升。到2012年，中国石油海外累计油气作业产量6.2亿吨，权益产量3.2亿吨，相当于贡献了6个大庆油田的年产量。实践证明，党中央和国务院做出“走出去”，充分利用国内外“两种资源、两个市场”的战略决策是完全正确的，意义重大而深远。中国石油“走出去”，是中国经济发展必然需求，更是中国企业走向全球化的必然趋势。

坚定国际化战略，拓展海外业务

“走出去”开拓国际市场，必须有战略做指导。“国际化经营”是中国石油的重要战略，“建设综合性国际能源公司”是中国石油的发展目标。围绕这一“战略”和“目标”，中国石油抓住机遇，科学决策，实现了国际业务规模发展。中国石油坚持实施国际化经营战略，着力提升国际化经营水平，不断扩大国际油气合作规模，为保障国家能源安全做出了重要贡献，为中央企业“走出去”开展国际化经营创造了宝贵经验和成功案例。

中国石油坚持规模、有效、可持续方针，坚持各海外油气合作业务发展规划和定位，采取联合并购、合资合作等方式，形成了一套融合国际惯例和中国石油特色的管理模式，这种“全球化思维、差异化定位、专业化管理、一体化运作、本地化立足”的探索，发挥了中国石油技术优势、锻造了国际化运营人才、增进了与资源国的友谊，开辟了国有企业在国际市场环境下生存、发展和壮大的新天地。

2012年，中国石油的跨国指数已经达到21%，综合性国际化能源公司特征日益凸显。

坚定科技创新利器，开拓海外市场

当今，国际市场的竞争，在一定意义上说是科技的竞争。尤其是国际油气市场，更需要用先进、独特而管用的技术打开市场堡垒。为此，中国石油审时度势，加强技术创新，发挥优势，以先进技术提升核心竞争力。中国石油进入国际市场，啃的都是“硬骨头”，正是通过跟踪前沿技术，掌握关键技术，开发核心技术，把国内50多年石油行业积累的成熟配套的适用技术在海外融合创新，相继在苏丹迈卢特盆地发现世界级大油田，在哈萨克斯坦滨里海盆地发现希望油田，在委内瑞拉开发奥里诺科超重油。在勘探方面，形成以被动裂谷盆地石油地质理论及勘探技术、含盐盆地石油地质理论及勘探技术为代表的“十大技术”系列。在开发方面，针对哈萨克斯坦、阿曼、叙利亚等复杂碳酸盐岩油藏，创新形成不同类型碳酸盐岩油藏高效开发技术。

为解决海外上产稳产技术难题，中国石油科技人员在国内外没有成熟技术可以借鉴的情况下，依靠自主创新，攻克了大量技术瓶颈，为海外新建原油年生产能力9700多万吨、新建天然气年生产能力90亿立方米。在海外油气合作中，中国石油的综合一体化优势，使水平井、欠平衡井等先进适用技术在海外项目得到广泛应用，保证了海外油气田的高效开发。

坚定“互利共赢”，履行社会责任

海外创业，必须坚持“互利共赢、共同发展”的理念，重视资源国的利益和诉求，重视社会公益事业，用发展成果惠及当地百姓，树立中国企业的品牌形象，创造良好的可持续发展环境。

“己欲立而立人，己欲达而达人。”海外业务要有本土意识，既要自身发展，又要为所在国服务，促进互利共赢。中国石油海外创业的成功实践，为国际合作带来了具有中国特色的“互利共赢”新模式。践行“互利共赢”的国际合作理念，中国石油在国际舞台上展现了一种崭新的合作姿态，提升了资源国石油工业整体水平，创造了有利于可持续发展的和谐环境，促进了南北合作共同富裕，符合世界和平与发展的两大主题。合作就要满足当地需要，合作必须坚持互利共赢。从单一的油气上游投资到上下游一体化全方位合作，中国石油在资源国和周边国家合作开发油田，建设炼厂，修建管道，等等，带动外交、商务、金融、文化等多方面的国际合作交流。积极参与公益事业，造福当地人民。中国石油在资源国积极履行企业社会责任，大力支持当地公益事业，修桥筑路，援建学校，支持医疗，改善民生，传递友谊。国际合作带动了资源国的就业和经济发展，让世界分享油气合作的成果。到2012年，中国石油各个项目创造了8万余人的外籍员工岗位。中国石油在国际化人才的选拔、引进、培训和储备方面，不断推进属地化，促进了当地就业和经济发展。

中国石油几十年来的海外油气合作之路证明，中国发展离不开世界石油市场，而世界石油市场的繁荣稳定也离不开中国。中国石油企业在油气合作中，国际化程度不断提升，给世界带来了越来越多的福祉。

坚定遵循国际通行惯例发展国际业务

进入国际市场，必须遵循国际通行惯例，必须遵守国际游戏规则，必须体制机制与国际接轨。中国石油恪守国际规范，严守国际惯例，遵循市场规范，强化科学管理，在竞争中成长，在合作中超越。然而，脱胎于传统计划经济时代的中国石油，1988年才由石油部转为总公司，即政企分开，融入市场化潮流。总公司成立5年之后，《财富》杂志1993年发布世界500强排行榜，上面找不到中国石油的名字。后来的重组改制和海外上市，中国石油初步建立现代企业制度，通过苦练内功，提升国际化经营水平，推动了公司转型升级。中国石油还创造性地将遵循国际惯例与发挥自身综合一体化特长相结合，带动了行业的整体发展。正是得益于理念创新，并充分发挥自身优势，在同一轮中标的伊拉克油田项目中，鲁迈拉项目第一个实现一年内增产10%的目标，哈发亚开发方案第一个获得伊拉克政府批准并开始产能建设，艾哈代布项目成为伊拉克战后第一个恢复的油气项目，充分体现了中国石油的实力和核心竞争力。如今，中国石油的国际地位迅速攀升。2011年《财富》世界500强排名，中国石油跃升到第六位。世界最大50家石油公司排行榜上，中国石油名列第五。

坚定规避和控制海外业务风险的决心和信心

世界风云变幻莫测，国际市场错综复杂。“走出去”的中国企业，必须建立科学的境外安全风险管理体系，加强事前管理和预测，有效规避和控制风险。随着“走出去”规模的扩大，中国境外企业项目和人员不断增加，目前境外企业已达18000多家，在外人员约120万人，资产总量超过1.5万亿美元。在成绩面前，更要保持冷静，看到海外业务面临的严峻形势。严峻形势不仅包括世界经济复苏艰难、国际金融市场反复大幅波动等宏观环境的影响，而且包括世界一些国家和地区局势动荡、突发性事件增加带来的经营风险。这些新情况、新动向相互交织，给海外油气业务发展带来极大挑战。在困难与挑战面前，中国石油的海外创业队伍，增强危机意识与紧迫意识，把握好进度、质量和投资控制，推进安保防恐、后勤支持和公共关系等多方面的统一协调管理，努力实现海外业务优质快速高效发展。

面对资源国日益复杂的政治、经济和安全局势，中国石油冷静观察，理性应对，超前谋划，不断完善HSE管理与风险防控工作，全面提升“走出去”企业境外安全风险防范意识和水平，确保海外员工安全、资产安全和合作安全。

坚定把弘扬中华优秀文化作为海外创业的力量源泉

中华民族是一个具有优良传统文化的民族，具有无可比拟的政治优势和文化优势，这是中国人民的宝贵精神财富。走出国门，海外创业，必须传承和弘扬这些优良传统和作风，使之成为巨大的精神动力。“走出去”的中国石油企业，坚持继承石油工业的优良传统和作风，大力弘扬大庆精神、铁人精神，唱响“我为祖国献石油”的豪迈壮歌，把政治优势和文化优势转化为企业核心竞争力，不断推动海外业务发展。

中国石油海外油气合作的成功，具有独特的文化基因，其中既有以大庆精神、铁人精神为代表的石油文化，也有蕴藏在血脉之中的传统中华文明。中国石油目前有1.7万名员工常驻海外，奔忙在六大洲90多个国家，每个员工都是中华文明的传播者，他们与当地民众广交朋友，促进民间友谊。

海外油气业务要继续发扬大庆“三老四严、四个一样”的优良作风，全面提高海外员工的文明程度和整体素质，确保海外项目的健康、优质、高效、安全、可持续发展。

坚定练就一支过硬的国际化人才队伍

国际市场的竞争，说到底，是人才的竞争。只有建设一支高层次、专业化、懂经营、热爱海外事业的国际化人才队伍，才能增强国际市场竞争力，确保海外事业稳定、高效、持续发展。

海外油气合作，中国企业缺少的不是资金，而是适应国际化经营的复合型、高精尖人才。随着“走出去”步伐的加快，中国石油加大国际化人才的选拔、引进、培训和储备。中国石油海外人才队伍日益壮大，国际化程度越来越高，成为海外油气合作最宝贵的资源。中国石油海外重要并购竞标，这些学有所成的海外精英也加入了核心团队挑大梁。“石油神探”苏永地连续提交了9口预探井位，口口出油；海外“小铁人”王贵海每天穿着十几千克重的防弹衣，为伊拉克项目奔波。正是这样一大批海外员工队伍忠于祖国的石油事业，传承大庆精神、铁人精神，顽强拼搏，无私奉献，才铸就了今天海外油气事业的辉煌。截至2011年年底，中国石油1000余支队伍，在全球数十个国家提供着工程技术服务，多项施工作业技术全球领先。

实践证明，锻造一支忠诚奉献、具备国际化经营技能和优良传统作风的人才队伍，是海外创业发展的坚实基础和持续动力。走上国际大舞台，挑战与机遇共存，竞争与合作并重。今天中国石油的海外发展，更加成熟、更加自信，更加从容、更加稳健。

国际贸易方面，1992年以前，国家实行外贸代理制，石油工业所有引进技术、进口材料、设备、仪器仪表、零配件等均委托对外经济贸易部所属的外贸公司办理。从1987年6月开始，石油工业部获得一定范围内的进出口权。包括审定和组织在国家批准石油工业部向日本筹措10亿美元贷款额度内的石油专用技术（包括设备）及器材的进口，经营石油工业部所属企事业单位自产的石油专用器材的出口。

1992年，中共十四大提出“进一步扩大对外开放，更多更好地利用国外资金、资源、技术和管理经验，积极开拓国际市场，促进对外贸易多元化发展”的战略方针，鼓励企业向外向型经济发展，努力扩大进出口贸易，利用国外资源和引进先进技术，提高本国产品的质量和档次，促进人民生活水平的不断提高。1993年年初，根据国务院领导关于积极发挥各部门、各行业优势，鼓励非外贸企业与外贸企业合股联办公司，工贸结合、内外贸结合，共同开拓国际市场的指示精神，国务院先后批准成立了五家这类联合公司。其中，中国联合石油公司是第一家。依照国际化经营的发展思想，中国石油企业开始了国际贸易经营的探索和实践。

1993年2月，国务院批准中国石油天然气总公司与对外经济贸易部所属中国五金矿产进出口总公司合资组建“中国五矿石油器材贸易公司”，经营石油天然气系统专用机械设备、仪器仪表、金属材料的进出口业务，并取得了钢材进口权。中国石油天然气总公司的石油专用管、普通钢材的绝大部分进口开始由中国五矿石油器材贸易公司对外谈判签约。经过积极的探索和不断开拓创新，中国石油国际油气贸易逐步进入了新的发展阶段，由过去主要以国有贸易配额项下的原油、成品油进口业务逐步发展到原油、成品油、化工产品、技术装备、天然气进出口等综合发展阶段。贸易方式也从原有的单纯代理发展到包括代理进出口、自营进出口、转口、委托加工复出口、境外委托加工、批发零售业务、境外期货等多种贸易方式共存、实货与纸货相结合的发展阶段，由单纯贸易逐渐发展到工贸结合的发展阶段，业务区域也由过去以区域贸易为主发展到全球贸易阶段。

积极搭建全球营销网络，在境内主要沿海和陆路口岸逐步设置了分支机构，海外以油品主要资源地和消费地为主逐步建立健全分支机构。从1993年起，先后在大连、青岛、香港、上海、东京、莫斯科、阿拉木图、新加坡、广州等地设立了办事机构或子公司，开展原油、成品油进出口贸易。利用这些城市的石油市场信息和地域优势，开展转口、调兑、船加油等多种贸易。

2001年开始，为进一步整合外经外贸业务，将大连、大庆、抚顺、锦西、新疆独山子、锦州石化分公司6家炼化企业所属的外贸公司划转到中联油公司，进一步完善了中国石油集团国际贸易营销网络。

2003年以来，为加大原油资源掌控力度，开拓非洲、南美、中亚、俄罗斯、北海、远东市场，拓展中国石油国际贸易领域，扩大经营规模，先后在美洲以及伦敦、哈萨克斯坦、莫斯科、印度尼西亚等资源地和国际重要油品交易地设立分支机构和办事处，进一步为国际贸易的发展提供有力支持。逐步实现了由单一的油品贸易向石油石化产品综合贸易，由区域贸易向全球贸易，由单纯的贸易向工贸结合的“三个转变”。

为了确保中国石油国内炼化企业炼油加工、国内销售以及转口贸易顺利进行，逐步在国内各沿海沿边口岸设立办事机构，投资建设码头、仓储等设施，健全口岸仓储物流。2004—2005年，先后在霍尔果斯、满洲里、阿拉山口、绥芬河成立国际贸易公司，负责陆上原油进口，包括：俄油进口、哈油进口、非国有贸易项下原油进口以及成品油、化工产品、技术装备进出口业务。2005年，中国石油国际贸易营销网络已初步形成，在国内30个口岸开展进出口业务，实现了全球24小时不间断运作。

中国石油企业国际贸易业务开展几十年来，从无到有，从小到大，从弱到强，取得了显著的成绩，积累了宝贵的实践经验，在国际交易市场中初步树立起中国石油企业良好形象。在这一发展历程中，中国石油通过适度扩展经营领域，增加贸易技术含量，合理运用资本方式，完善国际贸易配套设施和营销网络，优化经营构架，延长贸易价值链，提高服务质量，实施低成本战略等措施，国际贸易领域得到持续扩大，贸易方式逐步增加，贸易手段不断创新，运作质量稳步提高。从单一的原油出口发展到涉及原油、成品油、天然气、石化产品、技术装备引进，海路和陆路运输，仓储、批发零售等多个业务领域；由单一进出口发展到海外加工贸易、转口贸易、境内外期货交易等多种贸易方式，业务涉及40多个国家和地区，交易品种达到64种；由单一贸易手段发展到能够比较成熟地运用进出口、转口、租船、期货等多种贸易手段参与市场运作，与支持贸易发展的仓储、码头、油品终端网络等贸易手段设施投资有了良好的开端。市场区域由局部发展到全球，原油、成品油业务在东南亚地区已有一定影响力，远东地位逐渐巩固，美洲和欧洲市场得到进一步发展。

1998年以来，中国石油国际油气贸易进入了稳健、快速发展阶段，2005年国际贸易量达到7371万吨，比1998年增长了7倍，国际贸易额

184亿美元，比1998年增长了19倍，经济效益显著，实现了快速、稳健、和谐发展。

在原油国际贸易业务中，经过多年的努力，已初步实现了资源多元化，手段多样化，品种多样化，为炼厂和客户提供了优质的服务。1997年，第一次成功运作了尼日利亚原油的转口业务，2005年在国际贸易业务中所占的比例已超过1/3，2000年以来逐步开拓了委内瑞拉、厄瓜多尔重质原油以及加拿大油砂原油资源。目前原油资源来自26个国家，油种56种以上，为企业提供了具有竞争力（价格）的多种油源选择，为国内炼化企业提供了稳定、适用的进口原油资源，同时有效地控制了国际石油市场大幅波动所带来的风险。2001年，经国家证监会批准，境外原油期货市场运作正式启动，在全球市场开展跨市交易，24小时密切跟踪国际原油信息，合理利用套期保值手段，实现了稳健发展。

随着海外战略的实施，积极运作海外油田的份额油国际贸易，为海外投资效益最大化提供了有力支持。1997年9月，中国石油第一船从秘鲁塔拉拉油田份额油从越南串换后抵达秦皇岛港，10月从西北陆路进口的份额油入境，成为海外份额油运作的里程碑。积极在境内外开展来料加工业务，贸易方式不断创新。1997年第一次运作8万吨原油境内炼厂来料加工业务，逐步发展到在境外如日本、韩国以及中国台湾地区炼厂开展代料加工。2005年初又与新日本石油公司续签了为期12个月的委托加工原油协议，全年加工量142万吨。积极参与中哈原油管道油源和运输方案的谈判，确保了中哈管道油源落实，为中哈两国政府按时举行中哈原油管道剪彩典礼创造了必要条件。原油成品油运输业务发展迅速，2005年全年运输总量达2712万吨。

成品油国际贸易从单一的代理进口业务逐步向多品种和多贸易方式迅速扩展。1997年开始开展燃料油和石脑油的进口自营；1998年首次开展了汽油出口；2005年成品油国际贸易已包括汽油、柴油、煤油、燃料油、基础油、奥里乳化油、蜡油、LPG等品种。贸易方式包括一般贸易出口、来料加工出口、进料加工出口、转口等。1997年开始期货业务，配合实货开展保值业务，积极参与普氏窗口交易，提升在国际成品油交易中的话语权。市场区域上则从立足远东，到逐步打入中东、非洲、北美市场，加大了对终端客户的开发力度。

通过规范经营秩序，努力提升石化产品出口效益，化工产品业务已发展为炼化副产品、气体液体化工品和化肥三大类。同时，还开展了煤炭和二氧化碳的预销售和自租船业务，延长贸易价值链，努力开拓化工产品的国际市场和终端客户，客户遍及中东、美洲、欧亚等地区。

建立健全与国际贸易配套的设施网络，为国际贸易业务可持续发展进一步创造条件，中国石油集团国际贸易的竞争能力不断提高。2004年以来，以兼并、收购、投资、参股等多种形式在海内外进行仓储设施、化工品储罐和油库码头的建设，收购加油站等终端零售网点。同时，石油物资装备出口已遍及美洲、中东、亚洲、欧洲等67个国家和地区；出口产品从最初的单机、小型、零部件发展到成套、大型、批量出口，品种有上千个。2005年，中国石油装备出口额达10亿美元。

中国石油企业进驻海外，实现了铁人王进喜生前“把井打到国外去”的梦想和誓言，将石油精神之火燎原在异国他乡，在为国家创造财富的同时，提升了国际形象，激发了全球华人对祖国母亲的无限热爱和对民族伟大复兴的信心和决心。

第五章 新时代的石油精神

新时代催人奋进，新征程任重道远。石油石化已经站在新的历史起点，面对百年不遇的大变局，要大力弘扬大庆精神、铁人精神，大力传承石油精神、弘扬石化传统，“不忘初心、牢记使命”，深入学习陈俊武、闵恩泽、李新民、郝振山等先进典型身上“苦干实干”“三老四严”“求真务实”“精细严谨”的过硬作风，切实进行一次思想洗礼，重整行装再出发，秉持初心勇向前，勇立潮头、勇于担当、勇攀高峰，为实现打造世界一流能源公司、实现中华民族伟大复兴的中国梦贡献智慧和力量。

第一节　中国石化精神

中国石化精神：爱我中华、振兴石化。

中国石油化工集团有限公司（以下简称公司）的前身是成立于1983年7月的中国石油化工总公司。1998年7月，按照党中央关于实施石油石化行业战略性重组的部署，在原中国石油化工总公司的基础上重组成立中国石油化工集团公司，2018年8月，经公司改制为中国石油化工集团有限公司。公司是特大型石油石化企业集团，注册资本2749亿元人民币，董事长为法定代表人，总部设在北京。公司对其全资企业、控股企业、参股企业的有关国有资产行使资产受益、重大决策和选择管理者等出资人的权力，对国有资产依法进行经营、管理和监督，并相应承担保值增值责任。

公司主营业务范围包括：实业投资及投资管理；石油、天然气的勘探、开采、储运（含管道运输）、销售和综合利用；煤炭生产、销售、储存、运输；石油炼制；成品油储存、运输、批发和零售；石油化工、天然气化工、煤化工及其他化工产品的生产、销售、储存、运输；新能源、地热等能源产品的生产、销售、储存、运输；石油石化工程的勘探、设计、咨询、施工、安装；石油石化设备检修、维修；机电设备研发、制造与销售；电力、蒸汽、水务和工业气体的生产销售；技术、电子商务及信息、替代能源产品的研究、开发、应用、咨询服务；自营和代理有关商品和技术的进出口；对外工程承包、招标采购、劳务输出；国际化仓储与物流业务等。

目前，公司是中国最大的成品油和石化产品供应商、第二大油气生产商，是世界第一大炼油公司、第三大化工公司，加油站总数位居世界第二，在2018年《财富》世界500强企业中排名第三位。

中国石化企业文化。企业文化是构成企业核心竞争力的关键所在，是企业发展的原动力。以“爱我中华、振兴石化”的企业精神和“三老四严”“苦干实干”“精细严谨”等优良传统为重要内涵的企业文化在中国石化的改革发展中起到了有力的引领与支撑作用，是激励中国石化攻坚克难、不断前进的制胜法宝。为扎实培育和践行社会主义核心价值观，有效落实中央“创新、协调、绿色、开放、共享”的发展理念，积极适应市场化和国际化发展要求，中国石化企业文化需要在继承优良传统的基础上不断创新与发展，以进一步凝聚广大员工干事创业的精神力量，引领与推动公司持续健康发展。

企业使命：为美好生活加油。

企业使命表明公司存在的根本目的和理由。中国石化坚持把人类对美好生活的向往当作企业发展的方向,致力于提供更先进的技术、更优质的产品和更周到的服务，为社会发展助力加油；坚持走绿色低碳的可持续发展道路，加快构建有利于节约资源和保护环境的产业结构和生产方式，为推进生态文明建设做贡献；坚持合作共赢的发展理念，使公司在不断发展壮大的同时，为各利益相关方带来福祉。

企业愿景：建设世界一流能源化工公司。

企业愿景是企业的长远发展目标，表明企业发展方向和远景蓝图。为实现上述愿景，中国石化将致力于以下四方面实践：

致力于成为可持续发展企业。全面实施“价值引领、创新驱动、资源统筹、开放合作、绿色低碳”发展战略，迅速适应环境变化，加快转方式调结构、提质增效升级，使公司在已领先的竞争领域和未来的经营环境中努力保持持续的盈利增长和能力提升，保证公司长盛不衰。

致力于成为利益相关方满意企业。更加突出技术进步和以人为本，努力提供优质的产品、技术和服务，展现良好的社会责任形象，让员工、客户、股东、社会公众以及业务所在国（地区）的民众满意，努力成为高度负责任、高度受尊敬的卓越企业。

致力于成为绿色高效能源化工企业。以能源、化工作为主营方向，做好战略布局和业务结构优化，在发展好传统业务的同时，不断开发和高效利用页岩气、地热、生物质能等新兴产业。开发绿色低碳生产技术，研发生产环保新材料，促进煤炭资源清洁化利用，努力成为绿色高效的能源化工企业。

全国劳动模范代旭升在辛勤工作

第五届感动石化人物——王涛博士

致力于成为世界一流企业。世界一流企业不仅需要一流的规模，更需要一流的质量和效益、一流的企业文化管理和品牌形象以及一流的市场化、国际化竞争能力。中国石化要对照世界一流企业的标准，通过艰苦不懈的努力，成为治理规范、管理高效、文化先进、市场化程度高、国际化经营能力强、拥有世界一流技术、人才和品牌的先进企业。

核心价值观：人本、责任、诚信、精细、创新、共赢。

企业价值观是全体员工共同遵循的，在企业制定战略和进行生产经营行为时必须坚守的原则和标准。

“人本”，就是以人为本，发展企业。从广大客户和社会公众的需要出发，确定企业发展方向，研发一流产品，提供一流服务。把员工作为企业发展的主体力量，为员工全面发展创造条件，让员工生活得更加幸福。

“责任”，就是报国为民，造福人类。继承弘扬“爱我中华、振兴石化”的企业精神，切实履行好国有企业的经济、政治和社会责任。同步贡献业务所在国（地区），履行好相关的经济、法律和社会责任。全体员工坚守“有岗必有责，上岗必担责”，为企业发展拼搏奉献。

“诚信”，就是重信守诺，合规经营。把信用立企作为企业的发展之基，依法经营，规范运作，做到“每一滴油都是承诺”，为企业树立良好品牌形象。

“精细”，就是精细严谨，止于至善。以严格的要求和一丝不苟的态度，养成精细严谨的工作作风，追求生产上精耕细作、经营上精打细算、管理上精雕细刻、技术上精益求精，努力提升生产经营管理水平。

“创新”，就是立足引领，追求卓越。坚持创新驱动，把发展动力转到依靠创新驱动上来，大力推进科技创新、管理创新和商业模式创新，引领市场发展，打造行业标杆，成就卓越品质。

“共赢”，就是合作互利，共同发展。坚持开放包容、精诚合作、互惠和谐。遵循和尊重业务所在国（地区）法律法规、文化习俗，汲取、融汇合作方的优秀文化和先进经验。帮助客户提升价值，企业发展惠及周边社区民众，与利益相关方共同发展、互利共赢。

企业作风：严、细、实。

企业作风是企业在长期的生产经营活动中形成的工作风气，是企业内质的外在表现。中国石化坚持弘扬“苦干实干”“三老四严”等石油石化优良传统，将“严、细、实”贯穿到企业经营管理的全过程。

“严”，就是“严字当头”。对待工作，有严格的要求、严密的组织、严肃的态度、严明的纪律。

“细”，就是“细字当先”。工作中要始终拿着“放大镜”，对每个节点、每个工序、每个需要检查或注意的地方，一丝不苟，一点一点做好过程控制和节点控制。

“实”，就是“实字当家”。坚持当老实人、说老实话、办老实事，踏踏实实工作，清清白白做人，静下心来谋发展，沉下身子做事情。

第二节　中国石油精神

中国石油精神：爱国、创业、求实、奉献。

中国石油天然气集团有限公司（以下简称中国石油）是1998年7月在原中国石油天然气总公司基础上组建的特大型石油石化企业集团，2017年12月完成公司制改制。

中国石油是国有独资公司，是产炼运销储贸一体化的综合性国际能源公司，主要业务包括国内外石油天然气勘探开发、炼油化工、油气销售、管道运输、国际贸易、工程技术服务、工程建设、装备制造、金融服务、新能源开发等。2017年，在世界50家大石油公司综合排名中位居第三，在《财富》杂志全球500强排名中位居第四。

中国石油坚持以习近平新时代中国特色社会主义思想为指导，围绕建设世界一流综合性国际能源公司目标，坚持稳健发展方针，以提高质量效益为中心，大力实施资源、市场、国际化和创新战略，着力加强党的建设、弘扬石油精神、重塑良好形象、推进稳健发展，规划到2020年规模实力保持世界一流水平，经营业绩、国际竞争力达到国际大公司先进水平，在建设具有全球竞争力的世界一流企业进程中走在中央企业前列，为保障国家能源安全、实现中华民族伟大复兴的中国梦作出新的更大贡献。

企业宗旨：奉献能源，创造和谐；企业精神：爱国、创业、求实、奉献；企业理念：诚信、创新、业绩、和谐、安全；企业核心价值观：我为祖国献石油；发展目标:建设世界一流综合性国际能源公司；企业战略:资源市场国际化创新。

企业宗旨：奉献能源，创造和谐。

奉献能源就是坚持资源、市场、国际化战略，打造绿色、国际、可持续的中石油，充分利用两种资源、两个市场，保障国家能源安全，保障油气市场平稳供应，为社会提供优质安全清洁的油气产品与服务。

创造和谐就是创建资源节约型、环境友好型企业，创造能源与环境的和谐；履行社会责任，促进经济发展，创造企业与社会的和谐；践行以人为本，实现企业与个人同步发展，创造企业与员工的和谐。

大庆精神：爱国、创业、求实、奉献。

1981年，中共中央第47号文件，把集中体现石油工业光荣传统的大庆精神高度概括为“爱国、创业、求实、献身”。1990年2月江泽民同志视察大庆时，把“献身”表述为“奉献”，并对大庆精神基本内涵进行了诠释。

“爱国”，就是为国争光、为民族争气的爱国主义精神。

“创业”，就是独立自主、自力更生的艰苦创业精神。

“求实”，就是讲究科学、“三老四严”的求实精神。

“奉献”，就是胸怀全局、为国分忧的奉献精神。

铁人精神是大庆精神的人格化具体化，其核心内涵是：“为国分忧、为民族争气”的爱国主义精神；“宁肯少活20年，拼命也要拿下大油田”的忘我拼搏精神；“有条件要上，没有条件创造条件也要上”的艰苦奋斗精神；“干工作要经得起子孙万代检查”“为革命练一身硬功夫、真本事”的科学求实精神；“甘愿为党和人民当一辈子老黄牛”的埋头苦干的奉献精神。

大庆石油会战中形成的优良传统和作风主要包括：“两论”起家、“两分法”前进。“三老四严”“四个一样”“五条要求”“三个面向五到现场”“三基”工作、岗位责任制、思想政治工作“两抓”、艰苦奋斗的五个传家宝。

企业理念：诚信、创新、业绩、和谐、安全。

企业核心价值观：我为祖国献石油。

牢记石油报国的崇高使命，始终与祖国同呼吸、共命运，承担起保障国家能源安全的重任。胸怀报国之志，恪尽兴油之责，爱岗敬业，艰苦奋斗，拼搏奉献。

企业核心经营管理理念：诚信、创新、业绩、和谐、安全。

“诚信”，就是立诚守信，言真行实。

“创新”，就是与时俱进，开拓创新。

“业绩”，就是业绩至上，创造卓越。

“和谐”，就是团结协作，营造和谐。

“安全”，就是以人为本，安全第一。

诚信是基石，创新是动力，业绩是目标，和谐是保障，安全是前提。“诚信、创新、安全、卓越”的企业价值观与企业核心经营管理理念在集团公司价值体系建设中逐步统一。

企业质量健康安全环保（QHSE）理念：环保优先、安全第一、质量至上、以人为本。

公司坚持“环保优先”，走低碳发展、绿色发展之路。致力于保护生态、节能减排，开发清洁能源和环境友好产品、发展循环经济，最大程度地降低经营活动对环境的影响，努力创造能源与环境的和谐。

公司坚持“安全第一”，坚信一切事故都可以避免。通过完善体系、落实责任、全员参与、源头控制、重视隐患治理和风险防范，杜绝重大生产事故和公共安全事件，持续提升安全生产水平。注重保护员工在生产经营中的生命安全和健康，为员工创造安全、健康的工作条件；始终将安全作为保障企业生产经营活动顺利进行的前提。

公司坚持“诚实守信，精益求精”的质量方针，依靠科学的管理体系和先进的技术方法，严格执行程序，强化过程控制，规范岗位操作，杜绝品质瑕疵，为用户提供优质产品和满意服务。

公司坚持“以人为本”，全心全意依靠员工办企业，维护员工根本利益，尊重员工生命价值、工作价值和情感愿望，高度关注员工身心健康，保障员工权益，消除职业危害，疏导心理压力，为员工提供良好的工作环境，创造和谐的工作氛围。

企业国际合作理念：互利共赢，合作发展。

在国际业务中，公司坚持诚信负责、务实合作。发挥公司综合一体化优势，与合作伙伴结成利益共同体，优势互补，共享发展成果。尊重资源国的战略选择，尊重当地文化信仰和风俗习惯，促进就业、改善民生、保护环境、热心公益，推动资源国经济社会全面发展。

中国石油企业文化。企业文化建设是落实社会主义核心价值体系、建设社会主义先进文化的根本要求，是担当历史责任、传承弘扬大庆精神铁人精神的重要使命，是实施中国石油思想政治保障体系、提升企业软实力的具体体现，是发挥特有文化优势、建设世界水平综合性国际能源公司的现实需要。

企业文化建设的指导思想：以中国特色社会主义理论体系为指导，坚持大庆精神铁人精神核心地位，围绕全面建设世界水平综合性国际能源公司目标，融入中心、服务大局、以人为本、继承创新、务求实效，努力建设符合现代企业发展方向、具有鲜明时代特征和石油特色的企业文化，充分发挥文化优势，提升企业核心竞争力，为集团公司科学发展提供强大精神力量。

企业文化建设的主要目标：以弘扬大庆精神铁人精神为核心，建设符合现代企业发展方向、具有鲜明时代特征和石油特色的企业文化。推进文化管理，以企业文化建设促进管理提升，内强队伍素质，外树企业形象。发挥企业文化优势，增强企业凝聚力、竞争力、影响力，保障企业永续发展。

第三节　中国海洋石油精神

中国海油精神：爱岗敬业、求实创新。

1982年1月30日，国务院颁布《中华人民共和国对外合作开采海洋石油资源条例》。当年2月15日，中国海洋石油总公司在北京正式成立。2017年11月1日，中国海洋石油总公司改制为中国海洋石油集团有限公司。

15年连续获评经营业绩考核A级。国务院国资委公布2018年度中央企业负责人经营业绩考核A级企业名单，中国海油获得A级考评。

自2004年国资委开始施行中央企业负责人经营业绩考核以来，中国海油已连续15年获A级考评。

经过30多年的改革与发展，中国海油已经发展成主业突出、产业链完整、业务遍及40多个国家和地区的国际能源公司。公司形成了油气勘探开发、专业技术服务、炼化与销售、天然气及发电、金融服务等五大业务板块，可持续发展能力显著提升。公司在2019年《财富》杂志“世界500强企业”中排名第63位；在2018年《石油情报周刊》杂志“世界最大50家石油公司”中位列32位。截至2018年年底，公司的穆迪评级为A1，标普评级为A+，展望均为稳定。

中国海油作为保障国家能源安全和维护海洋权益重大责任的重要力量，强化“等不起”的紧迫感、“慢不得”的危机感、“坐不住”的责任感，勇于担当、敢于担当、善于担当。要做到人人有责，激活中国海油发展的“神经末梢”；要做到守土有责，筑牢中国海油发展的“骨架脉络”；要做到领导主责，打通中国海油发展的“任督二脉”。以

中国海洋石油集团有限公司是中国最大的海上油气生产商

钉钉子精神抓落实，扎实推进中国特色国际一流能源公司建设，为党和国家的事业做出新的更大贡献。广大干部员工深入思考“公司成立的初衷是什么？”“当时提出的愿景、规划、目标实现了没有？”“还需怎样努力？”等问题，时刻牢记肩上神圣职责，秉持初心使命干事创业。

中国海洋石油总公司在20世纪90年代初分别组建了渤海公司、东海公司、南海东部公司、南海西部公司等单位，并继续深化改革，扩大开放，使中国海洋石油工业健康、快速、持续推进。至1997年年底，石油对外合作共签订合同和协议131个，发现含油构造55个，建成油气田16个。总公司17个油田原油产量在1982年只有9万吨，1997年猛增到1628.5万吨，占全国石油产量的1/10。其中，对外合作产油1353.5万吨，自营产油275万吨；2个天然气气田40.5亿立方米，占全国天然气总产量的18%。1998年，总公司产油达到1631万吨，天然气38亿立方米。同时资产总量已由1982年的28.3亿元猛增到1997年末的318亿元。通过对外承包服务，累计收入20亿元，仅1997年就盈利32亿元。1995年，总公司在全国进出口500家企业排名是第133位，1996年跃居第29位，进出口总额从2亿美元上升到8.2亿美元。

20世纪90年代初期，中国海洋石油面临经济体制和生产经营方式的“两个根本转变”、推动海上油气产量和企业经济效益登上新台阶的挑战。在这一新的形势面前，原来一套思想政治工作从内容到方法都显得很不适应，对创新企业的思想政治工作提出了迫切要求。总公司党组探索与企业改革、发展和稳定紧密结合的思想政治建设新路子，把思想政治工作渗透到企业的生产经营活动中去，既着眼于培育企业的新人，也着眼于促进企业经济效益的提高。党的十三届四中、五中全会，特别是十四大以后，总公司党组加大了工作力度，恢复和加强了思想政治工作机构，逐步理顺思路，摆正位置。1994年，党组以“思想政治工作全面到位”为突破口，加强和改进企业思想政治工作。中共中央《关于加强党的建设几个重大问题的决定》下达以后，党组从加强基层党组织建设抓起，提出党支部工作“五到位”的要求，后来又形成党建“五五一工程”。与此同时，还着手抓了共青团、工会和新闻宣传工作，制定了加强海洋石油青年工作、工会工作、新闻宣传工作等重要文件，有力地推动了思想政治工作的全面到位。1996年12月，海洋石油企业第六次政工会上，做出开展精神文明创建活动的决定，即开展精神文明“三争三创”活动：争做文明职工、争当优秀党团员、争做合格领导干部；创文明单位、创建企业文化、创造良好氛围。至此，具有海洋石油特点的思想政治建设工作基本形成。1997年12月在总公司第七次政工会上，党组贯彻落实党的十五大精神，对十四大以来总公司党的建设和政治思想工作做了系统总结，概括为五点基本做法：高举旗帜，坚持用邓小平理论武装头脑；抓根本，全面贯彻执行党的基本路线；突出“三个方面”的工作（加强党建工作，开展精神文明创建活动和推动思想政治工作）全面到位；建立“五位一体”的政工格局，党、政、工、团齐抓共管；实行“两制两保一到位”（党委负责制和目标管理制，组织上和制度上保证，督查到位）运行机制，督促检查，严格管理。1997年12月，总公司编辑出版了《海洋石油思想政治建设实践》一书，全面总结开展对外合作以来的思想政治工作经验。

探索“双优统一”。1996年，中国海洋石油渤海公司涌现出一支“优质快速钻井群体”。他们采用先进技术，创新管理模式，发扬团队精神，把每口生产井的平均钻井速度提高了3倍以上，工作效率和经济效益大大提高，成为海洋石油实现“两个根本转变”的典型。总公司党组初步探索出了有海洋石油企业特点的“优快发展”与“发挥优势”相结合的路子，提出通过发挥思想政治工作优势推动企业的优快发展的思路。从党群和行政两个方面入手，完善领导体制，调整工作内容，改进工作方式，努力把发挥思想政治工作优势同运用市场机制结合起来，坚持实践“双优统一”，先后制定了《关于实践“双优统一”的实施意见》《关于中国海油企业内部党组织属地管理问题的暂行规定》等规章制度。

围绕建设国际一流的综合型能源公司目标进行创新。进入21世纪以来，中国海洋石油工业发生了一系列根本性变化。从公司层面看，产权结构、产业结构、市场环境、组织结构、管理体制、运作方式都变了；从员工层面看，用工制度、工资报酬与公司的关系、接受信息、价值观念都不同了。为了适应这些变化，总公司党组围绕“建设国际一流的综合型能源公司”的宏伟目标，研究思想政治工作的新思路，提出新时期思想政治工作的指导思想：以“三个代表”为指针，紧紧围绕公司的发展目标，不断探索思想政治工作新思路、新方法，推动思想政治工作为促进企业改革、发展与稳定，实现企业价值最大化发挥积极作用，将国有企业的思想政治优势转化为企业核心竞争力。同时明确新时期思想政治工作的基本任务是为企业的改革、发展和稳定服务；为建立高素质的员工队伍服务；从企业改革、发展实际需要出发，用公司核心价值观统一员工思想，用公司各项规章制度和行为规范约束员工行为，积极引导员工为公司发展创造价值的同时实现个人的发展和价值。

为了实现这一基本任务，要求思想政治工作要做到五个转变：把工作内容从宏观转变到微观；把着眼点从一般宣传转变为促进落实；把工作方式从“单点”转变为“多元”；把工作体系从独立转变为融合；把政工人员从部分转变为全体。要求思想政治工作要遵循四个原则：企业思想政治工作是企业管理工作的重要组成部分；企业思想政治工作实行各级经理人员负责制；企业思想政治工作服务于企业管理和员工管理的整体目标；企业思想政治工作应与公司其他管理工作协调一致。各级领导干部要像抓健康安全环保一样抓思想政治工作：健康——保持心理健康、心态健康和思想健康；安全——维护政治安全、经济安全和队伍安全；环保——保护政治环境、文化环境和工作生活环境。同时，探索符合企业实际和管理需要的思想政治工作体系，明确思想政治工作的具体任务、责任主体、工作程序和考核评价，塑造优秀的企业文化，探索企业思想政治工作融入企业管理体制的新的有效途径，全心全意依靠员工办好企业，充分发挥员工在企业管理中的积极作用，为员工提供足够的发展机会和广泛的参与空间。

总公司十分重视表彰先进、树立典型，把它作为思想政治工作的重要内容。总公司成立以来，先后进行过5次大的表彰活动：1986年5月，总公司在渤海公司召开表彰海洋石油标兵、双文明先进单位大会，共表彰标兵23人、先进集体14个；1992年2月，总公司成立十周年时，共表彰海洋石油劳动模范24人、先进单位26个；1996年10月24日，总公司在北京召开第三次劳模表彰大会，共表彰海洋石油劳动模范30人、先进集体26个，这次表彰大会与总公司原油年产量突破1000万吨庆典同时举行，江泽民、李鹏为海洋石油题了词，邹家华参加大会并做了讲话，李鹏、吴邦国及罗干接见了全体劳模；2002年2月5日，总公司在北京召开劳模先进表彰暨成立20周年庆典大会，会上表彰了16名劳动模范、4名优秀思想政治工作者、26个先进集体，吴邦国发来贺信。2005年4月29日，在国际劳动节即将来临之际，总公司在天津塘沽隆重召开海洋石油劳动模范、先进集体表彰大会，授予10名同志

“中国海洋石油工业劳动模范”荣誉称号，授予13个单位“中国海洋石油工业先进集体”荣誉称号。除总公司外，各地区、专业公司每年都评选一次先进或本地区的劳模。

中国海洋石油总公司在继承和发扬优秀传统石油文化的基础上，通过长期的实践，逐步形成以效益第一观念为核心的市场经济思想，以效率意识为核心的科学精神，善于学习、合作的国际化意识，富于进取精神的变革意识，逐步生成和发育起日趋稳定的独特的企业文化。

1986年年末，在海洋石油企业领导干部会议讨论“七五”社会主义精神文明建设实施规划时，总公司提出树立和发扬“热爱海洋石油，勇于开拓进取，争创事业实绩”的海洋石油企业精神。进入20世纪90年代以后，海洋石油单位酝酿企业文化建设，1993年，总公司从创建国际化集团大公司的目标出发，要求海洋职工树立国际大公司的形象和意识。1995年，总公司政治工作要点提出，通过报纸、电视、板报和其他新闻宣传媒体，开展海洋石油人形象大讨论，要求各单位根据自身特点，提出本单位发展目标、企业精神、行为规范，创作设计自己的厂歌、厂旗、厂徽。1996年，总公司党组集中各地区、专业公司的意见，在党建工作会议和第六次政工会上进行了认真讨论，确定了海洋石油“三信”企业精神是：信念、信任、信誉。规范了它的含义：信念——讲理想，有作为，献身海洋石油；信任——讲责任，重协作，营造和谐环境；信誉——讲道德，树形象，争创一流成绩。“三信”企业精神是海洋石油企业价值观的集中体现，是职工理想目标、价值观念和道德行为准则的总和。

进入21世纪以来，中国海洋石油总公司在实践中进一步丰富企业文化的内涵，以市场化、国际化为导向，不断变革和创新已成为中国海油企业文化的重要组成部分。同时，明确提出“以人为本，关爱员工”“员工是创造企业历史的主体”等理念，以“三个代表”重要思想为指导，建立一种“以人为本，关爱员工”的企业文化，并纳入公司的整体发展战略之中，贯穿到公司改革发展的全过程。具体体现在：制定科学的人才标准，选好人才、用好人才；在公司重大改革、重要决策、重要人事任免等重大问题上，要坚持从群众中来、到群众中去的工作路线，倾听员工意见，集中员工智慧，让职工享有知情权、参与权和监督权，进一步完善科学决策机制、民主决策机制和民主监督机制，使之制度化、规范化；了解职工的需求，关心职工生活，关注他们的健康，为他们排忧解难，不断改善和提高广大员工的物质、文化生活水平，并将此作为检验企业改革和发展成败的主要标准。为此，总公司提出了新的企业文化方案：企业使命——追求人、企业、社会与自然和谐发展，成为最具市场价值和社会价值的国际能源公司；发展目标——国际一流综合型能源公司；核心价值观——以人为本，关爱员工；公司理念——诚实守信，合作双赢，求真务实，开拓创新；公司精神——不断超越自我，追求更高境界；员工行为准则——忠诚公司，专业进取，遵守纪律。2012年，总公司出台《中国海油“二次跨越”发展纲要》。纲要不仅总结了中国海油过去30年的发展轨迹，更对未来发展做出蓝图规划。其中，在文化引领层面，纲要对以“爱岗敬业、求实创新”为核心的海油精神做出了明确阐释，并要求在新时期大力弘扬以“爱岗敬业、求实创新”为核心内容的海油精神，用海油文化引领“二次跨越”目标的实现。

回报社会，与社会共享成功，一直是中国海洋石油总公司党组关注的问题之一。在高速高效发展、追求更大的经济效益的同时，始终注重社会效益的同步发展，努力履行企业公民的社会责任，希望用自己的力量，促进社会各层面的共同进步与发展，为建设和谐社会做出贡献。总公司承担社会责任除了体现在积极为国家上缴利税、增加社会财富，体现在环保行为上，还体现在开展“蓝色国土”宣传上，体现在扶贫、助学等公益活动中，体现在对国际社会承担的责任上。“十五”期间，总公司用于扶贫的资金达1.48亿元。通过回报社会，树立了中国海洋石油良好的公众形象。2002年总公司被中国儿童少年基金会和中华慈善总会授予“公益明星单位”称号，2003年被授予中国妇女公益事业“百星单位”称号，2005年荣获“中华慈善奖”。

2002年以来，总公司参加了“中国儿童慈善活动日”活动，捐款200万元；向遭受特大洪灾的福建省捐款500万元；在2004年末的印度洋海啸中，总公司及其下属单位、系统内员工积极捐款12.5万美元；中海油服捐款1.5万美元。中国海洋石油的善举被中国红十字会授予“中国红十字人道服务”证书和奖章。2005年9月，总公司向遭受台风“利”袭击的中国东南沿海灾区捐款200万元，向美国遭“卡特里那”飓风袭击的路易安那州等地捐款160万元。

中国海油国内油气产量破5000万吨建成“海上大庆”

2010年12月19日，中国海洋石油总公司（简称“中国海油”）在中国海域年产油气首次突破5000万吨油当量，等于为国家建成了一个“海上大庆油田”。这标志着中国蓝色国土上诞生了一个海上“大庆油田”，中国石油工业的基本格局从长期以陆上为主转向陆海统筹、海陆并重发展，对于多元保障国家能源安全作用非凡。

作为新中国的工业旗帜，大庆油田曾创下5000万吨以上稳产27年的世界奇迹，从此它便拥有了代表5000万吨油气产量的内涵。急需“工业血液”的人民共和国提出要找到10个大庆油田，“海上大庆”即是其中之一。

“海上大庆油田”的建成，使几代石油人孜孜以求的梦想得以实现。中国海洋石油年产量从0到9万吨，用了近22年；从9万吨到100万吨，用了12年；从100万吨到1000万吨，用了6年；从1000万吨到5000万吨，用了14年。当年，大庆油田是在国家经济极为困难的时期，在计划经济体制下举全国之力建成的新中国第一个大型油田，为国家经济发展做出了卓越贡献。而“海上大庆油田”则是在改革开放背景下，靠对外开放和走市场化道路，靠国家政策扶持，通过几代海油人艰苦创业开拓进取建成的，是新时期中国石油工业发展的重大成就。

据悉，1982年中国海油成立时，原油年产量仅9万吨；经过28年的发展，不仅油气产量登上5000万吨新台阶，更建立起完整的海洋石油工业体系，技术水平、装备水平、作业能力和管理能力均处于亚洲前列，并得到国际同行的广泛认可。中国海油的成长故事，2010年秋季起成为美国哈佛大学向全球企业管理精英授课的经典案例。在产量突破5000万吨大关的同时，中国海油的油气供应总量达到7525万吨油当量，比“十五”末增长一倍，形成了国内油气、海外油气、引进LNG共同发展的多元化、国际化能源供应格局。统计数据显示，近十年，全国新增石油产量的53%来自海洋石油，目前中国海域油气产量已占全国油气总产量的1/4强。

中国海油在中国海域已经建成82个油气田，产量约占中国年产量的1/4。对于未来，中国海油有着更为宏伟的蓝图——四个“海上大庆”。除了2010年已建成年产量5000万吨的“近海大庆”，2020年，中国海油计划建成以深海开发为主的又一海上大庆——“深水大庆”、海外油气产量实现5000万吨油气当量的“海外大庆”、并实现沿海5000万吨油气当量LNG供应能力的“LNG大庆”。而所有这一切基于，中国海油掌握了300米水深的油气勘探开发成套技术体系，具备了在1500米水深条件下的作业能力，并正积极筹备向3000米水深迈进。

在建设“海上大庆”过程中，海洋石油人努力传承和发扬的大庆精神和铁人精神，形成的以“勇担责任，敢闯新路”为主要特征的“海油精神”，这是光荣传统与时代风貌的完美结晶，必将成为激励开发海洋能、建设海洋业新的精神力量。

第四节　延长石油精神

企业精神是企业在长期发展过程中形成的、经过全体职工认同的理想目标、价值追求、意志品质和行动准则。延长石油百余年发展中，孕育形成了“埋头苦干、开拓创新”的企业精神。2012年7月延长石油集团印发了《延长石油集团文化理念和员工行为规范》，首次对“埋头苦干、开拓创新”的企业精神进行了规范表述。

“埋头苦干”意指脚踏实地、不畏艰苦、奋力拼搏。这是毛泽东1944年为延长石油厂厂长陈振夏的题词，是对延长石油人的高度评价，是延长石油百年发展历程的真实写照。它是自力更生、艰苦奋斗的光荣传统；是实事求是、脚踏实地的工作作风；是勤勤恳恳、任劳任怨的工作态度；是爱企如家、乐于奉献的高尚品德。埋头苦干是“延安精神”的具体体现，它是延长石油成长的根、发展的魂。

“开拓创新”意指开拓进取、勇于创新、求新图变。这是新的历史时期赋予延长石油人的时代精神，是延长石油开创新事业的时代要求。它是延长石油人积极变革、善于创造的价值诉求；是锐意进取、奋发图强的集中彰显；是敢为人先、勇于超越的精神追求。它是调整产业结构、转变发展方式的必然选择。

“埋头苦干”是延长石油精神的基础，是在新形势下对传统精神的坚守；“开拓创新”是延长石油精神的发展，是延长石油基业长青的精神支柱。二者紧密关联、不可分割。唯埋头苦干，方脚踏实地、创造价值；唯开拓创新，方不断超越、创造未来。

“埋头苦干、开拓创新”是延长石油的企业精神，也是延长石油企业特有的精神财宝，更是激励一代又一代延长石油人奋力拼搏、攻坚克难的强大精神动力。继承和发扬“埋头苦干、开拓创新”的企业精神，是每一位延长石油人应尽的责任和义务。

延长石油从1905年建厂至今，已走过百余年发展历程。不论是创业时期的艰辛探索，还是革命战争时期的艰苦奋斗；不论是建国初期的自力更生，还是改革开放以来的锐意进取，无不体现了“埋头苦干、开拓创新”的企业精神。回顾延长石油百年发展的光辉历程，可以使延长石油人更加深刻地理解和把握“埋头苦干、开拓创新”企业精神的内涵与实质。

石油厂创建初期，延长石油人为抵御列强掠夺国内资源，白手起家，打成了中国陆上第一口油井，建成了第一个炼油房，产出了延长石油自己的石油产品，填补了旧中国石油工业的空白，成为中国现代石油工业的开拓者。这一时期，延长石油人在技术、资源极为匮乏的条件下，不退缩、不放弃，持之以恒、艰难探索，表现出了自强不息的民族精神和在困难面前毫不退缩的信心与决心，孕育了“埋头苦干、开拓创新”的企业精神。

抗日战争和解放战争时期，在中国共产党领导下，延长石油人自力更生、艰苦奋斗，短短几年间，打成了一大批新井，生产出大量的汽油、煤油、蜡烛、蜡片、擦枪油、凡士林等产品，保证了党中央机关和部队的需要，打破了国民党对边区的经济封锁，有力地支援了革命战争，被誉为“功臣油矿”。1944年5月，毛泽东主席为边区特等劳动模范、延长石油厂厂长陈振夏题词“埋头苦干”予以鼓励。这一题词是对延长石油人的最高褒奖。从此，“埋头苦干”成为延长石油人薪火相传的精神财宝，也成为延长石油企业精神的核心内容。

新中国成立后，延长石油迅速恢复生产，积极投身新中国石油工业建设。依靠自己的力量，大力开展技术革新和技术改造，苦干实干加巧干，原油生产和加工能力快速提升，1959年原油产量突破1万吨大关。这一时期，延长石油涌现出了马树业、武志忠、高俊智等一大批“埋头苦干”的模范人物，推动延长石油在艰难中发展壮大。

改革开放使百年延长石油焕发了青春。延长石油紧紧抓住“以油养油、采炼结合、滚动发展”的政策机遇，延安、榆林14个县区采油厂如雨后春笋般发展起来，永炼成功技改，延炼、榆炼相继建成投产，原油生产和加工能力快速增长，企业规模持续壮大。

经过1998年和2005年两次重组，延长石油走上了集团化、规模化快速发展道路。特别是“十一五”以来，延长石油人抢抓战略机遇，众多新的单位加盟延长石油，一大批重点项目建成投产，全集团大力实施转型升级、结构调整，加快技术、管理集成创新，形成了集团化发展的强大合力，推动企业一年一个大台阶。2007年原油产量突破1000万吨大关，2010年销售收入突破千亿元。从2006年到2013年，集团总资产由576亿元增长到2405亿元，增长了3倍；销售收入由403亿元增长到1865亿元，增长了3.6倍。特别是2013年，延长石油一举进入世界企业500强，排名第464位，成为中国西部地区首家世界500强企业，树立了百年发展史上新的里程碑。

千万吨级大油田

一个企业要保持基业长青，始终不被困难和挫折所压倒，必须拥有属于她自身独特的精神。延长石油在百年发展历程中所孕育、形成和发展起来的“埋头苦干、开拓创新”精神，是延长石油人战胜困难的重要法宝。

延长石油人继承和弘扬“埋头苦干、开拓创新”的企业精神，不仅牢记历史，更要开创未来。在新的历史时期，将企业精神与时代特征紧密结合，不断增强企业的凝聚力和向心力。

弘扬“埋头苦干、开拓创新”的企业精神，是延长石油人的职责和使命。“埋头苦干、开拓创新”是一代又一代延长石油人艰苦奋斗、拼搏进取中形成的宝贵精神，也是“延安精神”的重要组成部分。作为延长石油的一员，传承好、发扬好这一企业精神，是延长石油人的神圣职责与光荣使命。加强这一精神的学习研究和宣传贯彻，不断赋予新的内涵，使之成为推动延长石油发展壮大的思想基础和力量源泉。

弘扬“埋头苦干、开拓创新”的企业精神，是实现延长石油战略目标的关键所在。站在世界企业500强的新起点上，延长石油人提出到

“十三五”末，延长石油集团销售收入超过5000亿元，进入世界企业300强。实现这一战略目标，绝不可能一帆风顺，将会遇到各种艰难困苦和风险挑战。延长石油人必须把“埋头苦干、开拓创新”精神作为战胜困难的强大思想武器，以更加顽强的意志，坚定不移走资源高效开发、深度转化、综合利用的特色发展道路，力争早日把延长石油打造成创新型国际化现代能源化工企业。

弘扬“埋头苦干、开拓创新”的企业精神，是践行和弘扬社会主义核心价值观的内在需要。社会环境的变化，使职工队伍的思想不断接受新的挑战和考验，多元文化、多元价值取向使一些职工的思想观念、价值取向、人生态度不断变化。在这种情况下，使全体员工形成共同的价值观，与企业同呼吸共命运，为实现企业的目标而努力奋斗，延长石油必须把“埋头苦干、开拓创新”的企业精神作为员工核心价值观教育的主脉，主动适应新形势、新变化，讲好延长故事，挖掘延长精神，传递正能量，展示新形象，以企业精神来教育人、鼓舞人、激励人，塑造一流的职工队伍。

弘扬“埋头苦干、开拓创新”的企业精神，是践行党的群众路线的必然要求。延长石油广大党员和干部职工必须牢记“我为祖国献石油”的崇高使命，建设体现职工主人翁责任感的企业文化，把本职岗位当成为国家、为全省作贡献的战场，用坚定的理想信念提升队伍素质；延长石油必须把毛主席“埋头苦干”的题词作为延长石油企业文化的精髓，不断发扬光大。广大党员干部要把“埋头苦干、开拓创新”的企业精神作为“压舱之宝”和改进作风的锐利武器，从思想深处和具体行动上对作风之弊、行为之垢进行大清扫、大检查，以实际行动践行好群众路线，以作风转变的新成效推动各项事业新发展。

第五节　长庆油田“磨刀石”精神

“好汉坡”精神是延安精神、大庆精神、铁人精神的传承，是长庆文化的重要名片。

“好汉坡”精神是长庆油田在开发安塞油田过程中凝结而成的，是长庆石油人克服艰苦的自然环境、地质条件，在低渗透上建设大油气田的缩影和精神支柱。

在长庆油田，“好汉坡”精神已渗透到企业精神文明建设和企业发展的方方面面，经过不断创新和发展，与“苏里格”精神、“山丹花”精神一道成为长庆油田“磨刀石”精神的重要组成部分。其“艰苦创业、勇攀高峰”的精神内涵，造就了长庆石油人永无止境的拼搏精神。

好汉坡，“好汉坡”精神的发祥地

长庆安塞油田王三计量站管辖的10多口油井都在海拔1300多米高的大山之巅，山顶到沟底高度达100多米。由于王三计量站地处一条山沟，两山相靠、深涧相连，山势险峻、沟壁陡立，坡度在70°以上，坡上植被稀少，全是虚浮的黄土。人要爬着上山，稍有闪失便会滚下几十米深的石涧，因此它被称为“阎王坡”“无人沟”。当地群众流传着这样的顺口溜：“上了‘阎王坡’，十人九哆嗦。从上往下看，吓得魂魄落。”

1990年，正值安塞油田进入全面开发时期，王三计量站建成投产。由于安塞油田建设初期上井道路全是土路，夏天尘土飞扬，雨天稀泥漫路。

为保证山顶11口油水井的正常生产，当时站上的采油工只好沿着羊径登山，每天都要爬上这面陡峭的山坡巡护山顶的油井。久而久之，员工就自称为爬坡好汉，好汉爬的坡就成了好汉坡。

在长庆油田，可以说每一个油气田都是一道“好汉坡”，每一项技术创新都是一道“好汉坡”。“好汉坡”精神已延伸到长庆千里油气区的每一个角落，延伸到每一位长庆石油人的血液里，成为促进长庆油田年5000万吨油气当量持续稳产和高质量发展的无穷动力。

曾经被外国专家断定为“边际油藏”“无开采价值”的安塞油田，在“好汉坡”精神的指引下，几代采油一厂人历经不懈努力，探索形成了以“三大技术系列，8项配套技术”为主要内容的技术系列，使石油得以工业化开发，而且走出了一条低渗透油田开发的成功之路，创建了“安塞模式”。随着科技不断进步和开发实践，我们经过不断总结和完善，形成了稳产时期的“五大技术系列、24项配套技术”，进一步丰富了“安塞模式”的新内涵，使安塞油田在2010年跨越300万吨并连续9年保持稳产。

“磨刀石”上建起西部大庆

国际油价自2014年100多美元的高点跌至2016年2月的30美元上下，这已是12年来油价的最低点。但油价暴跌并没有影响中国石油的技术创新。1月8日，中国石油迎来了开年的好消息，长庆油田等8家单位联合研发的“5000万吨级特低渗透—致密油气田勘探开发与重大理论技术创新”项目获得国家科技进步奖一等奖。也正是由于这项技术创新形成的低成本开发模式，在2015年让好消息的喜悦盖过了坏消息的烦恼：长庆油田生产油气当量达到5480万吨。

这已是长庆油田继2013年油气当量突破5000万吨超过大庆油田、

建成西部大庆之后，在这一高点上持续稳产的第三个年头。

作为世界著名的被外国专家断言“常规技术根本无法实现经济有效开发”的“三低油气田”“边际油气田”，能够成为如今的效益“高地”，无疑是我国石油工业的生动案例。其中，科技创新功不可没。

在“边际油气田”建“西部大庆”

长庆油田是世界上开发油田最早的地方之一。

1907年，陕北钻成了中国陆上第一口工业油井——延1井，初产原油0.2～0.3吨，这成为中国近代石油工业诞生的标志。但一度，即便我们已经探知了这片油气田的律动，单凭热情也难以唤醒她的沉睡。

长庆油田横跨陕、甘、宁、内蒙古、晋五省（区），唤醒她的努力一直没有间断。已经完成的5万多口油气井，分布在荒原大漠和黄土高原的边缘地区，点多、线长、面广。以西安为中心计算开来，长庆油田的管理半径几近千公里。

多井低产、资源分散、生态环境脆弱、生产成本及用工总量控制压力大是长庆油田的最大特点。

油气储层非均质性分布和“三低”（低压、低渗、低丰度）等先天缺陷一直伴随着这个世界级特大型油气田。油藏的压力系数大于1，油井才会有自然产能。而在长庆油田，这个系数一般都在0.6~0.8之间，不但压力低，而且自然衰减快。即使采取人工加压，其净产量的递减速度也极快，一般经过半年左右时间，产量便会呈现几何级数的下降。这意味着油井的经济效益降低或者根本无经济效益。

国际上把渗透率小于50毫达西的油田称为低渗透油田，而长庆油田70%的储层渗透率小于1毫达西。在0.3毫达西左右的长庆油田，开发属于世界级难题。

于是，“井井有油井井不流”一度成为长庆油田的痛，因为“三低”特性，让人垂涎三尺的“大金娃娃”很长时间就是抱不出来。

2007年，中国原油对外依存度已经接近50%，同时，大庆油田等东部老油田全面进入高含水开发阶段。而中国经济快速发展对油气资源的需求水涨船高，短缺那么多的油气怎么办？

2008年，大庆油田尚保持着高产，但是高产稳产的难度越来越大，只有再多几个大庆，中国的油气供应才会有有效的保障。

于是，长庆油田这个世界公认的边际油田因其储量的巨大，被中国石油摆上了重要的位置。2008年，中国石油加快建设西部大庆的科技攻关重大项目，得到了国家发改委、科技部、财政部等多部门的支持。同年，国务院决定加快把鄂尔多斯盆地建成我国重要油气生产基地，以缓解石油对外依存度快速增长的压力。

进入21世纪以来，世界油气开发便迅速进入低渗、特低渗领域，我国新增储量中该类资源占70%，其中鄂尔多斯盆地就占一半以上。

在这里建西部大庆，会是一个正确选择吗？

每年为国家贡献两个大型油田

将长庆油田现在的勘探形势图与几年前比较，人们欣喜地发现，探区资源量已经从过去的“三角形”发展到现在的“纺锤形”。这缘于近几年来，长庆油田提交的储量都是可开发的储量。“在过去认为没有油气的地方找到了油气，在过去认为开发不了的油藏中拿出了油气，储量产量自然就增加了。”长庆油田勘探专家说。

数据也许更加有说服力：从中国石油目前国内油气产量来看，长庆油田贡献了超过1/9的原油、近40%的天然气。其中，天然气产量占到全国总产量的30%。而这，在2008年时是不可想象的。

有人把开采石油和天然气比喻成“打仗”。首先是找到“敌人”。油气勘探工作遵循的是地震波反射原理。勘探人员依据油气层与其他地层对地震波反射的程度，判断一个地方有没有油气资源。但厚厚的黄土层却将地震波吸收了，使地质人员得不到准确的判断。在经历过许多次失败之后，长庆找油人终于找到了打开神秘地宫的钥匙。他们打破常规思维，创造性地将检波器分开一公里，成功解决了这一具有西北特色的勘探难题。

20世纪90年代初，长庆石油人找到了安塞油田，但找到油气的喜悦迅速被0.5毫达西的渗透率冲散了。一家美国公司曾试图参与开发安塞油田，但最终还是在这个超低渗透前望而却步。

鄂尔多斯盆地素有“半盆油、满盆气”的说法。尽管面对上产的需求信心不足，但事实上，从20世纪90年代开始，长庆油田已经将低渗透极限推至10毫达西，进而1毫达西、0.5毫达西……

而当业界普遍认为0.5毫达西已是开发极限时，2004年，长庆油田组织了0.3毫达西攻关小组，此后又抽调骨干，成立了超低渗攻关项目小组，研究渗透率为0.1毫达西油藏的工作。长庆油田超低渗研究中心技术专家介绍。

于是，安塞油田这个被外国专家弃之如敝屣的油田，在长庆油田形成了可供“三低”油田借鉴的“安塞模式”。

“多做物探少打井”的科学理念也一直贯穿苏格里气田开发的整个实践过程，通过优化物探和钻井业务，降低投资成本、提高勘探成功率，苏格里气田这个中国最大的气田也现出勃勃生机。

截至2015年12月30日，长庆油田全年新增石油探明地质储量3.65亿吨，占中国石油新增储量的半壁江山。至此，长庆油田共发现33个油田，提交石油探明储量累计超过40亿吨。近10年来，长庆油田平均每年净增2亿吨，相当于每年为国家贡献两个大型油田。

不惧大器晚成

在长庆油田的岩心库里，足足有20多万米的岩心样本被一米一格地做好标记，有序地陈列在七八米高的货架上。它们多来自地下3000~4000米。

这是长庆油田的“传家宝”，长庆的油和气，都是从这些像磨刀石一样的石头里挤出来的。

在显微镜下观看从长庆油田底下取出的岩心，果然令人惊诧不已。整个储层如同坚硬致密的花岗岩，石油就藏在这样的特低渗透储层之中。

如果把中东地区的油藏储层比作高等级公路，那长庆油田的油藏储层就好比羊肠小道。想想看，黏稠的原油在这样的“羊肠小道”之中，该耗费多长的时间，才能“渗透”到钻头伸到的地方？

当初，长庆人将这样的岩心送到大洋彼岸美国的权威实验室进行检验的时候，负责检测的老外连连摇头：“NO！NO！”他的意思很明显，长庆人要从这样的储层中“抠”出油来绝无可能。

国外和中国开采油气田的不同成本观，决定了一个油气田是否被判“死刑”。

获奖的科技创新项目，就包括特低渗——致密油气成藏理论和勘探、开发等主体技术，亦被称为“西部大庆建设核心技术”，其中最关键就在于压裂、注水、水平井开发等一系列技术的突破。

压裂技术最早是长庆油田在用，然后在大庆油田发展，之后长庆油田再深化。这样的技术互补也是国外公司难以做到的。

长庆油田在国家项目中已经有五套压裂体系，范围广到鄂尔多斯、内蒙古、甘肃陇东；压裂油层基本在地下2500米以上，气层大部分在2500～3000米，最深甚至达到5000米。

历经近10年的技术攻关，快速钻井技术、压裂技术的突破和关键配套技术的创新集成，使得鄂尔多斯盆地这一“冻土”得以融化。关键技术的突破，还对成本控制产生了革命性的作用。井下节流技术的发明应用，让苏格里气田建成的8600余口气井，单井地面投资由400万元降至150万元，气田整体地面投资比开发初期下降了50%。由此形成的以多类型气井连续压裂、井下节流、地面一体化集成技术为核心的致密气藏立体开发＋数字化管理模式，让气井产量提高30%，地面投资减少215亿元。

科技创新产生的效果震撼人心，大器晚成的长庆油田油气当量上产500万吨用了30年，从500万吨到5000万吨历时13年，在5000万吨高点上已经稳产3年。

超低渗油气田实现规模有效开发，对于“缺油少气”的中国而言，

长庆油田数字化生产指挥中心

其作用和现实意义不亚于美国的页岩气革命。

从2003年10月1日，西气东输工程东段陕北靖边至上海段管道建成投产，长庆油田天然气成为西气东输的先锋气，到2004年1月1日，“西气”在上海点燃并大规模入户，再到2008年北京奥运会上，长庆油田的天然气点燃奥运火炬，如今，承担着向北京、天津、河北、山东及陕西、宁夏、内蒙古区域40多个大中城市供应天然气重任的长庆油田，已经惠及中国的3亿多人口。截至2015年年底，长庆油田累计生产天然气超过2700亿立方米，是全国2014年、2015年两年产量之和。这相当于替代了3.4亿吨标煤，减少了10.87亿吨二氧化碳等排放物。

中国石油长庆油田油气当量超5000万吨成“西部大庆”

长庆油田2013年生产油气当量突破5000万吨，为5195万吨，如期建成“西部大庆”。这是中国石油工业继大庆油田之后诞生的第二个世界级特大型油气田。

据了解，长庆油田开发的是世界上典型的“三低”（低渗、低压、低丰度）油气藏，由于储层致密，又被称作“磨刀石”，国际知名能源公司的结论是不能经济有效开发。长庆油田数十年攻坚克难，形成了经济有效开发低渗、特低渗油田主体技术。21世纪以来，致力于超低渗透油气田科技攻关，随着水平井钻探和深度压裂等核心技术攻关接连获得突破性进展，让地下油、气渗流通道，由原来的“羊肠小道”变成了“高速公路”，拉动油气勘探开发突飞猛进，年产油气当量13年之间实现由500万吨到5000万吨的跨越。

长庆油田生产区域横跨中西部五省（区），属于西部大开发战略重点资源接替区域，也是中亚油气资源进入中国东南沿海市场的必经之地。长庆油田已在这里累计探明石油储量超过34亿吨，探明加基本探明天然气储量超过5万亿立方米。西接资源、东接市场的区位优势，使其在目前和未来中国能源战略布局中，发挥着“立足国内，走向国际”的基础性作用。

第六节　镇海炼化精神

镇海炼化股份公司是中国石油化工股份有限公司控股的特大型企业,是我国最大的原油加工基地之一,进入了世界炼油百强。

企业文化

镇海炼化认真宣贯、践行《中国石油化工集团公司企业文化建设纲要（2016年修订版）》，培育和塑造符合镇海炼化实际的特色企业文化，实现集团公司共性文化与企业个性文化、本土文化的有机融合、相得益彰，努力把文化理念落实到生产经营的全过程，落实到每名员工的岗位工作中，以文化力提升执行力、竞争力。

企业使命：为美好生活加油。

企业愿景：建设世界一流能源化工公司。

企业价值观：人本、责任、诚信、精细、创新、共赢。

企业作风：严、细、实。

企业管理理念：大气、正气，精细、勤奋，低调、务实。

“大气”，指严格贯彻执行党和国家的路线方针政策、集团公司党组的决策部署，肩负起践行中国特色社会主义道路的政治责任和保障国家能源安全的光荣使命；承担起创造社会物质财富，使公司不断发展壮大的经济责任；履行对员工、对社会大众、对利益相关方的社会责任。

“正气”，指领导干部工作上大智，善于动脑筋，具有创新思维；生活上清廉、清醒、低调；为人正直、正派。员工脚踏实地、爱岗敬业、奋发图强，努力创造一流的业绩和水平。

“精细”，指管理上精雕细刻、生产上精耕细作、技术上精益求精、经营上精打细算。

“勤奋”，指勤勉工作，脚踏实地，埋头苦干，一步一个脚印地把各项工作做好；勤于创新，不等不靠，敢为人先，勇于变革，追求卓越。

“低调”，指谦虚谨慎，自强不息，不空谈、不张扬，用心想事、专心谋事、真心成事。

“务实”，指重实干，不浮躁、不懈怠，干在实处、干在难处；求实效，不做表面文章、不搞花架子，一分布置、九分落实，以优良作风创造实实在在的业绩。

自强不息，勇创一流的镇海炼化

2018年12月24日夜晚，此时的算山码头灯火通明，工人们忙碌着，一艘来自中东的30万吨油轮正在靠泊卸油。几小时后，这船乌黑的液体黄金将输往镇海炼化生产装置并被炼制成清澈如水的成品油和化工产品。作为沐浴着改革开放春风成长起来的国企先锋，它如一颗璀璨的明珠闪耀在长三角南翼的东海之滨。

自1975年在宁波镇海的滩涂地上打下第一根桩起，镇海炼化就伴随着改革开放的脚步一天天成长壮大，逐步发展成为中国石油化工行业的巨人。40年来，它见证了中国国企由弱到强追求卓越的豪迈进程，充分体现了中国人民不甘落后勇于挑战的顽强拼搏精神。它是中国改革的弄潮儿，是中国梦的践行者。

石油是工业的血液，要发展工业离不开石油，然而浙江却不产石油。怎么办？没有炼油厂，他们就动手建厂；没有油他们就从外边找油。克服了难以想象的困难，经过第一代人铁人般艰苦卓绝的努力，镇海炼油厂建成并于1978年11月19日顺利炼制出来汽油。

40年的坚持不懈，见证了镇炼人痴痴追求的不平凡之路。250万吨原油的年加工能力，不能满足浙江经济日益发展的需要。江浙地区原油资源不足，靠国家划拨原油配额，无力为继，投产后的生产装置只能低负荷运行。靠“等、靠、要”无济于事，就是要也要跟市场去要！镇海炼化因势而变，第一个“吃螃蟹”加工高价原油，学当“卖油郎”主动在市场上闯荡。就这样，年加工能力迅速做大到550万吨，成为杭州湾地区炼厂的首位。

依着沿海优势，镇海炼化把触角伸向海外原油市场。在1988年冬日的余晖中，一艘满载5万吨塔比斯原油的“海王号”油轮靠上算山码头。这是第一次“洋油”上岸，借着改革开放的东风，镇海炼化在国内率先开展国外原油来料加工业务，开启了国内加工进口原油的先河。到了1992年，镇海炼化又争取到外贸自主权，迈出了自营加工国外原油的坚实步伐。

随着加工能力的不断扩大，在东海最前沿的土地上，一座座炼塔拔地而起，镇海炼化飞速发展。1994年镇海炼化完成股份制改制，在香港上市。2000年镇海炼化原油综合年加工能力达到1200万吨，跨入千万吨级炼厂的行列。而2006年镇海炼化大乙烯项目建设开工，标志着镇海炼化由单一的石油炼制向炼化一体化发展，炼油和化工比翼双飞，更加增强了市场竞争力和灵活性。至2010年，原油加工能力突破2000万吨，达到2300万吨，接近最初加工量的十倍。非但如此，依托着镇海炼化，国家级宁波化工园区沿着东海岸如火如荼建设起来，带动了下游数千亿产值的产业链，为地方经济发展推波助澜。

时光流转，40年前的东海海堤早已被纳入炼厂怀抱，海堤被远远移至数公里之外，原来的浅海滩涂被一座座炼塔和油罐填满，一个全面而富有强竞争力的石油化工基地在这里建成。镇海炼化原油加工能力从全国排名第47位，逐渐成长为全国最大的原油加工、成品油出口基地。国际著名评估机构所罗门公司绩效评估报告显示，镇海炼化炼油竞争力长期居亚太地区炼厂第一组群；2010年建成投产的年产100万吨乙烯裂解装置绩效位列全球第一组群。而这一切的辉煌和成就，都离不开几代镇海炼化人的青春和汗水，离不开他们40年的智慧与坚守。

如今，来自中东的30多万吨油轮纷至沓来，成了南海航线上的常客。来自世界各地189种原油，成了镇海炼化的口粮，据统计目前累计已从“一带一路”国家进口原油超亿吨。为了更大的加工能力，为了更多的经济效益，镇海炼化已成为中国乃至世界石化行业加工油种最多的企业。而成品油却大部分通过地底下1500千米输油管网通往浙江省内外。安全快捷高效的油品管道输送川流不息，尽在智能化中控室的鼠标键盘掌控之中。

最大最强，社会责任也要最大。镇海炼化人始终把社会责任放在第一位。2008年国际原油高达每桶147美元，而国内汽柴油油价特别低，油价严重倒挂。谁生产谁亏本，产得越多亏得越多，许多炼厂纷纷停工，老百姓无油可加，部分地区出现区域性“油荒”，加油站排队数公里。为了保证成品油稳定供应，镇海炼化没有停产，就是亏也要炼，要让老百姓用上油。这年镇海炼化原油加工1936万吨，是镇海炼化历史上唯一一次年度亏损，但却用千座炼塔托起浙江乃至华东油品市场的出行动力。

阔步前行，精益求精。做大做强，都不能放弃环保和质量。镇海炼化对环保和质量尤其看重。数十亿元的环保装置投入，在本质上改善生产条件，防止污染。另一方面加强计划和管理，已卓有成效。六年来，镇海炼化组织了百余次“公众开放日活动”，共9000多人次社会公众代表走进工厂，近距离参观了镇海炼化的工作环境和生产过程，形成政府、企业、公众三方良性互动，让社会各界直观地感受到了现代化化工企业的社会责任和追求。

在通往舟山的跨海大桥上往下望，人们或许会疑问，为什么看不到镇海炼化的火炬冒火？看不到烟囱冒烟？他们是没想到，原来熊熊燃烧的火炬废气都被重新利用、变废为宝，所有的烟囱排放物都被脱除处理无害后再排放。生产污水被处理后回收利用，甚至达到可直接饮用等级。漫步花园般厂区，丝毫闻不出异味，在绿树成荫鸟雀归巢的环境中，甚至想象不出这就是中国最大的石油化工企业。既要金山银山，又要碧水蓝天，这是镇海炼化人的信念，也是承诺。

2018年9月30日，镇海炼化国六油品首次出厂，保证市场及时“喝”上高品质油品。改革开放40年，让社会“有油用、用好油”始终是镇海炼化的不懈追求。众所周知，油品标号越高，含硫量越小，油品污染就越少，同时生产成本也越高，对设备和技术的要求也越高。纵观油品升级之路，镇海炼化始终执掌大旗，走在产品质量的最前列。

1989年中国最高标号出口汽油第一次在镇海炼成。2000年6月镇海炼化出厂的汽油产品，提前3年全部达到国家清洁汽油新标准。2004年相当于欧Ⅲ标准，符合北京奥运会要求的排放标准的98号无铅汽油出厂，标志着生产高质量、环保型产品水平又上了一个新台阶。2009年12月镇海炼化国Ⅲ汽油提前升级。2013年10月国Ⅳ汽油提前升级。2015年10月国Ⅴ汽油提前升级。2017年11月22日，自主研发生物航煤首次跨洋飞行，让地沟油变废为宝，探索解决长期困扰人们的一大难题。

励精图治，自强不息，镇海炼化不断自我超越，引领石化产业技术革新。三年来，镇海炼化连续利润超百亿，创造了中国炼化行业的新高度。创业以来镇海炼化累计利税超2790亿元，是国家最初投资的594倍，相当于为国家贡献了10艘中型航母。

放眼未来，镇海炼化又在新的高度扬帆起航。通过项目提升改造和扩建，镇海炼化将在三年后原油加工能力达到4100万吨，年产乙烯达到240万吨，打造成为管理优秀技术先进具有“实力、活力、魅力”的炼化一体化企业，建成世界一流的炼化基地，具有更强的国际竞争力。

第六章

石油精神的主要元素

第一节　大庆精神与铁人精神

大庆精神

大庆精神的主要内涵是：

爱国——为国争光、为民族争气的爱国主义精神。

创业——独立自主、自力更生的艰苦创业精神。

求实——讲究科学、“三老四严”的求实精神。

奉献——胸怀全局、为国分忧的奉献精神。

概括地说，就是“爱国、创业、求实、奉献”精神。

1964年4月20日，《人民日报》刊发了长篇通讯《大庆精神大庆人》，指出大庆精神就是无产阶级的革命精神，大庆人是特种材料制成的人，就是用无产阶级革命精神武装起来的人。这种人，正是我们学习的崇高榜样。

1981年12月18日，中共中央转发国家经委党组《关于工业学大庆问题的报告》，以中央文件的形式肯定了国家经委党组对大庆精神的概括，即发愤图强、自力更生、以实际行动为中国人民争气的爱国主义精神和民族自豪感；无所畏惧、勇挑重担、靠自己双手艰苦创业的革命精神；一丝不苟、认真负责、讲究科学、“三老四严”、踏踏实实做好本职工作的求实精神；胸怀全局、忘我劳动、为国家分担困难、不计较个人得失的献身精神。

1990年2月，江泽民同志到大庆油田视察工作，高度评价了大庆精神，并把大庆精神概括为“为国争光、为民族争气的爱国主义精神；独立自主、自力更生的艰苦创业精神；讲究科学、‘三老四严’的求实精神；胸怀全局、为国分忧的奉献精神”，简述为“爱国、创业、求实、奉献”八个字。

铁人精神

铁人精神是“爱国、创业、求实、奉献”的大庆精神的典型化体现和人格化浓缩，是中华民族精神的重要组成部分，主要包括：“为祖国分忧、为民族争气”的爱国主义精神；“为早日把中国石油落后帽子甩到太平洋里去”“宁肯少活20年，拼命也要拿下大油田”的忘我拼搏精神；干事业“有条件要上，没有条件创造条件也要上”的艰苦奋斗精神；“要为油田负责一辈子”“干工作要经得起子孙万代检查”，对工作精益求精，为革命“练一身硬功夫、真本事”的科学求实精神；不计名利，不计报酬，埋头苦干的“老黄牛”精神。

第二节 “三老四严”

三老：当老实人，说老实话，办老实事。

四严：严格的要求，严密的组织，严肃的态度，严明的纪律。

“三老四严”是大庆石油职工在会战实践中形成的优良作风。在会战中大庆采油一厂中四队曾发生过这样的故事，一名学徒工由于操作失误，挤扁了刮蜡片，隐瞒不报，这事让队长辛玉和知道了，组织全队在这口井前召开事故分析现场会，进行深入的讨论，从而找到了干好工作的根本。经总结提炼为对待革命事业，要当老实人、说老实话、办老实事；干革命工作，要有严格的要求、严密的组织、严肃的态度、严明的纪律。

1964年5月石油部召开第一次政治工作会议，将采油一厂中四队的经验总结提炼为“三老四严”精神，并在全油田加以推广。

第三节　“两论”起家与“两分法”前进

“两论”起家

1960年4月10日，大庆石油会战一开始，大庆会战领导小组以石油部机关党委的名义做出了《关于学习毛泽东同志所著<实践论>和<矛盾论>的决定》，号召广大职工学习毛泽东同志的《实践论》《矛盾论》和其他著作，以马列主义、毛泽东思想指导石油大会战，用辩证唯物主义的立场、观点、方法认识油田规律，分析和解决会战中遇到的各种问题。广大职工说，会战是靠“两论”起家的。

“两分法”前进

1964年，新华社、《人民日报》发表了《大庆精神大庆人》长篇通讯。毛泽东同志发出了“工业学大庆”的号召。当时，又正值毛泽东同志发表了《加强相互学习，克服故步自封、骄傲自满》。石油部党组根据油田实际抓住时机，及时在全体职工中进行了“两分法”教育。“两分法”的主要内容是：在任何时候，对任何事情，都要学习“两分法”。成绩越大，形势越好，越要一分为二。要坚持“两点论”，反对“一点论”，坚持辩证法，反对形而上学，揭矛盾，找差距，戒骄戒躁，不断前进。

第四节 “四个一样”与“三要十不”

“四个一样”

“四个一样”：对待革命工作要做到，黑天和白天一个样；坏天气和好天气一个样；领导不在场和领导在场一个样；没有人检查和有人检查一个样。

“四个一样”是大庆职工把党的优良作风和解放军的“三大纪律八项注意”同石油会战具体实践结合起来的产物。1962年3月，大庆油田建立和推行岗位责任制后，会战工委结合生产实际，开展树立岗位责任心的思想教育，增强了广大职工的主人翁责任心和执行制度的自觉性，涌现出以“李天照井组”为代表的一大批先进单位和个人。“李天照井组”管的是一口于1961年7月投产的地处油田边缘的油井。自投产以来，未发生过一次事故；井场设备焊口和阀门没有一个漏油漏气；使用的大小工具无一损坏丢失；记录的上万个产量和压力等数据，经反复检查无差错；油井长期安全生产，月月超额完成原油生产任务。其基本经验是能自觉从严，做到了“四个一样”。大庆会战工委大力总结推广他们的先进经验，使“四个一样”逐步成为大庆职工队伍的优良作风。

“三要十不”

1960年，根据会战情况，石油工业部机关党委（大庆石油会战初期党的临时办事机构）在会战中提出了“三要十不”。

“三要”：要甩掉我国石油落后的帽子，要高速度、高水平地拿下大油田，要赶超世界先进水平，为国争光。

“十不”：不怕苦、不怕死、不为名、不为利、不计较工作条件好坏、不计较工作时间长短、不计较报酬多少、不分职务高低、不分分内分外、不分前方后方，一心为会战，一心为革命。

第五节　领导干部“约法三章”与领导班子“四个公开”

领导干部“约法三章”

“约法三章”：坚持艰苦奋斗的优良传统，不搞特殊化；坚持参加集体生产劳动，不做官当老爷；坚持“三老四严”的作风，不骄傲自满，不说假话。

领导班子“四个公开”

“四个公开”：思想公开、缺点公开、工作公开、生活公开。

主要内容为：思想公开，坚持党的生活制度，有话摆在桌面上，不隐瞒自己的观点，不记小账，不搞小动作；缺点公开，不护短，不怕丑，严于解剖自己，积极开展批评与自我批评；工作公开，互通情况，有事共同商量，不搞“一言堂”；生活公开，艰苦朴素，不搞特殊化，不干见不得群众的事，把自己置于党和群众的监督之下，自觉抵制不良倾向和腐朽作风的侵蚀。

第六节 “三个面向”与“五到现场”

“三个面向”：面向生产、面向基层、面向群众。

“三个面向”是大庆油田机关工作的基本指导思想。1960年，大庆石油会战一开始，会战工委便强调，各级领导要“亲临生产第一线指挥生产”“机关工作要面向生产”。经过不断总结，到1964年形成了完整的“三个面向”的工作指导思想。机关坚持这一指导思想，对于克服主观主义、官僚主义和命令主义，密切干群关系，调动各方面的积极因素，提高工作和生产效率都有重要意义。

“五到现场”：生产指挥到现场、政治工作到现场、材料供应到现场、科研设计到现场、生活服务到现场。这是大庆油田机关在会战中形成的传统作风。

第七节　岗位责任制与“三基”工作

岗位责任制

岗位责任制具体包括以下内容：

（一）岗位专责制。

（二）交接班制。

（三）巡回检查制。

（四）设备维修保修保养制。

（五）质量负责制。

（六）班组经济核算制。

（七）岗位练兵制。

（八）安全生产制。

1962年5月8日，中1注水站因管理不善，发生了一场火灾。会战工委立即抓住这起事件不放，发动群众围绕“一把火烧出的问题”展开大讨论。在开展讨论中，北2注水站发动职工对照中1注水站事故，查找自己的问题，从查物点数做起，把全站每样东西、每件事情，由谁管、怎么管、负什么责任，都落实到岗位和每个人身上，做到了事事有人管、人人有专责、办事有标准、工作有检查。经不断总结提炼，逐步健全为一套行之有效的岗位责任制度。

“三基”工作

“三基”工作：基层建设、基础工作、基本功训练。

具体内容是加强以党支部建设为核心的基层建设，加强以岗位责任制为中心的基础工作，加强以岗位练兵为主要内容的基本功训练。

第八节 “五条要求”与“四勤四看”

“五条要求”

“五条要求”：人人出手过得硬，事事做到规格化，项项工作质量全优，台台在用设备完好，处处注意勤俭节约。

“五条要求”是石油职工的行为规范。

“四勤四看”

思想政治工作要做到“四勤四看”。

“四勤”：勤观察、勤摸底、勤谈心、勤开调查会。

“四看”：工作看干劲，走路看精神，吃饭看饭量，睡觉看翻身。

“四勤四看”的基本要求是勤和细。运用这种方法，能够及时把握职工的思想脉搏，有的放矢地解决好经常发生的思想问题：不仅思想政治工作者可以做，职工群众之间也可以互相做，从而把思想工作渗透到每一个环节，做到各个角落。

第九节 思想政治工作“两抓法”

“两抓法”：抓生产从思想入手，抓思想从生产出发。

这是大庆正确处理思想政治工作与经济工作关系的基本原则，也是大庆思想政治工作的一条基本经验。

抓生产从思想入手，就是坚持思想领先。抓生产首先要抓人的思想政治教育，注重解决生产过程中遇到的各种思想问题，把思想工作做在前头。抓思想从生产出发，就是思想政治工作必须围绕经济建设这个中心进行，根据经济工作实际，确定思想政治工作任务，把思想政治工作贯穿于生产建设的全过程，保证生产建设任务的完成和经济效益的提高。

第十节　艰苦奋斗的五个传家宝

艰苦奋斗的五个传家宝：人拉肩扛精神、干打垒精神、缝补厂精神、五把铁锹闹革命精神和回收队精神。

人拉肩扛精神：在生产和工作缺乏常规保证的条件下，充分发挥人的主观能动性，用非常规的办法克服困难的艰苦创业精神。

1960年初春，王进喜带着本队30多名钻井工人一行来到大庆，就盼着早日开钻。他每天都派人到火车站打听钻机什么时候到，安排人平井场，做好打井的准备工作。自己则到处访问看守探井的工人，了解地层情况。后来钻机终于到了，但吊车、拖拉机不够用，60多吨重的钻机怎么从火车上卸下来，又怎么安装起来？职工们焦急万分。为了解决这个问题，队党支部开会进行研究。会上，王进喜说："大活人，天大的困难也要上，退下来算个啥呀！"也有人说："人是活的，抬也好，搬也好，总之要上，决不能让钻机在车站待着。"说干就干，30多人用绳子拉、木块垫、撬杠撬，人拉肩扛地把钻机、柴油机弄到井场，把变速箱、滚筒等设备，一件一件拉上钻台。奋战了三天三夜，终于把井架立在荒原上。接着第二个困难是输水管线没有安装好，不能开钻。他们就用洗脸盆、水桶一盆盆、一桶桶地从几里地外端回了40吨水，打出了第一口井。

石油工业部机关党委（大庆石油会战初期党的临时办事机构）及时总结、宣传了铁人王进喜及其井队的先进事迹，使“人拉肩扛精神”成为广大会战职工战胜生产条件方面的困难，把会战搞上去的重要精神力量。后来，生产发展了，各方面条件改善了，但“人拉肩扛”所体现的艰苦创业精神，一直在激励着大庆人顽强地克服生产过程中不断出现的新困难。

干打垒精神：大庆石油会战初期，广大职工因陋就简，解决居住困难的艰苦创业精神。

1960年3月至5月，4万多人的石油会战队伍一下子集中到荒无人烟的大草原上，居住条件十分困难。同年9月初，西伯利亚的寒流提前袭来，但由于打油井、铺油管、筑道路、造油库、修厂房等工作紧张，油田广大职工仍住在帐篷或活动板房里。寒冷逼近，冬季的生产和生活都受到严重威胁。面对这种情况，会战领导机关果断地决定：不管西伯利亚的寒流如何凶猛，不管冬天何等严寒，会战的队伍一定要像解放军在战场上一样坚守阵地。在大庆油田，一支队伍也不许撤走，钻井一刻也不能停，输油管一寸也不能冻，人一个也不能冻伤。油田指挥部迅速调查总结当地群众打干打垒的施工方法，各级领导干部分工负责，充分发动群众，在搞好生产的同时，抽出一切可能抽出的人员和时间，开展一个“人人打干打垒”的群众活动。

在各级领导的动员和组织下，一场过冬突击战很快在整个油田展开。各基层单位成立了干打垒专业小分队，下班的职工包括领导干部、工程技术人员和生产工人也都积极参加，动手挖土打夯，终于赶在大冻之前，建成了30万平方米的干打垒，解决了职工安全过冬问题，缓解了职工住房困难，保证了石油大会战的进行。

党的十一届三中全会以后，大庆根据邓小平同志要把大庆油田建设成美丽的大油田的指示，从生产实际出发，逐步建起了楼房，职工的生产和生活条件不断得到改善。尽管现在职工不住干打垒了，但干打垒精神所体现的创业精神仍在鼓舞人们艰苦奋斗。

缝补厂精神：大庆职工和家属勤俭节约办企业的艰苦创业精神。

大庆石油会战初期，国家财力物力比较紧张，职工的劳保用品一时供应不上，再加上会战上得很猛，工人们白天黑夜苦干，衣服坏得快，换新的又有困难。当时会战工委领导决定抽3名工人和4名家属，在2栋破牛棚里组成一个缝补组。缝补组的同志轮流上前线，为职工缝补衣服，收集职工不能穿的油工作服，又把废旧油工作服、手套回收到一起，放到两口大锅里用碱水煮，洗干净后，缝制成手套，发给工人们用。随着生产的发展，1963年，会战工委决定把缝补组扩建为缝补厂，从外地调来十多名专业裁缝师傅，配备了200多名职工家属，缝补厂的生产能力也不断加强，使油田工人的劳保用品基本上达到了自给。缝补厂被石油工业部誉为“勤俭办厂模范”。后来厂房扩大了，设备增加了，财富创造多了，但他们仍然坚持勤俭节约，为国家节约一寸布、一两棉花、一个纽扣。

“缝补厂精神”是大庆艰苦创业传统的重要内容，它所体现的勤俭节约精神，在新的历史时期仍需发扬光大。

五把铁锹闹革命精神：大庆家属组织起来，大搞农副业生产的艰苦创业精神。

大庆石油会战初期，正值中国国民经济处于严重困难时期，各方面条件都很差，主、副食品供应不足，职工、家属的生活相当艰苦。为了渡过难关，大庆会战工委号召家属组织起来，发扬南泥湾精神，像革命战争时期那样自己动手、丰衣足食。这一号召得到了职工家属们的拥护。1962年4月16日，钻井指挥部机关的职工家属王秀敏、杨学春、丛桂兰、吕玉莲，在45岁的家属薛桂芳的带领下，扛着铁锹，背上行李，抱着孩子，到远离住地15千米外的地方去开荒种地。她们靠自己的双手，用铁锹翻地，3天开了5亩地（1亩≈666.7平方米）。在她们的带动下，陆续又来了一些家属。为了提高劳动效率，她们又学着用人拉犁，终于赶在春播前开出32亩地，种上了黄豆，当年收获1800多千克。会战工委领导及时总结了这个典型，进行大力宣传和提倡这一精神。

家属自己动手，大搞农副业生产，既给国家减轻了负担，又增加了职工的家庭收入，还解决了职工家属两地分居等问题，对稳定职工队伍起到了积极的作用。家属生活在集体之中、组织之中、制度之中，与工人一起参加劳动和学习。

回收队精神：大搞废旧物资回收利用的勤俭节约精神。

从大庆石油会战开始，广大职工就坚持“艰苦奋斗，勤俭建国”的方针，利用业余时间回收散落在油田各处的废旧物资。“文化大革命”初，废旧物资回收工作一度停止。1969年，铁人王进喜提议并组织起油田第一个废旧材料回收队——钻探指挥部“铁人回收队”。王进喜带领回收队职工，到各个施工场地回收废旧器材，连一颗螺丝钉、一块废钢铁都不放过，足迹遍布油田。

回收队不仅为国家节约了大量的物资，解决了生产建设中的急需，而且培养了干部职工勤俭节约的工作作风。后来，回收修旧成为油田物资管理工作的一项重要任务。

第七章

石油精神的经典故事

第一节 “大庆”的由来

1959年9月26日，松基三井喷出了具有工业价值的油流，发现了油田。同年11月8日，在大同镇召开庆祝大会，时任中共黑龙江省委第一书记的欧阳钦、省长李范五等领导赶来参加庆祝大会。途中，他们在车上议论，松基三井喷油正值新中国成立10周年大庆的前夕，是向国庆献了大礼，喜上加喜，应该大庆。欧阳钦兴致勃勃地说：“那就把大同改为大庆吧。”在庆祝大会上，欧阳钦提议把油井所在地大同镇改为大庆镇。随后，黑龙江省做出了将大同镇改为大庆镇的决定，以后石油部又把这个油田定名为大庆油田。1979年12月14日，国务院批准成立大庆市。大庆，成为中国石油石化的重要基地。

第二节 大庆油田发现井——松基三井

松基三井，即松辽平原第3口基准井，于1959年9月26日喷出工业油流，由此发现了大庆油田。

为纪念大庆油田发现30周年，1989年中国石油天然气总公司决定重建松基三井纪念碑，于同年9月26日建成。原中顾委常委康世恩题写了碑文“大庆油田发现井——松基三井”。

1989年9月26日，中国石油天然气总公司总经理王涛亲临松基三井剪彩、揭幕。松基三井纪念碑正面朝东，象征着中国石油工业像东方红日一样蓬勃向上。主碑石重30吨，寓意大庆油田发现30周年，南面是油砂体示意图，北面雕刻着井口喷发的油花及彩灯组成的双庆图案，顶面是大庆油田长垣示意图。主碑形似卧虎盘踞于石上，寓意中国石油工人“宁肯少活20年，拼命也要拿下大油田”的顽强革命精神。

2001年，松基三井被国务院文物局列为“第五批全国重点文物保护单位”，成为共和国最年轻的文物。2004年被中国石油天然气集团公司命名为首批“企业精神教育基地”。

大庆油田发现井——松基三井纪念碑

第三节 铁人的来历与铁人王进喜

1205钻井队进驻马家窑后，王进喜带领全队大干苦战，感动了附近的乡亲们，房东赵大娘看到王进喜整天在井场和工人们拼命干，一次也没回来睡觉和吃饭。赵大娘心疼地对住在她家的工人说："大娘活了大半辈子，没见过这么拼命的人，你们的王队长真是个铁人啊！"铁人的称号很快在当地传了出去，连小孩儿都知道石油钻井队里有个"王铁人"。工作组成员得知后，立即向萨中探区、会战指挥部领导做了汇报。石油工业部部长余秋里听了汇报十分高兴，当即决定大会战的第一个标兵就树立王进喜，名号就叫"王铁人"。在1960年4月9日至11日召开的油田第一次技术座谈会上，会战指挥部发出了"学习'铁人'王进喜，人人做'铁人'，为大会战立功"的号召。余秋里让铁人站在高处，向大家介绍他的事迹，最后激动地高声说："我们每个队、每个单位、每个人都要向铁人王进喜学习，像他那样保持革命战争时期那种敢于冲锋陷阵、英勇牺牲的精神和压倒一切困难而不被困难所压倒的英雄气概。要人人学'铁人'，人人做'铁人'，高速度、高水平拿下大油田！"从此，一个"学铁人、做铁人"的热潮在油田蓬蓬勃勃开展起来。

铁人王进喜

全国著名劳动模范王进喜，大庆石油会战初期被誉为铁人"五面红旗"之一，大庆人的杰出代表，中国工人阶级的先锋战士。1923年10月8日，出生于甘肃省玉门县赤金村一个贫农家庭。6岁时给地主放牛，也曾拉着双目失明的父亲去要饭；15岁时到玉门油矿当童工。新中国成立后，王进喜成为甘肃玉门石油管理局勘探公司三大队的石油工人，副司钻；1956年升任钻井队队长，同年加入了中国共产党。当时中国的钻井技术还很落后，他提出了“月上千，年上万，钻透祁连山，玉门关上立标杆”的口号。1958年，他率领的钻井队创造了月进尺5000米的全国纪录，成为中国中型钻机最高标杆单位，荣获“卫星钻井队”红旗，被命名为“钢铁钻井队”。

1959年王进喜到北京参加群英会，看到北京街头的公共汽车因缺油背着煤气包，作为石油工人的他，心里很不是滋味。1960年3月，王进喜率队从玉门到大庆参加石油大会战，在紧缺吊车吊装钻机的情况下，发出“有条件要上，没有条件创造条件也要上”的豪迈誓言，用人拉肩扛的办法卸钻机，用撬杠撬、大绳拉等办法将钻机安装到萨55井。连续苦干三天三夜，王进喜都没离开车站和井场。行李放在老乡家，一次都没去睡过。房东赵大娘见王进喜这样拼命地干，感慨地说：“王队长真是个铁人啊！”同年4月11日，会战指挥部号召全体会战职工向铁人王进喜学习。从此“王铁人”的名字传遍了油田，并通过新闻媒介的宣传响彻了全中国。

要开钻了，但当时萨55井严重缺水，他组织职工以挖土井、到小湖破冰取水、脸盆端水、水桶提水等办法，解决了开钻所需的几十吨水，并创造了5天4小时完钻一口井的当时最高纪录。萨55井打好之后，王进喜的腿被滚落的钻杆砸伤，他顾不上住院，拄着拐杖缠着绷带连夜回到井队。在第二口井（2589井）即将发生井喷的危急时刻，没有重晶石粉，他当机立断用水泥代替。当时由于没有搅拌机，水泥沉在泥浆池底。王进喜便扔掉拐杖，纵身跳进泥浆池，用身体搅拌泥浆。在他的带动下，工友们也纷纷跳进泥浆池。经过两个多小时，井喷被制服，保住了油井和钻机，王进喜身上却被碱性很大的泥浆烧起了大泡。

在大庆油田，王进喜先后任1205钻井队队长、钻井指挥部装建大队和钻井二大队大队长、钻井指挥部副指挥、大庆革委会副主任、中共大庆核心小组副组长等职务。1964年10月20日，王进喜当选全国人大代表，在第三届全国人民代表大会第一次会议上做了题为《为实现石油自给，艰苦奋斗不息》的报告，受到与会代表的好评。1965年，他任油田钻井指挥部副总指挥；1966年，他领导钻井队创年进尺10万米的世界钻井纪录。1969年4月，在党的“九大”上，他以工人代表身份当选为中央委员，受到毛主席和周总理的亲切接见。1970年4月，王进喜在玉门参加石油现场会回到大庆之后，经医生检查确诊为胃癌晚期，11月15日在北京逝世，终年47岁。

新中国成立40周年之际，王进喜与雷锋、焦裕禄、史来贺、钱学森一起，被中共中央组织部誉为新中国成立以来在群众中享有崇高威望的共产党员优秀代表。

2000年10月，铁人王进喜同孙中山、鲁迅、雷锋、焦裕禄、李四光、毛泽东、邓稼先、邓小平、袁隆平等人一起入选新华通讯社评选的“百年中国十大人物”。

第四节　铁人第一口井

铁人第一口井——萨55井，是铁人王进喜于1960年4月率井队到大庆后打的第一口油井。该井位于大庆市红岗区解放村以西3千米处，由大庆油田第二采油厂管理。

同年4月，铁人王进喜和他的队友们在吊装设备缺乏、水源不足等困难条件下，发扬“有条件要上，没有条件创造条件也要上”的艰苦奋斗精神、“宁肯少活20年，拼命也要拿下大油田”的忘我拼搏精神和“干工作要经得起子孙万代检查”的科学求实精神以及老黄牛精神，以大无畏的气概和冲天干劲，人拉肩扛安钻机，端水打井保开钻，仅用了5天4个小时就打完了这口井，创造了当时最高纪录，极大地鼓舞了石油会战队伍的士气，为甩掉中国贫油落后的帽子、发展石油工业，谱写了壮丽的篇章。该井属于详探井，井深1200米，40多年来一直是自喷井，已累计产油15万吨以上。该井与铁人王进喜纪念馆一道，先后被授予“全国首批百家爱国主义教育示范基地”“全国青年文明号”等荣誉称号。1999年该井被列入黑龙江省文物保护单位。2004年被中国石油天然气集团公司命名为首批“企业精神教育基地”。

第五节　人拉肩扛运钻机

1960年4月2日，听说钻机到了，不等天亮，王进喜就带领1205钻井队职工跑到7.5千米外的车站。可一到车站，王进喜和工人们就遇到了难题：车上是一车皮一车皮的几十吨重的钢铁大件，没有吊车、没有拖拉机，车下只有三十几个西北汉子，怎么卸车，怎么搬运，怎么安装呢？王进喜把全队职工集合起来，问在朝鲜打过仗的党支部书记孙永臣：“我没有打过仗，你说若是在战场上遇到这种情况怎么办？是上还是退？是打还是坐下来等？”孙永臣说：“只能进，不能退；只能上，不能等，就是豁出命来也要上！”王进喜接过话来说：“对！我们大会战也像打仗一样，只能上，不能退；我们不能再等了，新疆、四川的钻机不是也卸下火车了吗？没有吊车，我们37个人就是37部吊车，汽车不够，我们有手有脚有胆子，蚂蚁搬山也要搬。我们就是要靠我们自己的力量卸车搬运安装，早开钻。我们大家看看行不行？”“行！”全队职工异口同声道。“有也上，无也上！”王进喜说完，甩掉老羊皮袄，在地上抄起一根撬杠，大喊一声“跟我上”，就跳上了槽子车。大家也抄起家伙一拥而上。全队职工把钻机拆卸成几大件，用滚木加撬杠，推的推，拉的拉……棕绳把手勒出了血，肩膀被压得又肿又痛，可是谁都不在乎，大家脸上、身上都冒着热气，从2日早上7点一直干到3日凌晨，将60多吨重的井架全部运到萨55井井场。

这时，钻机安装的难题又摆在了1205钻井队面前。队党支部当即召开会议，决定在没有吊车的情况下，靠人拉肩扛快速安装钻机。队长王进喜在全队工人动员会上代表党支部向大家高声说：“现在摆在我们面前的任务，是怎样把钻机安装起来。我们国家现在有困难，我在北京参加群英会时，看到汽车背的是煤气包。国家没有油，外国卡我们的脖子，帝国主义封锁我们的国家，千困难、万困难，国家缺油是最大的困难。我们石油工人是国家的主人，就得想办法把钻机安装起来。我们要干出样儿来给外国人看看！”王进喜的一席话说得大家精神大振，摩拳擦掌。大家以撬杠、大绳、木头、钢管为工具，人拉肩扛苦战三昼夜，巍峨的钻塔终于屹立到萨55井的场位上。

第六节　端水保开钻

1205钻井队到大庆所打的第一口井——萨55井就要开钻了。可是，没有输水管线，开钻用水怎么解决?

王进喜立即召开全队动员大会，让大家想办法。会上他先问许万明:“开钻没有水怎么办?”这个许万明，人称“小老虎”，聪明过人，脑子里全是点子。他想了想说:“用盆子端水打井!”他身边的姜如学听了一笑说:“你看见哪个国家用盆子端水打井?简直瞎胡闹。”王进喜接过话茬儿，斩钉截铁地说:“许万明的主意好，我们能人拉肩扛装钻机，就能用脸盆端水保开钻!明天我们就用盆子端水打井。”

第二天，在王队长的带领下，有的端着脸盆，有的拎着桶，还有的拿着灭火机外壳……大家排成了一条长龙，从井里端水，再倒进泥浆池中。马家窑的老乡们也都肩扛扁担，挑着水桶加入了运水行列。

自己挖的水井被端干了，老乡的水井也快被端干了。戴祝文急忙找到王进喜:“王队长，端干了老乡的水井，人家吃啥，牲口喝啥?”王队长指着西边说:“那我们就到那边水泡子端去。”

井场西面500多米远的地方有一个大水泡子，冻了一层厚厚的冰。于是大家破冰取水，一盆盆、一桶桶……一条浩浩荡荡的运水长龙来来往往，川流不息。

一天过去了，还是远远不够钻井用水。王进喜想，这样端水效果不大，时间都浪费在路上了。他和大家一商量，决定从水泡子到泥浆池挖一条水沟，从水泡子里端出水来再倒进水沟，让水流到泥浆池。

大家很快挖好了一条小水沟，果然端水的效率大大地提高了。用了四五天的时间，泥浆池就已经满了，总共约有40吨水，保证了钻井的需要。

第七节　身体搅拌泥浆

“四·二九”万人誓师大会后，大会战全面打响。各探区、各井队积极响应会战工委“集中全力，猛攻试验区”的号召，为高速度、高水平拿下大油田大显身手。1205钻井队按计划搬到了杨四屯，打开发试验区的第一口井——萨2589井。

王进喜带着严重的腿伤，拄着拐杖在井上指挥打井。当萨2589井钻到700多米深时，突然发生了井喷。强大的高压液柱冲出井口，不一会儿就达到一二十米高。当时，井场上没有压井用的重晶石粉，王进喜急忙召集全队职工集合共同想办法。有人提议，用黄土和水泥压井。王进喜果断地采纳了这个建议，大喊一声：“往泥浆里加水泥和土，干！”大家一鼓作气，几吨水泥和土很快被加到泥浆里。可是加入泥浆池的水泥和黄土很快都沉了底，水泥沉下去又把上水管头堵住了，没有搅拌机，泥浆融合不好，井越喷越厉害。在此危急时刻，王进喜扔掉拐杖，大吼一声跳进泥浆池，用身体搅拌泥浆，并不时钻入水下去清理上水管线的莲蓬头。紧跟着几个工人也纷纷跳入泥浆池。大家奋力划动搅拌，上水管线通畅了，泥浆比重升高了，用水泥、黄土配制的高比重泥浆经过两台高压泵的强力抽压，通过循环管线和钻杆强力注入地下，以巨大的压力往下压，把液柱一点点压了回去。经过3个小时的紧张搏斗，终于制服了井喷。这时王进喜已经筋疲力尽，伤腿上的绷带、纱布早已不知去向，伤口被碱性很强的泥浆浸泡冲刷得血肉模糊，刚被扶出泥浆池他就昏倒在地上。大家张罗着要送他去医院，他清醒后大声说：“不要管我，看井压住没有？赶快大排量循环，防止水泥凝固。快点处理泥浆！”工人们给队长擦去满脸满身的泥浆，王进喜坐在那里，继续安排工人们处理事故后的各种问题。经过全队职工的努力，井保住了，设备安全无事。

井喷压住以后，井越打越顺，1205钻井队只用4天时间就打完了第二口井，并创造了日进535米的当时最高纪录。

第八节　一把火与岗位责任制

1962年5月8日凌晨1时15分，大庆油田最早建成投产的中1注水站突然起火，熊熊大火疯狂肆虐，不到3小时全部厂房被烧成一片灰烬。主管一线生产工作的油田领导认为：这场大火暴露出来的问题，主要是生产管理中的岗位责任制不明确。会战总指挥康世恩充分肯定了这一看法，并提出组织12个工作组到不同工种的单位蹲点，总结群众经验，建立岗位责任制。油田领导带队到北2注水站蹲点，并总结群众经验，制定出"交接班制""岗位专责制""巡回检查制""维修保养制"，以后，又加上其他单位总结的"岗位练兵制""安全生产制""经济核算制"，形成了完整的基层岗位责任制。从1962年到1964年，大庆油田紧紧依靠广大干部和工人，由点到面，从无到有，先后组织制定并全面推行了"基层生产责任制""基层干部岗位责任制"和"机关干部岗位责任制"，形成了具有大庆特色的以岗位责任制为基础的管理体系。岗位责任制的建立，使油田上下工作有标准、人人有专责、办事讲效率。这种符合现代工业实际的科学管理制度，保证了生产的有序进行，推动了企业的稳定发展，并在实践中不断完善。

推倒重来

油建四大队一中队三班班长郑发荣，坚持高标准、严要求，严把质量关。1962年4月初，在施工中两次发现不合格，两次推倒重来，既保证了工程质量，又教育了全班职工。

4月1日，三班职工在一口井上砌保温房。徒工小曹忙中出错，拿了一根坏了的水平尺。待砌到9层砖时，班长郑发荣过来检查质量，发现墙已歪斜，严肃地说："工程质量，一点也不能含糊，推倒重来吧！"小曹换了根好水平尺，把已砌的墙推倒重新再砌，完工后经检查，质量达到优良。

4月2日，徒工小王没记清班长的技术要求，砌窗户时把窗孔上的"平旋"做高了10厘米。班长郑发荣发现后让小王立即"推倒重来"。小王虚心接受教训，做出了合乎质量标准的窗户和"平旋"。

接连两天出现返工，郑发荣很受触动。4月2日晚，三班专门开会讨论质量问题。郑发荣说："这两次返工我都有责任，感到痛心。我们要尽力避免返工，因为那样会给油田造成浪费。但发现不合格不立即纠正，就会给油田造成更大的损失。所以遇到不合格，就坚决推倒重来，这点决不能含糊。"讨论中大家都表了决心，还根据两次返工的教训和以往的经验定出了保证工程质量的一整套措施。

寻"虫"

会战初期，负责介形虫研究的叶得泉在一次鉴定化石时，不慎将一粒比芝麻还小的化石掉在地上。当时实验室条件很差，满地是泥土，要找到这粒化石真难。但他知道，少一粒化石就少一份判断地层的依据。为了对油田负责，叶得泉拿起放大镜，在十几平方米的泥地上一寸一寸地寻找。眼睛累疼了，他揉一揉；腿蹲麻了，他活动一下，硬是找了两个多小时，终于把这只古世纪的小“虫”捉到了。

古生物对地质环境反应灵敏，有些化石是某种特定环境的产物，素有“指向化石”之称。叶得泉把自己的全部心血都花在油田古生物研究上，他带领几名青年，不分白天黑夜地干。他们每打一口取心井，都要取样鉴定，每采一个样，都要仔细寻找介形虫化石。会战第一年，就分析了3000多块样品，超过一般工作量的一倍多。由于严谨认真、高度负责，他们很快掌握了介形虫化石在盆地内的分布层位及规律，为大庆长垣地层分层提供了重要的依据。

砖刻数据

盛夏的一天，采油工艺研究所的几名科技人员到井场搞水层注水的“加大注水量”试验。大家正聚精会神地工作，突然天气发生变化，下起大雨来。

雨下得很大。在露天地里搞试验，没有伞也没有雨衣，资料可怎么记？负责记录的钟明友更急。他想，同油层做斗争，完全靠掌握齐全准确的第一性资料，如果今天资料记不全，就会给下一步研究工作造成损失。正在他们急得团团转时，钟明友抬头看见井场边上有几块红砖，心头一亮：红砖可以刻画刻字，当然也可以刻数字，何不把数据记到红砖上？他跑过去把那几块砖搬来，用一根铁钉把实验数据一个一个刻在红砖上。他为自己的“新发现”而高兴，快速而又认真地刻着，字迹清晰而又工整。

雨哗哗地下着，试验一点儿也没受影响，一直顺利地进行到结束。钟明友整整刻了4块红砖。收工时，他用一块塑料布把红砖包好，小心地装在工具袋里，背回实验室。晚上，钟明友把红砖上的数据一个一个依次抄在记录纸上。

一公分见精神

1963年6月14日凌晨，射孔中队值夜班的共青团员、助理技术员金世英接到大队转来的一份射孔测井图。经过认真查对，他发现上面标的井口四通高度是43公分，比惯常高度少了1公分。这时他想："射孔虽然允许有一定的误差，但那是在地下真正无法防止的情况下才允许的。而这1公分可能的误差是在地面上，不能马虎，一定要搞清楚。"

金世英立即到大队调度室去查对井号和射孔时间。这才得知作业队已经上井，这口井当天就要射孔。他心里更着急，赶紧又跑到地质室叫醒地质员，翻出射孔设计书和汇报记录本，查出测这口井的是测井七队。但这个队了解情况的人也到井场去了。

跑完这几个单位，已是早晨8点钟了。一天一夜没合眼的金世英饿得肚子咕咕叫。怎么办？他想，一定要负责到底，不能让差错从自己手里溜过。他立刻带上图纸和卷尺，徒步赶到井场。这时射孔工作已经就绪。他说明了情况，立即在其他同志帮助下，对井口四通进行实地测量。实测结果是44公分。

就这样，金世英先后跑了6个单位，询问了9个人，往返奔波了40多千米，连续工作了30多个小时，终于消灭了这1公分的差错。

难忘"四·一九"

会战初期，人们受"大跃进"的影响，工作重速度、轻质量。会战领导多次批评和提醒，但施工中不注意质量的问题还是时有发生。1961年1月到3月，共钻井23口，其中，有4口误射孔，5口固井质量不合格，4口井底冲洗不干净，5口油层浸泡时间过长。当时，王进喜率领的1205标杆钻井队，也打了一口斜度超过三度半的井。作为总指挥的康世恩，再也不能沉默了，他横下一条心，非把干部职工“马虎凑合不在乎”的坏作风整顿过来不可。

4月19日，会战工委根据钻井前线普遍出现的质量问题，在群英村油建礼堂召开了上千人参加的反事故大会。会上，康世恩对钻井质量提出了严肃批评，并点着发生质量问题的那些单位领导的名字，说他们是：“抬着棺材进坟墓。”康世恩同时指出：“地面工程的绝大多数是隐藏在地下，使用的年限长达二三十年甚至更久，还要经受高压、高温和酸碱腐蚀的考验。因此，全体职工一定要牢固树立严字当头，好字第一，为油田负责一辈子的思想。要有一股干一件事就要干好，干不好就要推倒重来的作风。这一点从今天做起，首先决定将这一口井斜超过三度半的油井报废，重新在旁边打一口高质量的新井。”接着，康世恩一连向钻井指挥部领导鞠了三个躬，希望他们把队伍带到以质量为中心的管理轨道上来。这三个躬，鞠得钻井指挥部领导满头冒汗，恨不得找个地缝儿钻进去。

这时，已担任了大队长的王进喜从工地赶到会场。刚到礼堂门口，有个工人就对他说：“赶紧趴下、趴下！”“趴下干什么？”王进喜不解地问。“领导正在批评我们呢！”那个工人说。王进喜一听，心里十分难过，他说：“你这个同志说的，我戴红花的时候，你让我抢着往前头走，批评了，就叫我悄悄地趴下当狗熊？我不能当这个狗熊！”说完就直接走上主席台，坐在钻井指挥部领导身边陪着挨批。

在京主持工作的余秋里获悉后，严肃地指出：“这口井斜度超过三度半，如果在1958年，还可以算是好井。可现在不行，井斜超过设计标准，原油采收率和油井寿命都可能受影响。克拉玛依和玉门就是吃了这个亏。填！这口井一定要填起来！”

填井，这对于全国石油战线红旗单位的1205钻井队，是多么大的耻辱。为了使全队牢记这一惨痛的教训，王进喜回到井队，亲自带领全队职工把这口不合格的井填起来。有的同志说：“填了这口井，就给标杆队的队史写下了耻辱的一页。”王进喜用严峻的目光扫视大家，沉重地说：“没有这一页，队史就是假的。这一页不但要记录在队史上，还要刻在每个人的心里！让后人都知道，我们填掉的不单是一口废井，而是填掉了低水平、老毛病和坏作风。”“同志们，填井！”全队职工个个噙着泪水，跟着老队长背着水泥，一袋一袋地往井里填，直到把井填满。

从此，不仅钻井指挥部，而且油田所有工种都树立起了“好字当头，质量第一”的思想，为革命干保险活，为油田质量负责一辈子的事迹层出不穷。

父女井场相会

1965年麦收之后，采油女工王淑芳突然接到电话，说她的父亲今天要从老家来看她，王淑芳甭提多高兴了。她从1962年9月离开家乡到大庆学习和工作，已经整整3年没和家人见面了。但不凑巧，她今天正好值白天班，只好叫爸爸到中区6–17井来找她。

老父亲找到中区6–17井，一进值班房的门就喊了声：“淑芳！”听见爸爸叫，王淑芳多么想一跃而起，甜甜地喊一声“爸爸”。可是，不能！她正坐在绞车旁清蜡。岗位责任制中有规定，清蜡时必须集中精力，不许同别人说话。王淑芳深深懂得遵守制度的重要性。她像没听见一样，仍全神贯注地盯着钢丝一圈圈往滚筒上盘，严密注视着窗外，防止顶刮蜡片事故的发生。当听到爸爸喊第二声时，她把自己坐的小凳让出来。徒弟小王把小凳挪到桌子边，让老人坐下。

王淑芳管着两口井，一个班次每口井要清两次蜡，每隔两小时巡回检查一次。上了班师徒俩忙得一刻也不停。这不，清完中区6–17井的蜡，又得赶紧去清中区6–16井的。因此，她不敢稍有怠慢，向父亲交代几句就赶到中区6–16井。她想，爸爸是老林业工人，女儿遵守制度，他能够理解，等回来再好好解释一下。可是等她回到6–17井时，已经人去屋空，只剩下爸爸坐过的那个小板凳还在桌边。这时王淑芳眼睛潮湿了，心里有些酸。爸爸都54岁了，第一次来大庆，就……徒弟说："去找找大伯吧！"王淑芳说："不行，上班时间人不能脱岗！"她狠着心不去想这些，继续做井上的工作。

日头偏西，下午4点班的同志来接班了。交接完毕，王淑芳马上去找爸爸。当她跑出值班房时，迎面看见爸爸正站在那里。她喊了一声"爸爸"，一头扑进父亲的怀里。爸爸推开女儿，表情严肃地说："你不是不认爸爸了吗？还叫什么？"王淑芳忙解释说："我们制度规定清蜡时间不准说话，清蜡时间不管谁来都不能说话。"这时徒弟也从旁帮着说："6–17井是参观井。就是大首长来了也是这样！刚才你来时，师傅她正在……"

"甭解释了，我在别的井打听明白了。你们大庆的'三老四严'可真严啊！"爸爸的脸再也绷不住了，笑着说，"给，这是爸爸给你买的奖品。"说完从背后拿出两样东西来。王淑芳一看是鲜桃和甘蔗，高兴地笑着说："爸爸你可真好！"说完同徒弟一起，一边一个搀扶着老人向队部走去。

深山集材

1961年10月，为满足生产建设和生活建设的需要，大庆会战指挥部组织了一支由勘探、运输、供应等11个单位共800多人组成的集材队伍，开进深山老林拉运困山材。勘探指挥部接到指示后，立即组织了一支青年突击先遣队，于10月25日启程，直奔林区。火车到伊春站已是晚上9点多钟，离伐区还有40多千米，要等到第二天早晨才有通往那里的火车。由于附近客栈到处满员，大家只好冒着寒风，上盖天、下铺地，在车站广场上睡了起来。几个人或十多个人围成一堆，背靠着背，相互取暖。有的冻得不行了，就站起来不住地跺脚。凌晨3点钟，大家坐上通往林区的火车，前往深山老林。

天刚破晓，火车到达了目的地，大家在贮木场食堂匆匆吃过早饭就钻进老林开始战斗。“嗨哟！嗨哟！”的号子声和“咕隆！咕隆！”的木材堆积声交汇在一处，在山林间四处回响。工地上你追我赶，谁也不甘落后。晚上收工时，林业局的老验收员前来验收丈量。他意外地发现，平均每人日集4.2立方米，大大地超过了林业局规定的日集2立方米的指标。他把老花镜往额上推了一推，激动地说：“了不得，了不得，早听说大庆职工干劲大、觉悟高，今日一见真是名不虚传。”当晚，集材的同志就向勘探指挥部党委发出报捷电报，说他们已胜利地打响了第一枪。

接着，进入深山的是运输指挥部三中队的先导人员。他们负责探路和安排宿营地点。他们在一个叫“杨老七”的地方，找到了五间房子。这房子是1958年“大跃进”时盖的，多年无人居住，掉泥断墙，杂草丛生。中队的先导人员到达这里，放下行李就收拾起来，上顶的上顶，抹墙的抹墙，除草修路，没过两天，房子周围就变了模样。当时，最重要的问题是解决吃水困难。这里原有一口井，因多年没有用，水臭不能吃。指导员喻新盛带人跑了五个山头，淘了一口枯井，打了五个冰窖，终于找到水源。大家高兴极了，就在“杨老七”住了下来。

运输指挥部接到先导人员已选好宿营地点的电报，立即命令大队人马开着30辆崭新的解放牌汽车，向深山老林进军。30辆汽车排成一线，拉着生产生活用品，浩浩荡荡地前进。运输车辆到来后，集材临时党总支组织开展了以运输为中心的一条龙生产劳动竞赛。头两天，就出现了集材人均6立方米，装车25分钟，卸车5分钟的好成绩。车辆出勤率、安全率、完好率都是百分之百。12月11日，1077、1118号车日拉运达到10车次；12日，1079号车又创日拉运11次的新纪录。在那段时间里，汽车司机为不影响出车时间，早晨4点钟就起床烤车，做好一切准备工作。收集、搬运、装卸的职工，无论天气有多么严寒，都是露天工作，早起晚睡，没有节假日，就是元旦和春节，大家也是在深山老林度过的。

这次集材工作，一直延续了半年多的时间，到1962年的5月才全部结束。共集困山材2.8万立方米，为当年全面开展矿区建设，准备好了急需的木材。

万里测温

1961年12月7日下午，下过一场大雪，又刮起了北风，天气格外寒冷。蔡升和张孔法偏偏选择这样的天气出门，因为他们肩负着一项重任——随车测温。他们带上风速仪和十几个温度计，每人背上25个苞米面饼子，冒着雪后的严寒走向东油库。

到了东油库，他们才知这趟车又改在西油库装油。两个油库相距10余千米，为了赶上装油，他们不等汽车，摸黑步行两个多小时赶到西油库，正好测到了最冷的深夜装油的第一个数据。

上车以后，两个人住在没有座席、没有暖气的守车上。饿了啃口苞米面饼子，渴了喝几口凉水，开始了艰苦的测温工作。

一路上，油槽列车呼啸着向前飞驰，狂风卷着雪花向列车猛扑。每隔1小时，蔡升和张孔法两人便轮流着在守车上探出身去，尽力把风速仪和温度计伸向外面点测一次风速和气温。每到列车停车，他们又拿起温度计爬到油罐车顶上，打开罐盖把温度计插到里面测油温。车顶上毫无遮挡，风雪很猛，每测一次都冻得浑身麻木。但他们从不马虎，每次都坚持二三十分钟，把数据测准。运油列车的开停时间没法掌握，一旦停车他们就抓紧时间往车顶爬，像打仗一样，每测一次都是一场战斗。

用一个温度计测温，只能测表面温度。他们在路上搞了一项“革新”，在一根长3米的木棍上缠上10根铜电阻温度计，一次就可以测油罐车内上下10个点，连中部、底部的油温也测出来了。“革新”了的仪器有三四十斤重，拿上拿下不方便，测温也更麻烦。但他们不怕麻烦，克服困难，坚持每停车一次就测一次油温。一天深夜，测温计上的电线断了7根。为不耽误测温，蔡升就抓紧时间抢修。守车摇得厉害，接不上线，他就等停车时间修理；守车上没有灯，蜡烛用完了，就打着手电照明修；手电没电了，蔡升就爬到隔离车上借着雪地的反光来接线。刚把线接好，火车就开动了，蔡升抓紧时间把胶布缠好，跳下隔离车，又不顾危险一个箭步冲上了守车。

就这样，蔡升和张孔法从1961年12月7日到1962年3月12日，随着飞驰的油槽列车，从大庆到大连往返5次，行程1万多千米，测得油温、风速等数据2800多个，掌握了运输中油温的变化规律，获得了原油加温设计的第一手资料。

五毫米看作风

1964年2月28日，油建指挥部的领导，各大队、中队的干部以及机关干部、工程技术人员和工人代表共604人，在总机厂的建筑工地上召开了一次现场会。

会场中央放着10根10米长的钢筋混凝土大梁。这些大梁表面平整光滑，根根粗细一样，即使最能挑剔的人也难以找出什么毛病来。然而，油建指挥部指挥却代表领导首先在会上检讨，说由于他们脑子里缺乏高标准，工作不深入，检验不严格，这些大梁的少数地方比规定的质量标准宽了5毫米。

党委书记说，好作风必须从开始培养。只有抓住“微不足道”的小问题，才能防微杜渐，避免发生大问题。领导带头检查，大家坐不住了。负责施工的二大队六中队的职工接着检查了他们的作风不严不细，没有做到人人出手过得硬，道道工序质量全优。工程技术人员检查了他们没有严肃认真地执行验收标准，质量关把得不严。

检查之后，指挥部领导抄起榔头、扁铲等工具，冒着寒冷，光着手，把大梁上宽出的5毫米铲掉、磨光。大家都说：“这铲掉的哪里是5毫米混凝土，铲除的是马马虎虎的低标准思想和凑凑合合的坏作风。”

二十勇士

1962年9月，一条4.8千米的大型输水管线——萨龙管线已经预制完成。管工等着对管，焊工等着焊接，绝缘工等着防腐绝缘，工期越来越紧。但还有一道工序没完，那就是清管还没进行。

管内杂物、垃圾没清净，那将留下无穷的后患。但萨龙管线是大型输水管线，用的是直径比人身高粗不了多少的螺纹管，每根44米长，过去的清管器用不了，得另想办法。

几天来，工程指挥部二大队五中队管工小队的工人们绞尽脑汁想办法，争取尽快完成任务。他们自做了一个大号清管器，但不行，放进去没拉几米就被螺纹内壁的毛刺卡住了；他们又制了一个大拖把，但里面的东西还是清不出来。几种办法都不成功，大家急得团团转。

9月4日上午，大家又来到工地想办法。突然，小组长杨永胜想起管工张和平曾经钻进一根大口径管线里去捉兔子，干脆钻进去清扫吧。他一提出，大家都说这个办法行。说干就干，组长杨永胜第一个站出来。他手拿一个半圆形铁推板，就往管子里钻。但他的身体太粗壮了，上半身刚进去就被卡住了，进不去也出不来，被在场的工友拉了出来。这时站在一旁的身材瘦小的许协光立即说："我个头小，让我来钻！"

当时正值中午，许协光钻进去感到又闷又热。44米长的一根管子，连那头的光线都看不到。许协光手拿清扫推板，伸直胳膊往前推，推一点，往前蠕动一步，灰尘、铁锈呛得他喘不过气来。这种大口径管线对人来说还是太细、太窄，许协光必须伸直四肢，保持着一种姿势往前蠕动。面前的垃圾越堆越高，每前进一步都很难，但他坚持着、奋斗着，终于看到了前面的亮光。清完一根管，整整用了20分钟。当工友们把他拉出来时，许协光满脸灰尘和铁锈，身上沾满了泥污，肩头、肘部、臀部、膝盖全被毛刺刮破了，渗出了点点血渍，但他根本没把这些放在眼里。

杨永胜小组钻管线清扫成功了！消息在工地传开，其他小组立即纷纷效仿。从9月4日到9日，6天时间共有20名工人钻进管子里去清扫。他们钻了4.18千米的管道，彻底清除了杂物、积水、垃圾，人们称赞他们是"二十勇士"。

为下道工序负责

汽车修理厂二级搪瓦工亢新凤搪出来的连杆瓦，下道工序不动刮刀就可以组装。大家都夸她"产品质量过得硬"。问她有什么秘诀，她说："要产品质量过硬，首先得思想过硬。必须树立起为产品质量负责，为下道工序负责的观念。"

过去车间领导要求她保证搪瓦质量，做到下道工序不动刮刀就能组装，为提高全车间的劳动效率创造条件。可小亢认为一根头发还有7丝呢，搪那么大一个瓦要一丝不差，很难办到。差那么几丝，下道工序用刮刀找一找也没啥。由于思想上没有高标准，所以领导提出的要求总是达不到。有时质检员卡得紧点，她的产品质量就好点，但也巩固不住。

在向"自觉从严、好字当头"的油建十一中队学习中，亢新凤对照先进找差距，认识到由于自己有"低标准、过得去"思想，经常把次品滑过去，不仅给下道工序增加了压力，也影响了全车间的工作。从此，她下定决心提高搪瓦质量，宁要一个"过得硬"，也不要九十九个"过得去"，绝不给下道工序找麻烦。她在工作中非常精细，反复核对图纸尺寸，没有把握不开机器，保不住质量不吃刀。加工完的活，再反复检查，直到自己满意才交给质检员。从那以后，她搪的瓦下道工序再也不用刮刀刮了。

亢新凤搪瓦质量有保证，为全车间顺利完成车辆检装任务创造了条件。过去3人1天才组装3辆车的连杆总成，现在1人1天就可以组装4辆车的连杆总成，而且质量全优。

第九节　大庆会战时期"五面红旗"

"五面红旗"喻指大庆石油会战初期涌现的先进榜样王进喜、马德仁、段兴枝、薛国邦、朱洪昌。1960年7月，大庆石油会战初期党的临时办事机构——石油工业部机关党委在《关于开展学习“王、马、段、薛、朱”运动的决定》中，称赞他们是全战区的“五面红旗”，是全体职工学习的榜样。当时工人们曾写诗道：“一面红旗红一点，五面红旗红一片，百面红旗迎风飘，红遍松辽大油田。”“英雄铁人打头阵，马段薛朱紧相跟，比学赶帮争上游，铁人头上出钢人。”后来亦称王、马、段、薛、朱为大庆石油会战初期的“五大标兵”。

马德仁，1925年生。他带领来自新疆克拉玛依油田的1202钻井队，参加大庆会战，发扬解放军敢于攻坚啃硬和善做思想政治工作的光荣传统，研究出了一套双吊卡接单根的技术和不同地层用不同钻头的措施，提高了钻井速度，创造了1个月“五开五完”的新纪录，成为会战中与铁人王进喜领导的1205钻井队并肩齐驱的标杆队。他所领导的1202钻井队先后被授予“卫星钻井队”“钢铁钻井队”“永不卷刃的尖刀”等称号。

段兴枝，1930年生。1960年，他带领来自川中油田的1206钻井队，参加大庆会战，将苦干与巧干相结合，创造了“钻机自走”，解决了钻机搬家中时间过长的问题，争取到宝贵的钻井时间，几次夺得钻井速度和质量的冠军。他率领的钻井队被授予“钢铁钻井队”光荣称号。

薛国邦，1927年生，大庆油田第一个采油队的队长。1960年到大庆参加石油会战。他带领来自玉门油田的20多名采油工，荒原安家，自制木绞车，管理方圆100多平方千米范围内的油井。为保证“六一”首车原油外运，他手拖滚烫的蒸气管，跳进原油池融化凝结的油块。烫得满手大泡，也不下火线，直到任务完成。

朱洪昌，1933年生。1959年由甘肃到大庆参加石油会战。他为抢建输水管线，保证会战前线及时用水，忍着焊花焊口炽热灼伤手指的疼痛，让焊工在他的手指间带压点焊。盖在他手上的铝质饭盒被刺成蜂窝麻面，每一颗火花落到他手上都是一个血泡，他还是坚持把焊口补好。人们常称赞他是钢铁施工队长，永不褪色的红旗。

第十节　铁人精神代代传

前行不忘来时路，初心不改再出发。石油精神、大庆精神、铁人精神是宝贵财富，需要一代代石油石化人传承发展，让大庆光荣传统薪火相传，让大庆红旗更加鲜艳。新时代的石油石化人，以大庆新铁人——李新民，最美奋斗者、海上铁人——郝振山，最美奋斗者、中国炼油催化应用科学的奠基人——闵恩泽，“时代楷模”——陈俊武为榜样，正在奋力建设海外大庆、海上大庆、西部大庆，传承爱国、为党、利民家国情怀，为保障国家能源安全作出新的贡献。

大庆新铁人——李新民

被誉为大庆新铁人的李新民，1967年6月出生于黑龙江省泰来县，1990年从大庆石油学校钻井专业毕业参加工作，他立誓做铁人传人，成长为“新时期产业工人实现产业梦的优秀代表”。现为中国石油天然气集团有限公司大庆油田有限责任公司中东分公司经理、党总支副书记兼DQ1205队队长。

李新民29年专注钻井事业，在大庆精神、铁人精神的激励下，时刻牢记“我为祖国献石油”的光荣使命，立足岗位学铁人，胸怀全局做贡献，当钻工是岗位能手，当技术员是技术骨干，立誓“宁肯历尽千难万险，也要为祖国献石油”，带领1205钻井队在全国率先突破钻井进尺200万米，实现了1205钻井队由单一井型向多种井型、速度型向效益型、国内作业向海外作业的三大跨越。为保障国家石油战略安全，他和队友挺进海外，在苏丹先后共完成37口水平井，口口全优，创出23项钻井新纪录，两次获得苏丹颁发给服务方的最高荣誉——PDOC钻井杯。被中国石油党组授予“大庆新铁人”称号，被中宣部定为全国重大典型——“新时期产业工人实现中国梦的优秀代表”。先后荣获全国劳动模范、学习型职工标兵、创先争优“优秀共产党员”等多项殊荣。

做铁人传人，思想领先、永争一流。刚到1205钻井队，李新民就下定决心：“来到铁人队，就要长出铁骨头！”不管是当钻工、技术员，还是担任副队长，他都始终立足岗位、创先争优。担任党支部书记、队长后，他更是告诫自己，一定要保持争第一、站排头的优良传统，井打到哪里“荣誉室就搬到哪里，思想教育就抓在哪里，党员作用就发挥在哪里”。他始终秉承铁人王进喜老队长“喊破嗓子，不如干出样子”的教诲，坚持做到“三带头四不离”，艰巨任务带头挑、艰苦工作带头干、艰险时刻带头上；没特殊情况不离井队、节假日不离井场、复杂工序不离现场、关键环节不离岗位。一次施工中，钻机的油壬突然刺漏，就像人的动脉划了口子，控制不住就会造成严重事故。他带领大家迅速爬上井架，刚砸开水龙带，泥浆一下子喷得满身都是。当时气温零下20多摄氏度，大锤结满了冰，戴手套抓不住，他就干脆赤手抡大锤，砸了半个多小时才修好，事故处理完成后，他的双手被粘掉一层皮，身上都结了冰。在他的带领下，1205钻井队向深度进军、向海外拓展，总进尺突破250万米，相当于钻透了283座珠穆朗玛峰，成为当时全国打井最多、创纪录最多的钻井队。

做铁人传人，工作争先、创业报国。“把井打到国外去”，是铁人王进喜老队长的夙愿。保障国家石油战略安全，是大庆石油人的使命。为了适应新形势，李新民带领队友学习前沿钻井技术、涉外商务知识，全队有7人一次性通过英语托福考试，顺利取得国际钻井资格认证。海外打井的第一站，就是饱经战乱的苏丹。发电机在海运中被严重腐蚀，甲方认为开钻期限内不可能修好，要求钻井队撤离。他一夜没合眼，心中一直有一个坚定的信念，绝不能砸铁人队的牌子、丢中国人的脸，要像老队长那样，有条件要上，没有条件创造条件也要上。为了顺利开钻，他开着皮卡车，冒着被流弹袭击的危险，3天跑了上千千米，终于找来一台待修的发电机，改装调试后如期开钻，只用17天就拿下了第一口井。苏丹推广水平井，可由于地层复杂，几家国际一流的钻井公司都没打成，得知情况后，他带着详实的竞标资料几次去“请战”。为确保顺利开钻，他与技术人员认真梳理施工要领，制定多项预案，24小时“蹲”在井上，盯着每一米进尺，把住每一个环节。最终，井打得非常成功，产量是其他井的两三倍，成为中国石油海外市场“功勋井”。加拿大籍监督连声称赞：“Manager Li，No.1 ！”后来，中国石油在伊拉克战后石油钻井招标中中了第一标，凭着过硬的技术实力和苦干实干的品质，很快在伊拉克打开了局面。

做铁人传人，奉献率先、不懈奋斗。当年，铁人老队长常说，“宁肯少活二十年，拼命也要拿下大油田。”李新民在工作中时刻要求自己，“宁肯历尽千难万险，也要为祖国献石油”。苏丹号称“世界火炉”，一年中有大半年地表温度达到六七十摄氏度，从早到晚都像在“蒸桑拿”。一天喝20多瓶水，都不用上厕所，全通过汗水蒸发了。在伊拉克打井，上下班得戴钢盔、穿防弹背心。即使这样，危险还是存在。有一次，3名队友去井场，一枚火箭弹穿车而过，差点车毁人亡。为防止劫匪袭击，甲方要求营房窗户都用钢板焊死，他却坚持在自己的窗户上留了观察口。一天夜里，听到外面有动静，他发现十几个持枪的武装分子直奔营房而来，便赶紧组织大家避险，整整躲了一天一夜。面对危险，他与同事们没有退却，团结一心，义无反顾地坚守着岗位。而这些事，他从来不对家人说。后来，李新民的妻子还是知道了，听他描述着危险的场景，担忧与恐惧使妻子不由得两腿打战，半天也站不起来。只要他回国，妻子总是变着法做他喜欢吃的东西，他也抢着帮她干家务；儿子总和他黏在一起，他也总是看着儿子睡了才休息；他更是珍惜与老母亲在一起的每分每秒，总是挤时间陪她唠唠嗑。母亲对他说："自打你出国，我的心老是揪着，总睡不着！"听了这话，他也特别难受，母亲快八十了，吃也吃不了多少，穿也穿不了啥，就想和儿子多待在一起。可是他知道，作为共产党员，作为石油工人，国家需要石油，再难再险也要上！

李新民先后当选第十一届全国人大、党的十八大、十九大代表，2018年3月当选十三届全国政协委员。被中国石油党组授予"大庆新铁人"称号，成为大庆油田第三代铁人。2013年7月，李新民被中宣部树为全国重大典型——"新时期产业工人实现中国梦的优秀代表"，在北京人民大会堂及全国多地举行了先进事迹报告会。

"大庆新铁人"在伊拉克沙漠再造海外大庆油田，仅仅是大庆油田"走出去"的一个缩影。

大庆油田把"走出去"作为重要的经济增长极和未来发展的生命线，进一步提升增收创效能力，不断开拓海外市场。2018年上半年，海外市场收入52.55亿元，同比增长43.3%。其中，获得海外权益产量298.54万吨，同比增长19.55%。在国际化经营过程中，构建起做大中东、深耕非洲、发展中亚、拓展亚太、介入美洲的市场格局。自1998年进入国际市场以来，大庆油田的海外业务项目已经覆盖26个国家和地区，正在向国际资源创新型企业跨越。

如今，大庆油田把海外业务发展提到前所未有的高度，发扬大庆精神、铁人精神，牢牢抓住战略机遇期和发展黄金期，充分发挥产业链优势，以特色技术为引领，创新服务模式，强化营销推介，着力在拓展海外市场领域、层次、效益上下功夫，力争在海外市场实现新的更大突破，早日形成油田本土业务和海外业务各占半壁江山的发展格局。

大庆油田国际市场空间稳步拓展，其中，在伊拉克东巴格达新签钻井一体化服务、老井及管线EPCC施工等系列合同，在沙特市场分别与贝克休斯公司、哈里伯顿公司签订钻井合同，在鲁迈拉市场新签19批次钻井大包服务合同。

截至2019年上半年，大庆油田海外业务项目已经覆盖26个国家和地区，拥有3900名员工，其中外方人员所占比例超过60%，正在向国际资源创新型企业跨越。

最美奋斗者、全国劳模、海上铁人——郝振山

1969年出生在山东东营的郝振山，为中国海洋石油集团有限公司中海油田服务股份有限公司钻井事业部深圳作业公司经理。他坚守“我为祖国献石油”初心，30年扎根海上一线。从不甘人后，凭借真功夫成为中国半潜式钻井平台上顶替外方司钻的第一个中国人；到勇于管理创新，打造海上钻井铁军，在海外擦亮中国名片；他矢志不渝，长期奋战在一线，为推动中国海洋石油工业发展作出了积极贡献。2010年中国建成海上“大庆油田”，他当选全国劳动模范，“海上铁人”的称号广为传扬；2011年被中宣部树为全国15位重大宣传典型之一；2017年作为少数来自生产一线的工人代表列席党的十九大；2018年当

选第十三届全国政协委员。

郝振山，作为中国海洋石油工业一线工人的杰出代表，矢志不渝，坚守“我为祖国献石油”的初心，30年扎根海上一线。他的成长经历折射了中国海洋石油事业从对外合作到自主开发的艰难历程，展现了中国海洋石油人在新中国改革开放的浪潮中，“从跟着外国人干，到掌握技术自己干，再到‘走出去’带领外国人干”的华丽转身。他既传承了传统石油精神，又展现了新时期海洋石油人自强不息、勇于超越的时代风貌，“海上铁人”的称号在社会各界引起广泛反响。

不甘人后、奋发图强，勇夺“刹把”第一人。海洋石油是高科技、高投入、高风险行业。改革开放之初，中国无论技术装备还是资金人才，都与西方发达国家存在巨大差距。在这样的背景下，郝振山于1989年参加工作，进入中国海油南海6号钻井平台。南海6号是当时国家引进的最先进的半潜式钻井平台，它设备多，技术高，操作难度大，关键岗位都是花重金请外国人操作，中方员工只能打下手，特别是海上钻井平台的“权杖”——刹把，这一核心技术岗位始终被外国人牢牢攥在手里。郝振山的第一份工作是甲板工，他不怕苦、不怕累，但他受不了外国人的傲慢眼神。一次他干完活跑到司钻室外面看外方司钻莫里斯如何操控刹把，莫里斯发现后大手向外一摆：“快走开！你看得懂吗？”这让郝振山的自尊心被深深刺痛，他暗自发誓：“你手中的刹把早晚是我的！”于是，凭着不甘人后、奋发图强的一股韧劲儿，郝振山在12小时本职工作之余，瞄准关键技术刻苦钻研，挖空心思“偷师学艺”。他着了魔似的一次次观察、记录、总结、验证，琢磨设备功能和技术要领，很快就掌握了1600多个专业英文单词，并逐步熟悉了大大小小300多台设备，掌握了海上钻井的关键技术。他用5年时间，凭着一手真功夫从外国人手中“夺”过了刹把，成为中国半潜式钻井平台上顶替外方司钻的第一个中国人。

善于管理，勇于创新，锤炼海上钻井“铁军”。2005年，郝振山到另一座半潜式钻井平台南海2号担任平台经理。这是一座运行了30多年的老平台，当时在公司的综合考核中总是位列中下游。他暗下决心，一定要摆脱落后状况，把南海2号打造成一支“来之能战、战之能胜”的钻井“铁军”。他从打造精神动力入手，实施“员工积极性刺激计划”，班组之间对阵打擂台；总结提炼“一个目标、双岗培训、三个基础”的人才培养模式和作业“每日一课”等新颖实用的学习方法；组织成立“军旅雄鹰班”，打造班组攻坚克难的过硬作风和战斗力；他甚至将自己参评中国海油劳动模范的机会留给平台参加先进集体的评选。他说：集体有了荣誉，每个人工作起来才会更有动力！在精心锤炼下，南海2号逐渐成长为一支特别能吃苦、特别守纪律、特别能战斗的海上钻井队伍。在郝振山担任平台经理的5年里，南海二号获得工人先锋号、青年文明号、央企红旗班组标杆等各种荣誉40余项；为我国多个海上钻井平台输送了120多名高岗位人才，被誉为中国海油培养国际一流钻井人才的“黄埔军校”，“战天斗地，与海共舞”成为这支铁军的精神写照。

走出国门，敢于亮剑，在海外擦亮中国名片。2005年，郝振山率领南海2号出征缅甸，这是中国半潜式钻井平台首次在国外亮相。外方作业者给南海2号执行的是一加一再加一的合同，第一口井干得好，才有第二口、第三口井，潜台词就是试试看再说。孟加拉湾气温常年在35摄氏度以上，工作条件十分艰苦。南海2号开钻后又遇到了地层松软，高温气井风险大等困难。甲方请来了加拿大人比尔当作业总监督。一次，比尔将作业方案交给郝振山执行，但郝振山发现作业程序存在严重问题，于是找到比尔商量调整，但比尔坚决反对；井钻到一半，果然出现了问题，比尔慌了神。郝振山把早已写好的应对方案送到比尔手上，实施后，作业恢复正常。比尔心服口服地竖起了大拇指："中国人，好样的！"2006年2月，郝振山率领南海2号提前10多天高质量完成钻井计划，打出了缅甸第一口海上高产气井，紧接着打的两口井也获得高产油气流，改写了缅甸油气工业的历史，南海2号因此被缅甸国家历史博物馆展出介绍。当时的缅甸能源部长伦西塔说："南海2号的'2'应该改成'1'，你们就是孟加拉湾的NO.1！"紧接着，郝振山率领南海2号从缅甸转战印尼。2006年，南海2号作业天数高达360天，实现年产值3.6亿元，利润2.3亿元，刷新了中国钻井平台日费率和年收入等多项纪录，同时还为中国海油赢得了第一个海外一体化钻井服务合同。2016年，他指导下辖的南海8号斩获俄罗斯作业合同。南海8号首赴极地，攻坚克难，最终圆满完成北极作业。在叩开俄罗斯市场大门的同时，也使中国跻身全球第四个具备极地钻探能力的国家。

最美奋斗者、中国炼油催化应用科学的奠基人——闵恩泽

1924年2月生于四川成都的闵恩泽，生前系中国石化石油化工科学研究院总工程师、副院长，中国工程院院士，石油化工催化剂专家。他1955年在美国学成后冲破重重阻碍回国，主要从事石油炼制催化剂制造技术领域研究。他是中国炼油催化应用科学的奠基者，石油化工技术自主创新的先行者，绿色化学的开拓者，在国内外石油化工界享有崇高的声誉。为中国石油化工工业培养了大批科技人才，凝聚了产学研相结合的科技创新团队。2016年3月，因病逝世。

天上有一颗小行星，2011年被永久命名为"闵恩泽星"，在浩瀚宇宙闪耀。闵恩泽，是中国科学院院士、中国工程院院士，中国石化石油化工科学研究院原首席总工程师，荣获2005年度国家技术发明奖一

等奖、2007年度国家最高科学技术奖。

“几十年来，我干了三类工作：第一类是满足国防急需和炼厂建设急需；第二类是帮助石化企业摆脱困境、扭亏为盈；第三类是基础性、战略性、长远性的科技研发。”这是闵恩泽院士生前对自己事业的总结。

1946年，闵恩泽在中央大学化工系毕业，1951年，在美国俄亥俄州立大学化学工程系获博士学位。1955年，闵恩泽夫妇放弃国外优厚生活待遇，取道香港回到新中国，以知识报效国家。

新中国成立初期，石油炼制工业基础非常薄弱，面对国外的技术封锁，闵恩泽发明了控制表面张力解决小球催化剂破碎的方法等，并参加催化剂工厂的设计和试运转，保证了国防航空汽油的供应。

20世纪80年代以来，闵恩泽提出了“新催化材料是创造发明新催化剂和新工艺的源泉，新反应工程是发明新工艺的必由之路，新催化材料与新反应工程的集成往往会带来集成创新”的见解。他主持新型分子筛、非晶态合金等新催化材料，磁稳定流化床、悬浮催化蒸馏等新反应工程领域开展导向性基础研究，取得多项重大突破。

1980年4月，闵恩泽加入中国共产党，同年当选中国科学院学部委员（院士）；1993年当选发展中国家科学院院士、1994年当选中国工程院首批院士；1995年获首届“何梁何利基金科学与技术进步奖”。

20世纪末，年近八旬的闵恩泽高瞻远瞩，倡导发展绿色化学与化工。他主持的“环境友好石油化工催化化学和反应工程”项目推动了中国绿色化学研究的广泛开展。进入21世纪，闵恩泽成功开发了“近临界醇解”生物柴油生产新工艺，与中国科学院合作进行了“微藻生物柴油成套技术的开发”。

闵恩泽不仅取得了诸多开创性的重大创新成果，更是科学精神的倡导、实践和传播者。他几十年如一日，密切关注世界石化科技的动态和走向，以自身多年科技人生的真实感受和经验教训撰写专著，激励年轻一代创新奉献的热情。他淡泊名利，拿出500余万元积蓄设立“闵恩泽能源化工奖”及多项奖学金，鼓励、培养年轻人。

“时代楷模”——陈俊武

2019年10月7日中共中央宣传部在北京向全社会宣传发布陈俊武的先进事迹，授予他“时代楷模”称号。

陈俊武是中国科学院院士、中国石化集团有限公司科技委顾问、中石化洛阳工程有限公司技术委员会名誉主任，是中国著名炼油工程技术专家、煤化工技术专家、催化裂化工程技术奠基人。他心有大我、至诚报国，新中国成立之初就投身到党和人民的事业中，与共和国同成长、共奋进，为新中国石化工业不懈奋斗70年。他敢为人先、勇于登攀，推动中国催化裂化技术从无到有、从弱到强，为中国炼油工业进步作出开创性的贡献，进入耄耋之年，仍然奋战在科研一线。他淡泊名利、甘为人梯，为国家培养一大批高水平石化专家，资助多名贫困学生和优秀青年。荣获“全国优秀共产党员”“全国劳动模范”“全国五一劳动奖章”“全国优秀科技工作者”等称号，获得国家科技进步奖一等奖、国家技术发明奖一等奖。

“回忆逝水年华，因有所为而有所成，也因有所未为而有所失。雪泥鸿爪，人生如斯，……有得有失、无怨无悔。”这是陈俊武院士90岁时讲过的话。2019年10月7日，中宣部向社会宣传发布陈俊武的先进事迹，授予他“时代楷模”称号，其科技报国、勇于创新、公而忘私、淡泊名利的品质引发社会强烈反响。

陈俊武是中国催化裂化工程技术奠基人，长期在中石化洛阳工程有限公司工作。在长达70年的职业生涯中，他带领团队创造了石油炼制、煤化工领域的多个中国第一、世界第一，不断推动中国石油炼制、煤化工技术迈向世界先进水平。

埋头工作中的陈俊武院士

有63年党龄的陈俊武说："从加入中国共产党的那一天起，我就做好以身许国、一生献科学的准备了，无怨无悔。"

无论时代风云如何变幻，他始终坚守着热爱祖国、忠诚事业的家国情怀，始终站在国家和人民最需要的地方。

少年胸怀石油梦，投身石油工业扎根一线成骨干。1944年，17岁的陈俊武以优异的成绩考入北京大学工学院应用化学系学习。20世纪40年代末，陈俊武从北京大学化工系毕业。1949年新中国成立前夕，他克服重重困难，带着母亲从台湾返回大陆，投身国家建设。他怀着振兴石油石化工业的梦想，主动要求到生活条件艰苦的抚顺，从事人造石油项目设计与生产。

摸着石头过河，自主设计施工第一朵"金花"。至今，抚顺石油二厂北催化车间门前仍立有一块石碑，书有"中国第一套流化催化裂化装置——1965年5月"字样。这座被称为中国炼油工业"五朵金花"之一的装置凝结了许多石油工作者的辛勤劳动，陈俊武就是这套装置的设计师。历经4年多的艰苦攻关，这个由中国自主开发、自行设计、自行施工安装的第一朵"金花"一次投产成功，带动中国炼油技术一举跨越20年，接近当时世界先进水平。

流化催化裂化是炼油工业的关键技术，具有投资少、操作费用低、原料适应性强等特点，是石油精炼中最重要的转化工艺之一。当时，这类装置在全世界不过几十套，技术被层层封锁。

不负国家和时代重托，助力流化催化裂化技术锦绣满园。1969年底，根据国家需要，陈俊武随石油工业部抚顺设计院搬迁到位于豫西山区的洛阳市宜阳县张坞乡竹园沟，从此立足洛阳。1966—1976年，风雨飘摇，他盯着的依然是世界炼油工业技术迅速发展的形势和中国的严峻现实，关心着怎样研制适合中国国情的低成本高效设备。

为加工更多的大庆原油，在临时搭建的简陋板房中，陈俊武和同事为研制蒸馏—催化裂化联合装置绞尽脑汁。1972年，这套被称为“一顶二”的装置在锦州试运成功。

1978年，全国科学大会在北京隆重召开，陈俊武光荣地出席了这次大会并获得表彰。

同年，陈俊武担任洛阳炼油设计院副院长兼总工程师，由他指导设计的中国第一套快速床流化催化裂化装置在乌鲁木齐炼油厂试运成功，第一套120万吨/年全提升管流化催化裂化装置在浙江镇海炼油厂开车成功。

1982年，按照陈俊武提出的技术方案建设的兰州炼油厂50万吨/年同轴催化裂化装置投产，荣获国家科技进步一等奖和全国优秀设计金奖。同年，他主持承担了包含“大庆常压渣油催化裂化技术开发及产业化应用；采用自主技术建设一套全新催化裂化装置”两大任务的国家“六五”攻关任务。

1985年，具有自主知识产权的渣油催化裂化技术在石家庄炼油厂实现产业化，1987年荣获国家科技进步一等奖。

1989年，既有同轴结构，又有高效再生的100万吨/年催化裂化装置在上海炼油厂建成投产。1994年，该技术获得中国催化裂化工程技术领域的第一个发明专利授权。

正是在陈俊武等几代人一步一个脚印地共同努力下，中国流化催化裂化技术从一片荒芜到锦绣满园。中国已经建成有各种类型流化催化裂化装置上百套，总加工能力超过1.5亿吨，成为仅次于美国的催化裂化世界第二大国。流化催化裂化技术，为中国石油化工工业及国民经济发展做出了巨大贡献。

鲐背之年初心不改，密切关注国家能源可持续发展。1990年，62岁的陈俊武已到了退休之年。也就在这一年，他被授予“全国工程勘察设计大师”称号，一年后当选中国科学院化学部学部委员（院士）。面对中国石油资源不足，原油对外进口依存度逐年递增的现实，陈俊武认为石油替代的研究和开发十分必要且紧迫，这不仅关系民生，也关乎国家能源安全。

他将研究方向转向国家石油替代战略，和中国科学院大连化学物理研究所合作，指导完成了甲醇制烯烃（DMTO）技术工程放大及其工业化推广应用，为中国煤炭资源深度转化利用开辟了全新技术路线。2015年1月，DMTO技术荣获2014年度国家技术发明一等奖。

进入耄耋之年，陈俊武又投入极大的精力，深入关注温室气体排放、气候变化、碳减排和石油替代中氢能的生产、运输、储运技术等多项战略性课题的开发和进展。他依然坚持每天准时到达办公室，处理邮件，查阅国外技术资料，研究课题，风雨无阻，必要时还亲自到施工现场和科研院所进行技术指导。

为进一步学习贯彻习近平新时代中国特色社会主义思想和党的十九大精神，深入开展“弘扬爱国奋斗精神、建功立业新时代”活动，充分动员全系统干部员工，特别是广大科技工作者，追寻陈俊武同志的足迹，学习陈俊武同志的事迹，弘扬陈俊武同志的崇高精神，砥砺家国情怀，坚守责任担当，在本职岗位不断取得新业绩，有力推动中国石化打造世界一流进程，2019年3月，中国石化集团有限公司党组决定在全系统深入开展向陈俊武同志学习活动。

他投身中国石油石化工业七十载，始终怀有浓厚的家国情怀，始终体现着强烈的责任担当，自觉把个人理想融入国家发展伟业，坚守“爱我中华、振兴石化”“为美好生活加油”的初心和使命，矢志创新，勤奋耕耘，为石油石化工业发展作出突出贡献。

附录一

大庆精神大庆人

——1964年4月20日《人民日报》长篇通讯

1964年4月20日，《人民日报》在第一版上发表了新华社记者袁木、范荣康写的《大庆精神大庆人》的长篇通讯，中央人民广播电台也于当天全文广播，这是大庆精神第一次被提出。

从此以后，中央和各地的广播电台、报纸、杂志对大庆开始了全方位的报道，一场轰轰烈烈学习大庆的活动在全国展开，大庆油田成为世人瞩目和向往的地方。

列车在祖国广阔的土地上奔驰着。它掠过一片片田野，越过一条条河流，穿过一座座城市，把我们带到了向往已久的大庆。

大庆，不久前人们对她还很陌生。如今，人们在各种会议上，在促膝谈心时，怀着无比兴奋的心情谈论着她，传颂着她。有机会去过大庆的人，绘声绘色地描述着这个几年前还是一个未开垦的处女地，现在已经建设起一个现代化的石油企业，描述着大庆人那一股天不怕、地不怕的革命精神和英雄气概。没有经受过革命战争洗礼和艰苦岁月考验的年轻人说，到了大庆，更懂得了什么叫作革命。身经百战的将军们，赞誉大庆人“是一支穿着蓝制服的解放军”。在延安度过多年革命生涯的老同志，怀着无限欣喜的心情说，到了大庆，好像又回到了延安，看到了延安革命精神的发扬光大。

我们来到大庆时，这里还是严冬季节。迎面闯进我们眼底的，是高耸入云的钻塔，一座座巨大的储油罐，一列列飞驰而去的运油列车，一排排架空电线，和星罗棋布的油井。这一切，构成了一幅现代化石油企业的壮丽图景。同它相衬的，是一幢幢、一排排矮小的土房子。它们有的是油田领导机关和各级管理部门的办公室，有的是职工宿舍。夜晚，远处近处的采油井上，升起万点灯火，宛如天上的繁星；低矮的职工宿舍里，简朴的俱乐部里，不时传出阵阵欢乐的革命歌声，在沉寂的夜空中回荡。到过延安的同志们，看着眼前的一切，想到大庆人在艰苦的条件下为社会主义建设立下的大功，怎么能不联想起当年闪亮在延水河边的窑洞灯火哩！

但是，对于大庆人来说，最艰苦的，还是创业伊始的年代。

那时候，建设者们在一片茫茫的大地上，哪里去找到一座藏身的房子啊！人们有的支起帐篷，有的架起活动板房，有的在不知道什么时候被丢弃了的牛棚马厩里办公、住宿。有的人什么都找不到，他们劳动了一天，夜晚干脆往野外大地上一躺，几十个人扯起一张篷布盖在身上。

霪雨连绵的季节到了。帐篷里，活动板房里，牛棚马厩里，到处是外面大下，里面小下，外面雨住了，里面还在滴滴答答。一夜之间，有的人床位挪动好几次，也找不到一处不漏雨的地方。有的人索性挤到一堆，合顶一块雨布，坐着睡一宿。第二天一早，积水把人们的鞋子都漂走了。

几场萧飒的秋风过后，带来了遮天盖地的鹅毛大雪。人们赶在冬天的前面，自己动手盖房子。领导干部和普通工人，教授和学徒工，工程技术干部和炊事员，一齐动起手来，挖土的挖土，打夯的打夯。

没有工具的，排起队来用脚踩，在一个多月的时间里，垒起了几十万平方米土房子，度过了第一个严冬。

就在那样艰苦的岁月里，沉睡了千万年的大地上，到处可以听到向地层进军的机器轰鸣声，到处可以听到建设者们昂扬的歌声："石油工人硬骨头，哪里困难哪里走！"夜晚，在宿营地的篝火旁，人们热烈响应油田党委发出的第一号通知，三个一群，五个一伙，孜孜不倦地学习着毛泽东同志的《实践论》和《矛盾论》。他们朗读着，议论着，要用毛泽东思想来组织油田的全部建设工作。没有电灯，没有温暖舒适的住房，甚至连桌椅板凳都没有，但是，人们那股学习的专注精神，却没有受到一丝一毫的影响。

时间只过去了短短四年，如今，这里的面貌已发生根本变化。我们访问了许多最早到来的建设者，每当他们谈起当年艰苦创业的情景，语音里总是带着几分自豪，还带着对以往艰苦生活的无限怀念。他们说，大庆油田的建设工作，是在困难的时候、困难的地方、困难的条件下开始的。如果不是坚信党的奋发图强、自力更生的号召，如果不是在党的总路线和"大跃进"精神的鼓舞下，如果没有一股顶得住任何艰难困苦的革命闯劲，今天的一切都将是空中楼阁。许多人还说，他们过去没有赶上吃草根、啃树皮的二万五千里长征，也没有经受过抗日战争和解放战争的战火考验，今天，到大庆参加油田建设，也为实现六亿五千万人民的远大理想吃一点苦，这是他们的光荣，是他们的幸福！

深深懂得发扬艰苦奋斗、自力更生这个革命传统的伟大意义，心甘情愿地吃大苦，耐大劳，临危不惧，必要时甚至不惜牺牲个人的一切，而能把这些看作是光荣，是幸福！这，不正是大庆人最鲜明的性格特征吗？

有着二十多年工龄的老石油工人王进喜，大庆油田上有名的铁人，就是大庆人这种性格的代表人物。

当年，这里有多少生活上的困难在等待着人们啊！但是，四十来岁的王进喜在一九六〇年三月奉调前往大庆油田时，他一不买穿的用的，二不买吃的喝的，把被褥衣物都交给火车托运，只把一套《毛泽东选集》带在身边。到了大庆，他一不问住哪里，二不问吃什么样的饭，头一句就问在哪里打井。接着，他马上就去查看工地，侦察线路。

钻机运到了，起重设备还没有运到。怎么办？他同工人们一起，人拉肩扛，把六十多吨重的全套钻井设备，一件件从火车上卸下来。他们的手上、肩上，磨起了血泡，没有人叫过一声苦。开钻了，一台钻机每天最少要用四五十吨水，当时的自来水管线还没有安装好。等吗？不。王进喜又带领全体职工，到一里多路以外的小湖里取水，保证钻进，这样艰苦地打下了第一口井。

无语的大地，复杂的地层，对于石油钻井工人来说，有时就好像难于驯服的怪物。王进喜领导的井队在打第二口井的时候，出现了一次井喷事故的迹象。如果发生井喷，就有可能把几米高的井架通通吞进地层。当时，王进喜的一条腿受了伤，他还拄着双拐，在工地上指挥生产。在那紧急关头，他一面命令工人增加泥浆浓度和比重，采取各种措施压制井喷，一面毫不迟疑地抛掉双拐，扑通一声跳进泥浆池，拼命地用手和脚搅动，调匀泥浆。两个多小时的紧张搏斗过去了，井喷事故避免了，王进喜和另外两个跳进泥浆池的工人，皮肤都被碱性很大的泥浆烧起了大泡。

那时候，王进喜住在工地附近一户老乡家里。房东老大娘提着一筐鸡蛋，到工地慰问钻井工人。她一眼看到王进喜，三脚两步跑上去，激动地说："进喜啊进喜，你可真是个铁人！"

像王铁人这样的英雄人物，在大庆油田岂止一人！

马德仁和段兴枝，也是两个出名的钻井队长。他们为了保证钻机正常运转，在最冷的天气里，下到泥浆池调制泥浆，全身衣服被泥水湿透，冻成了冰的铠甲。

薛国邦，油田上第一个采油队长。在祖国各地迫切需要石油的时候，他战胜了人们想象不到的许多困难，使大庆的首次原油列车顺利外运。

朱洪昌，一个工程队队长。为了保证供水工程赶上需要，他用双手捂住管道裂缝，堵住漏水，忍着灼伤的疼痛，让焊工在自己的手指边焊接。

奚华亭，维修队队长。在一次油罐着火的时候，他不顾粉身碎骨的危险，跳上罐顶，脱下棉衣，压灭猛烈的火焰，避免了一场严重事故。

毛孝忠和萧全发，两个通讯工人，在狂风怒吼的夜晚，用自己的身体连接断了的电线，接通了紧急电话。

管子工许协光等二十勇士，在又闷又热的炎夏，钻进直径只比他们肩膀稍宽一点的一根根钢管，把总长四千八百米的输水管线，清扫得干干净净。

大庆人都贯注了革命精神，他们的确是特殊材料制成的。历年来，在大庆油田，每年都评选出这样的英雄人物一万多名。

请想想看！在这样一支英雄队伍面前，还有什么样的困难不能征服！

但是，大庆人钢铁般的革命意志，不仅表现在他们能够顶得住任何艰难困苦，更可贵的是，他们能够长期埋头苦干，把冲天的革命干劲同严肃的科学态度结合起来。这正是他们在同大自然作战的斗争中，战无不胜、攻无不克的法宝。

在油田勘探和建设中，大庆人为了判明地下情况，每挖一口井都要取全取准二十项资料和七十二个数据，保证一个不少，一个不错。

一天，三二四九钻井队的方永华班，正在从井下取岩心。一筒六米长的岩心，因为操作时稍不小心，有一小截掉到井底去了。

从地层中取出岩心来分析化验，是认识油田的一个重要方法。班长方永华当时瞅着一小截岩心掉下井底，抱着岩心筒，一屁股坐在井场上，十分伤心。他说："岩心缺一寸，上级判断地层情况，就少了一分科学根据，多了一分困难，掉到井里的岩心取不上来，咱们就欠下了国家一笔债。"

工人们决心从极深的井底，把失落的岩心捞上来。队长劝他们回去休息，他们不回去。指导员把馒头、饺子送到井场，劝他们吃，他们说："任务不完成，吃饭睡觉都不香。"他们连续干了二十多个小时，终于把一筒完整的岩心取了出来。

这从深深的井筒中取上来的，哪里是什么岩心，简直是工人们对国家建设事业高度负责的赤胆忠心啊！

几年来，就是用这样的精神，勘探工人、钻井工人和电测工人们，不分昼夜，准确齐全地从地下取出了各种资料的几十万个数据，取出了几十里长的岩心，测出了几万里长的各种地层曲线。地质研究人员和工程技术人员，根据大量的第一性资料，进行了几十万次、几百万次、几千万次的分析、化验和计算。

想一想吧，是几十万次、几百万次、几千万次啊！那时候，大庆既没有像电子计算机这一类先进的计算设备，又要求数据绝对准确，如果没有高度的革命自觉，没有坚韧不拔的革命毅力，没有尊重实际的科学精神，这一切都可能做到吗？

正是因为有了这种自觉，这种毅力，这种实事求是的精神，这种以毛泽东思想武装起来的新作风，在几万名大庆建设者的队伍中，形成了一种非常珍贵的，既是继承了我党的优良传统，又是在社会主义建设时期的全新的风气：他们事事严格认真、细致深入、一丝不苟。大庆人不论做什么工作，他们的出发点都是："我们要为油田建设负责一辈子！"

大庆的钻井工人们有一个永远不能忘记的"纪念日"——"难忘的四·一九"。那是指一九六一年的四月十九日。这一天以前，大庆人封掉了一口新打的油井。这口井，如果同老矿区的井比起来，已经不错了，照样可以出油，只是因为井斜度超过了他们提出的标准，原油采收率和油井寿命可能受到影响，建设者们含着泪、横着心，把它填死了。"四·一九"这天，大庆人召开万人大会总结经验教训，展开了以提高打井质量为中心的群众运动。

"四·一九"以后，这里的油井都打得笔直。最直的井，井斜只有零点六度，井底位移只有零点四米。打个比方说，这就等于一个人顺着一条直路走，走了一公里，偏差没有超过半米。

一二八四钻井队有一次打的一口油井，发生了质量不合格的事故。这个队的队长王润才和工友们，把油井套管从深深的地层中拔出来，逐节检查，研究发生事故的原因。他们终于发现，有一处套管的接箍，因为下套管前检查不严，变了形。后来，队长王润才就背上沉重的套管接箍，走遍广阔的油田，到每一个钻井队去现身说法，给全体钻井工人介绍发生质量事故的教训。

对油田建设负责一辈子的大庆人，用科学精神武装起来的大庆人，就是这样对待自己工作中的缺点的。从那以后，油田上打井因为套管接箍不好而造成质量事故的情况，再也没有发生过。

不仅对待关系到整个石油企业命运的大事情如此严格，即使对待一些看来“微不足道”的小事情，也同样一丝不苟。大庆人说：“好作风必须从最小处培养起。”

今年春天，油田上召开了一次现场会。会场中央，端端正正放着十根十米长的钢筋混凝土大梁。这些大梁表面光滑平整，根根长短粗细一致，即使最能挑剔的人，也找不出它们有什么毛病。但是，油田建设指挥部的负责人却代表全体干部在会上检讨说，由于他们工作不深入，检查不严，这些大梁的少数地方，比规定的质量标准宽了五毫米。

五毫米，宽不过一个韭菜叶，值得为它兴师动众地开一次几百人的现场会吗？不，值得！大庆人性格的可贵之处正在这里。会上，工程师们检查了他们没有严格执行验收标准，关口把得不好；具体负责施工的干部和工人，检查了他们作风不严不细，操作技术不过硬。人们纷纷检查以后，干部、工程技术人员和工人们，抄起铁铲，拿起磨石，把大梁上宽出五毫米的地方一一铲掉、磨光。人们说：“咱们要彻底铲掉磨掉的，不只是五毫米混凝土，而是马马虎虎、凑凑合合的坏作风！”

这种一丝不苟的作风，在工程技术人员中也形成了风气。几年来，他们不分昼夜，风里雨里，奔波万里，为的是找到一个合理的科学参数；他们伴着摇曳的烛光，送走了多少个不眠之夜，为的是算准一个技术数据。

青年技术员谭学陵和另外四个年轻人，花了整整十个月时间，累计跑了一万二千多里路，从一千六百多个测定点上测得五百多个数据，找到了大庆油田最正确的传热系数，为整个油田输油管道的建设提供了科学根据。

技术员蔡升和助理技术员张孔法，在风雪交加的冬季，身揣窝窝头，怀抱温度计，五次乘坐没有餐车、没有卧铺、没有暖气的油罐列车，行程万余里，在挂满冰柱的守车上实地探测原油外运时的温度变化。

技术员刘坤权，一个普通高中毕业的学生，一连几个严冬，冒着风雪从几百个不同的地方挖开冻土，进行分析化验，终于研究出这里土层的冻涨系数，为经济合理地进行房屋基础建筑提供了可靠数据。

亲爱的读者，你们看到这些事例会想些什么？当我们听到这一切时，都被大庆人这种可贵的性格深深地感动了。

在大庆，我们访问过不少有名的英雄人物，也访问过许多在平凡的岗位上忠心耿耿的“无名英雄”。从他们身上，我们发现，大庆人不论做什么工作，心里都深深地铭刻着两个大字——“革命”。

电测中队现任副指导员张洪池，就是大批“无名英雄”中的标兵。

四年前，张洪池是人民解放军这个伟大集体中的“普通一兵”。来到大庆以后，他当过电测学徒工，当过炊事员，样样工作都做得很出色，在长期的平凡劳动中，他显示了一个自觉的革命战士的优秀品质。他在自己的日记上曾经写道：

“共产党员要像明亮的宝珠一样，无论在什么地方，都要发光发亮。”

“我要像个万能的螺丝钉一样，拧在枪杆上也行，拧在农具上也行，拧在汽车上、机器上、锅台上……凡是拧在对党有利的地方都行，都要起一个螺丝钉的作用，而且要永远保持丝扣洁净，不生锈。”

做一粒到处发亮的宝珠！当好一颗永不生锈的万能螺丝钉！这就是大庆人对待生活的态度。

一天夜晚，在一间低矮的土房子里，我们见到了油田的一个修鞋工人，他的名字叫黄友书，三十来岁年纪，也是个复员军人。他到大庆以后，当过瓦工、勤杂工、保管工，磨过豆腐、喂过猪。后来，领导又派他去给职工们修鞋。

修鞋！在轰轰烈烈的社会主义建设战线上，只当一个“修鞋匠”？对这种平凡而又琐碎的劳动，你是怎样看待的？

黄友书二话没说，愉快地接受了任务。他说：“战士没鞋穿打不了仗，工人没鞋穿也搞不好生产，谁离得了鞋啊？给工人们修好鞋，这也是革命工作！”

他跑遍附近好几个城镇去找修鞋工具。他每天挑着修鞋担子下现场。他经常收集废旧碎皮，捡回去洗净揉好，用它来给职工们掌鞋。

黄友书看到职工们穿着他修好的鞋踏遍油田，心里乐开了花。就是这个并非油田主要工种的修鞋工人，每年都被职工们选为全矿区的标兵，被誉为忠心耿耿为人民服务的“老黄牛”。

在大庆，这样的事例是举不胜举的。从大城市的大工厂调来不久的老工人何作年，自豪地说：“在咱们大庆，人人都懂得他们做的工作是革命。扫地的把地扫好了，是革命；烧茶炉的把开水烧好了，又省煤，也是革命。一个人懂得了这个道理，做啥也浑身是劲。大家都懂了这个道理，就能排山倒海，天塌下来也顶得住！”

一切工作都是革命，所有的同志都是阶级兄弟。人们精神世界的升华，渗透到人与人之间的关系中去，谱成了多少扣人心弦的乐曲！在大庆这个革命的大家庭中，人们时刻铭记着毛主席在《为人民服务》这篇文章中的教导：“我们都是来自五湖四海，为了一个共同的革命目标，走到一起来了。”“一切革命队伍的人都要互相关心，互相爱护，互相帮助。”

在大庆，干部们对工人的关心，关心到了一天的二十四小时。每天深夜，干部都要到工人的集体宿舍中去“查铺盖被”，看一看工人兄弟休息得可好，睡得是否香甜。

一场暴风雪过后，气温骤然下降了十多度。年轻的单身工人张海青，被子又薄又脏，还没有来得及拆洗，没有添絮新棉。支部书记李安政“查铺盖被”时，发现了这个情况，他趁工人们上班，悄悄把张海青的被子抱回家，让自己的爱人拆洗得干干净净，又把自家的一床被拆开，扯出一半棉花，絮到张海青的被子里。张海青发现他的被子变得又洁净又厚实，到处查问是谁干的，李安政在一旁一声没吭。新从一个大城市调到大庆的老工人王文杰，把这一切看在眼里，暗暗掉下了眼泪。

一二〇二钻井队的十几户家属，听说技术员李自新的妻子死了，遗下两个孩子，争着把孩子抱到自己家里看养。她们说：“孩子没妈了，我们就是她俩的妈。”前任队长王天其的爱人李友英，天天把奶喂给李自新一岁的女儿小英，却让自己正在吃奶的孩子小香吃稀饭。有人为这件事写了一份材料给钻井指挥部党委书记李云，李云把这份材料转给李自新，同时含着泪给李自新写了一封意味深长的信：“等两个孩子长大了，告诉她们：在新社会里，在革命大家庭里，人们是怎样关怀她们、养育她们长大成人的。叫她们永远记住，任何时候都要听党的话，跟着党走。”

在地质研究所、设计院、矿场机械研究所这些知识分子、干部集中的“秀才”单位，人与人之间的关系也发生了根本变化。有一次，地质研究所女地质技术员陈淑荪，看到同一个单位的地质技术员张寿宝的被面破了，就把一床准备结婚时用的新缎子被面从箱底翻出来，偷偷缝在张寿宝的被子上。张寿宝发现了，怎么也不肯要。陈淑荪对他说：“你说说，我们是不是阶级兄弟？是不是革命同志？是，你就把被面留下；不是，你就还我。”这几句话，说得张寿宝感动极了。他含着两眶激动的眼泪，再也说不出不要被面的话了。

为了实现六亿五千万人民的远大理想，心甘情愿地吃大苦、耐大劳；为了对国家建设事业负责一辈子，事事实事求是、严格认真、一丝不苟；为了革命的需要，全心全意地充当一颗永不生锈的万能螺丝钉；在革命的大家庭中，人人关心别人胜过关心自己……这些，就是大庆人经过千锤百炼铸造出来的可贵性格。在我们伟大祖国的社会主义建设事业中，是多么需要这样的性格啊！

也许有人要问：大庆油田的辉煌成就和建设者们身上的巨大变化，这一切是怎样得来的？大庆人的回答很简单：“这一切都是毛泽东思想的胜利！”

一个晴朗的早晨，我们去访问油田的一个工程队，想进一步了解毛泽东思想在大庆是怎样的深入人心。问路的一位年轻工人说：“那里今天开会，不好找人。”我们问他开什么会，他说：“冷一冷。”冷一冷，这是什么意思？年轻工人解释说：“我们大庆经常开这样的会，找一找自己的缺点，找一找工作中还存在的问题。找准了，就能迈开更大的步伐前进。”

在大庆人已经为祖国建设立下奇功的时候，在全国都学习大庆的时候，他们还要“冷一冷”，继续运用毛主席提出的“两分法”，从自己的不足处找出不断前进的动力。这不正是我们想了解的问题的答案，也是大庆人更可贵的性格吗？

附录二

宁肯少活二十年 拼命也要拿下大油田

——1966年王进喜在全国工业交通工作会议和全国工业交通政治工作扩大会议上的发言

大庆油田的胜利，是毛主席思想的胜利，是大学解放军的结果，是全国各兄弟单位支援的结果。我在会战中为党做了一点工作，这完全是党的培养、毛主席的教导、群众的帮助的结果。要是没有党，没有群众，我个人算个啥？

我在解放前，连玉门都没有出去过。解放初期，思想觉悟很低，眼光很浅，“井底的蛤蟆只看见碗大的一块天”，只知有碗饭吃，要为党好好工作。经过党的培养教育，我参加了中国共产党。在党和毛主席的教育下，阶级觉悟逐渐提高，为党做了一些工作，党却给了很大荣誉。我出席过甘肃省劳模会和全国群英会，并到全国各地参观学习，眼界扩大了，脑袋瓜也开阔了不少，知道了国内外许多事情。

1960年3月从玉门到大庆，我是带着一股子气去的。刚解放时，我觉得玉门油矿很大，出油很多，以后听说外国人说我们国家是“贫油国”，我很生气。我就不相信，石油光埋在他们的地底下，我们国家这么大的地方，就没有油？外国人还说我们“笨”，我就不相信，天底下只有你外国人聪明？站起来的中国工人阶级，在党和毛主席的领导下，是最聪明的。毛主席教导我们要发愤图强、自力更生。我想光生气不行，还得干，我们一定要找到更多的大油田，多打井，快打井，打好井，多出油，同帝国主义较量较量。

1959年底，我到北京开会，看到大街上跑的汽车，有的背着个包，我就问别人："这上边装那个家伙干什么？"人家说那是因为没有汽油，烧的煤气。我一听心里真难受，真急人呀！我们这么个大国，汽车没有汽油烧还得了！我是一个石油工人，眼看没有油，让国家作这么大的难还有脸问！再没问！一到休息的时候，我就悄悄地躲在一边，心里很别扭，又憋了一股气。我是个石油工人，难道就眼看着让帝国主义看我们的笑话？就在这个会议期间，听说我国发现个大油田，我高兴得都跳了起来，当时就找部里领导，申请到这个新油田工作。那时恨不得一下子飞到大庆，把大油田拿下来，给帝国主义看看，把石油落后的帽子甩到太平洋里去。毛主席讲："占人类总数四分之一的中国人从此站立起来了。"站起来的中国人民是天不怕、地不怕，不怕鬼、不信邪的硬汉子，非要拿下个大大的油田，为党、为中国人民争这口气不可。开完会回到玉门后，又听说帝国主义想用石油卡我们的脖子，想叫我们交出红旗，我们能够这么办吗？绝对不能！我们要靠毛主席思想赶快拿下这个新油田，给党争光，给人民争气。

我们队37个人立即坐火车动身去大庆。在火车上我就和大家一起学《为人民服务》和《愚公移山》，学完就讨论为什么参加会战。有的同志说："去打井搞油！"我说："这话也对，也不完全对。"我说我们是去革命！帝国主义和某些国家在石油上卡我们，国家没有石油多困难啊！我们一定拿下这个大油田，甩掉石油落后的帽子，为全国人民争口气。

我深深体会到：我是打井的人，打井没有压力，就是豆腐地层也钻不进去，泥浆泵没有压力，地下岩屑就带不上来，井没有压力，就喷不出油来，人要没有压力就轻飘飘地过去了，就干不出好工作来。有了压力，干出来的工作，就是高水平、高标准的，经得起子孙万代的检查。

这压力，不是哪个领导给的压力，是我们中国工人阶级自觉自愿的压力。一个革命者，要有责任心，对党负责，对国家负责，对子孙万代负责，对全世界劳动人民负责，就应该有压力。没有油，国家有压力，我们要自觉地分担这个压力。一般的压力还不够，要承担一百吨的压力，一千吨的压力。

到了大庆，那股子高兴劲，使我这个从来没有流过眼泪的人，都高兴得流了泪。我激动地说："这儿就是大油海，这儿就是大油田，摆开战场、甩开钻机干吧！这一下子，可要把石油落后的帽子，扔到太平洋里去了！"

我们当天就奔向目的地。没有房子，就找个破马棚，三堵破墙四面透风，里面满是马粪，我们打扫了一下，三十几个人挤在一起背靠背地过了一夜。有几个人挤得受不住，就抱了一抱草，半夜里摸黑找个夹道去睡。第二天醒来一看，还是睡在一口水井边上，地下铺的是冰。这时，有个别的同志就没精神，唉声叹气，说："这个地方能打井吗？冰天雪地的没个锅碗盆勺，连个住的地方都没有。"我想这个工人也是个好工人，来的时候，他几次举拳头，表示要到最艰苦的地方去，现在他动摇了。又一想，这里的确是艰苦，不是一般的艰苦，这个新社会长大的青年人，根本没有想到有这么艰苦。但是，不管多艰苦，拿油要紧。于是我就问指导员："你当了几年解放军，打仗时遇到这么多困难怎么办？是上还是退？"

“我没有打过仗，我想怎么也不能退。”指导员孙永臣说，“绝对不能退！剩下一个人也要上！要顶着上，直到胜利为止。”好，我们两个人的想法一样。我们就带着这个问题学毛主席著作。毛主席说：“中国的革命是伟大的，但革命以后的路程更长，工作更伟大，更艰苦。”搞油是野外打井，不能把井架安在楼房里，安在城市里，过去是这样，现在是这样，今后还是这样，这是工作性质所确定的。现在我们少数人的吃苦，能换来多数人的幸福，换来子孙万代的幸福。这就是我们石油工人最大的幸福。

我认为怕不怕艰苦奋斗，是革命不革命的问题，如果不艰苦奋斗，就要贪图享受，就要变质。打几个漂亮仗是不难的，要是做一辈子艰苦的事情，就要不断学习毛主席著作，不断改造自己才能办到。

钻机没到，我们派人去车站打听钻机什么时候到，有的人平井场，做准备。我所关心的是这个地方地层好打不好打，钻井速度快不快。毛主席教导我们：“没有调查就没有发言权。”所以我就到处了解地层情况和钻井速度，并且组织全队学习《实践论》和《矛盾论》。越学心里越明亮，大家说：拿下大油田，一定会碰到许许多多的困难，还会有这样那样的矛盾。但是，石油满足不了国家的需要，才是最大的矛盾。这个矛盾不解决，帝国主义就会利用这个缺口，卡我们，封锁我们。上，有困难，不上，就更困难。出路只有一条，就是坚决战胜困难，高速度、高水平地拿下大油田。大家都把井场当成跟帝国主义比量的战场。每个人的岗位，就是为党、为国家、为人民争光的岗位。为了多打井、多出油，刀山也要上，火海也要下，只要为了党的事业，个人的生命算什么？

没多久，钻机运到车站。那时，“快摆硬上”，来了那么多井队，吊车、拖拉机不够用，怎么办？是等，还是上？我想起毛主席的教导：

“我们是为着解决困难去工作、去斗争的。”是的，革命，就有困难，有困难就有斗争，这不是看戏，不是下馆子，打井就是革命，国家缺油，就要拿出油来，搞油就有困难，不去斗争，要我们共产党员干什么？我们马上开了支委会，组织大家学《愚公移山》，发动大家讨论怎么办。同志们说：“干革命不能等，有条件上，没有条件创造条件也要上，人拉肩扛也要把钻机弄到井场。”大家一个个像小老虎，硬是用绳子拉，撬杠撬，木块垫，一寸一寸、一尺一尺地把60多吨的钻机拉到井场安装好。

开钻打井得有水，当时，水管线没安好，水罐车又没有，怎么办？好多人说，没有水，我们就是用脸盆端也得开钻。这时候，有个人说：“你们见过哪个国家是端水打井的？”我说：“就是我们国家！我们就是尿尿也要打井！”就这样，用大桶、小桶、脸盆硬是端了一百多吨水，才开了钻。

开钻不久，又遇到漏层。大伙说，漏多少，端多少。把村子里水井的水端干了，我们就跑到一里多地的水泡子，砸冰取水。终于战胜了漏层，用六天多的时间，打成了第一口井。当我们看到哗哗喷出的石油，大家都高兴起来。通过实践，我深深体会到：和自然作斗争就不能怕困难，困难是欺软怕硬，你的思想是硬的，它就要变成豆腐，你要软，它就硬。

打完第一口井要放井架搬家，没有拖拉机，我们全体职工硬是想办法，用人拉放井架。在指挥放井架时，一根钻杆滚下来把我的腿砸坏了，我昏过去了，醒来一看，工人抱着我的腿哭，井架还没放下来。我急了，就说：“打仗时伤了人，你哭，敌人把你们都活捉去，能哭吗？”我就坐起来继续指挥放，工人就把衬衣撕下来给我包住。井架放下来，大家劝我住院，我不去。这天是4月29日，战区召开万人大会，我说：“这是第一次万人大会，不去怎么了解大会精神，又怎么能多打井，快打井，打好井？是腿要紧，还是出油要紧？”并和大家说好，谁也不准给领导讲，大家给找了个马车，把我送去了。

万人大会上，石油部领导表扬了我们，给我披红戴花，让骑大马，叫我讲话，还号召全体职工向我学习。向我学啥啊，我们才打了一口井，还是部领导亲自领着我们全体职工干的，没有党的领导，没有全体职工，我能干个啥？我心里感到不安。万人大会上部里提出：尽快拿下大油田，“六一”把原油运出去，坚决要打个大胜仗。我听了这个号召后，忘了腿痛，当晚赶回队去，就和大家讨论怎么办。大伙说：“下一口井是战区第一口生产井，要力争把我们打的第一口井的原油运出去，支援全国建设。”干工作光有一股子干劲猛冲猛打是不够的，三国有个张飞，他还粗中有细嘛！我们立即总结打第一口井的经验，给打第二口井提办法。

腿坏的事，以后领导还是知道了，对我非常关怀，硬是把我送到医院。在医院里怎么能躺得住呀！万人大会上领导的号召，全国人民都在眼巴巴地看着我们，我还在住院，这怎么行？我就偷着溜回，参加打第二口井。我拄着棍，在井上指挥，不久终于打成了战区第一口生产井，保证了“六一”原油外运，支援全国建设。

1961年2月成立大队，我当了大队长。不久，领导指示我们转移到南线去打井，这时矛盾出来了。有个队的干部找我说：“我给你提个意见，你一来就在南线打井，还不知道南线压力高，容易井喷，倒霉的井都在南线，我们可不能去啊！”我说：“你说的，我们国家就是要打喷的井，把原油喷得哗哗的，多好啊！为什么怕它喷呢？”经过我们调查，这不是一个人的问题，是代表一部分人的思想。党总支召开会议经过讨论分析认为，有的队对南线地层不太了解，没在南线打过井，怕井喷，怕井斜，是认识不清楚，一定要先解决思想认识问题，决定开展大讨论：国家打井干什么？要打什么样的井？要不要打有压力的井？谁去打？经过大讨论，使职工提高了认识，鼓起了敢于斗争、敢于胜利的信心。工人们说："怕什么啊！我们党和毛主席领导中国革命，小米加步枪，打出了个新中国，南线高压层有什么可怕的呢！"这一年打成了90多口井。

1962年以前规定井斜不超过5度，1963年会战工委又提出更高标准，不超过3度。工委领导同志问我："拥护不拥护？"我说："坚决拥护，依靠党，依靠全体职工，按毛主席的《实践论》去干。"回来我们就组织全体职工学《实践论》。按毛主席实践再实践的教导，我们坚决走自己的道路。工委领导亲自组织我们钻井队的全体职工讨论。同时组织一部分技术干部和老工人三结合，一边摸索着干，一边总结经验。我们边实践边找办法。最后，打成了只有两度多的直井，以后又打出只有半度的直井。

这次打直井对我教育很深。这是在工委的直接领导下，使全体职工知道了打直井的意义，掌握了地层和设备的规律，所以打得又好又快。我过去打了不少的井，有的井打得好，也打过斜井。为什么？主要是没注意政治工作，没抓人的思想，首先是我的思想歪了，所以，才打出了斜井。要打直井，首先我们脑瓜子里要有个直井，要有高度的政治责任心；脑子里没有个直井，一辈子也打不出直井来。

1965年，工委又提出高标准，要打"三一"优质井（一天、一个钻头、打一千米）。有的井队又不敢打，有些人怕丢掉标杆队。我说："我打。我就不怕摸老虎屁股。干革命就不能怕担风险，还没干就吓回来了，那还行！"这时，另外一个队也打"三一"优质井。两个队并排打，我一面打，一面把发现的问题告诉他们。结果，那个队打成功了，我把井打斜了八度。我在会上向大家检查说，井打斜了是我的责任，不算大家的事，你们的责任，就是帮助找原因。最后总结出八条经验，连续打出六口“三一”优质井。

通过在大庆几年会战，我深深体会到，毛主席怎么讲，就怎么做，什么困难都能克服。克服困难，首先要有克服困难的信心和决心。不能光看到困难，也要看到成绩，看到有利条件。克服困难光嘴上说不行，要研究困难，想办法解决困难，去做工作才行。克服一个困难，就增加一份革命信心。

干革命不仅要与天斗、与地斗、与阶级敌人斗，还要与人的错误思想斗。一个人想什么，也得有个规格，有些事情是不能想的，有些事情是可以开阔地去想。要想，就要想怎么拿下大油田，想这么多困难怎么克服，想我们给全国每个人多少石油，想社会主义建设。

有一个青年工人，是我喜爱的徒弟，有一段时间经不起考验，闹情绪要回玉门。我就把他找来严厉地对他说：“你还记得你刚到玉门是个什么样子吗？穿条裤子露着腿，穿件衣服露着肚子，一双鞋补了又补有几斤重，你忘了吗？我可没忘，我也穿过几斤重的鞋。现在你身上穿着毛衣，床上铺着缎子被，这些都是怎么来的？都是党给的，毛主席给的。”说得他直哭，他承认错误说：“我错了，你说咋办哩？”我说：“好好干，我们苦，顶多是多出两身汗，少睡一点觉。你看我们的革命前辈，那么大的年纪还跑到草原上来吃苦，为什么？我们应该好好想一想，向老前辈学习。”

热爱党、热爱毛主席、热爱社会主义，不能站在房子里热爱，不能光举拳头热爱，不能在口头上热爱，要干事。我们是打井的，把井打出来，把油拿出来，才能真正地热爱，不干就等于瞎说。热爱要永远热爱下去，就必须永远老老实实干下去。

有一次打完进尺，射孔层位固定不下来，耽误十几个小时。射不了孔，就搬不了家。那时井多人少，新地层，一时也难定下来。我赶紧跑到地质指挥所，问他们是怎么搞的。有个同志说：“你干什么的？”我说：“我干什么的？我就是找你们麻烦的！你们确定不下来，射不了孔，搬不了家，耽误多大事呀！”有人劝我说：“不要着急，顶多耽误一会儿打井。”我一听就觉得不对味，怎么能说这样的话呢！少打一口井，和帝国主义、反动派斗争就少一份力量。我就跳起来说：“为什么让我耽误一会儿打井，为什么不让我多打两口井？你有什么理由？”越说越生气，我往桌子上一坐说：“晚上我不回去，你们什么时候确定，我爬起来就走。”

1205是我原来所在的那个队，从玉门到大庆，是连续七年的标杆队。1963年全国经济形势好转，井队干部说：“标杆，标杆，要蒸出白馒头给人看看，进尺上不去，不像个标杆样子。”背上骄傲包袱，就放松了政治，忽视了思想工作。结果有的工人听说猪肉值钱，就想回家养猪，说养猪比干钻工强；有的工人离开岗位去看电影。队上有名的“小老虎”变成了“小老鼠”，事故接连发生，着了一把火，打废了一口井，造成很大损失，上半年就丢了“标杆”。这时干部才清醒过来，坐下来搞了一个半月的整训，总结教训。干部检查说：“那时，干部一心只想扛红旗，多打井，只管自己扛着小红旗朝前跑，出现了那么多问题还不知道，真危险啊！”

工人的问题是干部的问题，下面的问题是领导的问题，一切问题是思想问题。1205队的问题，是我大队长的问题，是我忽视了政治，在思想上放松了领导，认为像1205队这些先进队，在1960年、1961年和1962年那么困难的时候，都是抢山头的队伍，拖不垮，打不烂，现在好转了，还会有什么问题！所以抓得就没有以前那么紧，去得就少了一点。这样一忽视，走了个大弯路。我到队上去检讨了三天。在工委的关怀下，在钻井党委的领导下，井队职工通过这次整训，进一步提高认识，进一步树立不为钱、不为名、不怕苦、不怕死的革命人生观。"小老鼠"又变成"小老虎"。上半年找到教训，下半年加强政治工作，结果是打一口井，成一口井，口口井合格，一直地上来了，1964年和1965年又成为标杆队。通过这次教训我进一步认识到，任何艰巨任务都不可怕，任何艰苦环境也不可怕，忽视政治领导最可怕。政治是灵魂，绝对忽视不得。

思想斗争一点也不能放过，要斗争一辈子，斗到底，斗到停止呼吸的时候算。也有的人劝过我说："你不要见事就管，见事就说，刚强是非多呀！马马虎虎，睁一个眼闭一个眼算了！"我问他："你从哪里学来的谬论啊？为什么刚强就是非多？"他说："刚强到处惹人不爱。你见事就说，怎么了得！"我说："党叫我到这里来干什么？我为什么不说？按党的指示，应该说的我都说，应该干的我都要干！我要斗争一辈子，斗到底。为了党，为了革命，我有什么可怕的。"

毛主席教导我们说："工作就是斗争。我们是为着解决困难去工作、去斗争的。"在大庆通过六年会战我深深地体会到，一个革命者的一生，就是战斗的一生，就是克服困难的一生，要艰苦奋斗一辈子，要斗争一辈子。斗争就是与天斗，与地斗，与阶级敌人斗，与人的错误思想斗。要永远斗下去，我们斗不完，叫下一代再斗，直到斗出个共产主义来。

我所以能为党、为人民做些工作，这全是党的教导和毛主席思想的指引。在旧社会我6岁拉着棍子领着双目失明的父亲干活。1938年玉门油矿一成立，我就被拉去当民夫，干了10年，受苦卖命，没捞到一套铺盖，铺的是一摊麦草，盖的是一张烂羊皮。没上过钻台，没摸过剎把。解放后，经过民主改革，反封建把头，诉了苦，提高了觉悟。是党救了我，翻了身，当了国家主人，还培养我当了副司钻，那时我只想好好学技术，为党好好工作，报答党的恩情。

以后，我入了党，在党的不断教育下，阶级觉悟又有不断提高。知道了世界上现在还有好多像我母亲那样，在旧社会被保甲长打了又打的人；还有好多像我父亲那样，受地主打骂欺压反被关进大牢的人；还有好多像我那样讨饭、失业、受剥削、受压迫的人。共产党员是国际主义者。我是一个共产党员，现在打井，是为了祖国富强，也是为了支援世界上那些求解放闹革命的人。认识到以前那种单纯报恩思想是低水平的。懂得打井就是革命，打井就是和反动派打仗，打井就是为了全世界被压迫的人民得解放。

在党的培养下我由一个普通工人，当了干部，从井队长、大队长，到现在的副指挥。一个共产党员不能说水平低不干啊！这是党的信任。我总想我是个钻工，当了干部还是钻工，要永远参加劳动。毛主席教导我们要当“孺子牛”。我从小放过牛，最摸牛的脾气，牛吃草，马吃料，牛的享受最少，出力最大，所以，还是当一头“老黄牛”最好，我甘愿在石油战线上，为党、为人民艰苦奋斗一辈子，当一辈子“老黄牛”。

怎么样才算艰苦奋斗？以前认为共产党员只要吃苦在前，享受在后，多干活，少睡觉，就是艰苦奋斗。在会战期间，一些老首长的艰苦奋斗精神，深深教育着我。我想他们职位那么高，年龄那么大，为国家搞油，来大庆和大家一起吃苦，为什么？学了毛主席著作，我明白了“夺取全国胜利，这只是万里长征走完了第一步”；“中国革命是伟大的，但革命以后的路程更长，工作更伟大，更艰苦”。革命先辈艰苦奋斗，英勇牺牲夺政权，万里长征才走完第一步。而现在社会主义革命和社会主义建设时期，他们为了实现共产主义还在继续艰苦奋斗。我也是一个共产党员，不能只是多干活，少睡觉，这是低标准的艰苦奋斗。应当能为革命担更重的担子，能在最复杂的环境里做艰苦工作，能在最困难的时候顶上去，能在最危险的情况下不怕牺牲，能做别人不愿干、不敢干的革命工作。艰苦奋斗是党的性质定的，为了实现共产主义，就要艰苦奋斗一辈子。更主要的是教育青年要艰苦奋斗，把党的光荣传统世世代代传下去。

1964年党中央表扬我们，我就和同志们大学两分法。毛主席教导我们"虚心使人进步，骄傲使人落后"。我就想，搞好工作是党指的路，叫我们走的；没走好，出了问题，领导把责任承担去，干出点成绩就大力表扬，这成绩要记在党的账上，记在毛主席的账上，记在中国人民的账上，我只能有个小本子记差距。所以，我就和同志们到三矿四队去学习严细作风，回来针对我们的井场大找差距，找出"脏""松""漏"不完全和不整齐的大量差距，紧接着就找原因，主要是老毛病旧习惯造成的。我们就和老毛病斗争。

有一次，我到井场检查工作，一眼看到一个工人擦机器用手抓油，然后将满手的油又擦在衣服上。我觉得这是个坏作风，应该改掉，就批评这个工人。这个工人说："我第一天到井场，看见师傅就是这样做的。"我就把他师傅找来，批评他没有带好徒弟。这个师傅说："当初我学徒的时候，看见你也是这样做的。"追来追去追到我的头上来了，我就向工人作检查，我说："我这是十多年前的老毛病，现在已经改掉了，你们千万别跟我学这种坏作风。"以后，我就随时注意克服自己的老习惯、老毛病。这样的事还多着呢！我只是举个小例子。要想有个好作风，首先是言教身带，先严格要求自己，再要求别人。

表扬和批评都是推动我们前进的力量，不能受了表扬，把功劳记在自己账上，沾沾自喜，翘起尾巴；也不能受了批评就垂头丧气，甚至有意见。

我以前工作不讲方式，批评人有些硬，有的同志对我有意见，我还想不通。学了毛主席著作思想提高了。毛主席说："脸是应该经常洗的，不洗也就会灰尘满面。"自己一个脑瓜子看不到缺点，大家那么多脑瓜子看得清楚，脸上有黑，别人给你擦掉有什么不好啊？领导和同志们批评得对也好，不对也好，我应该首先检查自己，严格要求自己。工作究竟干好了没有？干对了没有？干得不好、不对，就要接受意见，坚决改正。

1961年我们射孔错了，领导在一次会上批评我们。我晚去了一会儿，刚到门口，有个工人就对我说："赶紧趴下、趴下！"我说："趴下干什么？"他说："领导正在批评我们呢！"我说："你这个同志说的，我戴红花的时候，你让我抢着往头前走，批评了，就叫我悄悄地趴下当狗熊？我不能当这个狗熊！"我就是要到前面去，更好地听听领导的批评。

我深深体会到，毛主席思想是力量的源泉，是一切胜利的根本。毛主席的思想多一分，人的志气就增加一分，生产就前进一步。只要努力学习毛主席著作，按毛主席的指示办事，自己不骄不躁，艰苦奋斗，一切困难都可以克服，一切矛盾都可以解决，工作就可以搞好。

我平生最难忘的就是见过我们伟大的领袖毛主席。1959年我见过毛主席，1964年参加全国人民代表大会时，又看见了毛主席，兴奋得我直流热泪。我这个在旧社会放牛的穷汉，是党和毛主席使我站了起来，当了国家主人；是党和毛主席教育我成长壮大，给了我无穷的力量和智慧；是党和毛主席给我指引了大道，使我有了方向不断前进。我为党只是做了一点应做的事，党却给我很高很高的评价。这荣誉应归于党、归于毛主席。我做得还很不够，表扬是给我提出了更高的要求，今后要更好地为党工作。

第三个五年计划开始了，党和全国人民向我们石油工人提出了更高的要求。我们要更加加紧学习毛主席著作，加深队伍的革命化。要继续艰苦奋斗，继续走自力更生的道路，把油田建设得更好。革命需要多少油，我们就拿出多少油。要紧紧跟党走，跟着毛主席走，要跟紧、跟准、跟好，党指到哪里，就打到哪里。

附录三

石油之子

——记“新时期铁人式好工人”王为民

一位农民的儿子之死何以牵动了齐鲁大地的神经，让泰山垂首默哀，匆匆而过的黄河大放悲声？中共中央政治局委员、山东省委书记吴官正亲笔致信他的遗孀，以示哀悼和敬仰；山东电视台整整一个礼拜连续播放对他的报道。

一位普通石油工人的遗体告别仪式，为什么出现全城空巷、万人哭送的场面？他们中间有从北京、济南专程赶来的领导同志，有两鬓染霜的将军，有地方政府和各大企业的代表，更多的是自发地赶来为他送别的群众，有中小学校的老师和学生，有白发苍苍的离退休老同志，有满脸童稚的幼儿园的小朋友，还有扔下手里农活徒步赶来的庄户人，就连农贸市场的小商小贩，那天也收了摊子，来见上他最后一面。

他就是铁人式的好工人——王为民。

王为民殉职的那天，是1997年9月14日。这是一个雨后初霁的早晨，他上井去完成一项新的技术革新成果——“抽油机节能器”。老王攀上井口，手握撬杠找好支点，奋力一撬，上面一个铁制的平衡箱轰然而下，击中了他的头颅，又往下坠落，继而砸在他的左胸上……王为民长眠在了他一生最熟悉的采油树下。他的血液鲜花一样在井场上绽放。

王为民1949年出生在鲁西北一个农民家庭里，19岁参军，后来到油田采油一线工作，一干就是十几年，十几年的光阴，他和他的战友栽下了200多棵采油树：他是一名再普通不过的石油工人，却搞了近百项技术革新，他的发明为国家节约资金数亿元。1989年，他被评为能源部和全国劳动模范，荣获全国五一劳动奖章，光荣地出席了全国劳动模范代表大会，并参加了全国劳模事迹报告团，先后到7个省市作巡回报告。1993年，王为民当选为八届全国人大代表，随后荣获全国首批“中华技能大奖”。1997年1月15日，他被中国石油天然气总公司党组授予“铁人式的好工人”荣誉称号。十多年来，王为民先后数次受到邓小平、江泽民、李鹏等党和国家领导人的接见。在人民大会堂，江总书记握着他的手说：“好啊，我们又有了新时期的铁人！”他走到哪里，就把好事做到哪里，老百姓都称呼他“好人”，城市、农村、学校、敬老院，都留下了他热情助人的身影。坐火车他帮着打扫卫生；住旅馆他闲不住，又是拖地，又是打水，又是洗刷餐具；农村老大娘落水他挺身相救；城市青年遇难他出手解困；有的青工误入歧途他循循善诱；南方遭水灾他一次次慷慨解囊；农民兄弟吃水有困难他资助打井；农村中学经费紧张，冬天他为学校送煤取暖，夏天送去西瓜，还捐赠6000元为学校设立奖学金……

1997年9月20日正午时分，承载着王为民同志遗体的灵车缓缓驶出殡仪馆灵车所到之处，人们或肃穆伫立，或掩面哭泣，都为齐鲁大地上、石油队伍里一位好人的离去而扼腕伤悲……

法国作家维克多·雨果说过：“那些高大的身影虽与世长辞，然而，他们并未真正消失。远非如此，人们甚至可以说他们已经自我完成，他们在某种形式下消失了，但在另一种形式下犹然可见。”王为民，一个始终坚守心中的信念而至死不悔的“好人”，把清教徒式的高尚一直写进自己的墓志铭。

“王为民同志纪念馆”耸立在这位“好人”长眠的地方，在20世纪最后一个春天里隆重开馆。

人们不禁联想起铁人王进喜逝世时年仅47岁，20多年过去了，铁人式的好工人王为民还没来得及过48岁的生日，也是在47岁的人生正午，在他闪光的生命乐章中打上了最后一个休止符。两个年代，出了两条钢铸铁打的铮铮硬汉。他们堪称“大手笔”，仅仅用了47道生命的年轮，组合成了一曲承前启后、响彻寰宇的英雄交响乐。

在2019年10月1日，新中国成立70周年阅兵式之后，盛大的群众游行队伍中，人们惊喜地发现展示中国工业成就的花车上高高矗立着“新时期铁人式好工人”王为民的巨幅画像。

共和国的脊梁王为民在新中国成立70周年波澜壮阔的历史画卷中定格。

共和国不会忘记，

人民不会忘记……

附录四

宁肯把心血熬干
也要让油田稳产再高产

——“新时期铁人”王启民同志1997年在人民大会堂举行的王启民先进事迹报告会上的发言

1960年4月，我从北京石油学院来到大庆油田实习，在葡四井试油队当技术员。葡四井坐落在荒原上的一个水泡子旁边。涨水时，人要趟着没膝深的水上井，水撤下去了，也是一地泥泞。开始没有房子住，我们就在油井旁边盖起了“干打垒”。早上醒来，身底下的垫子都是湿的。那时候年轻啊，也不在乎什么，不知不觉地患上了风湿病。会战条件是十分艰苦的，可石油工人的心却是火热的。铁人王进喜同志说得好，这困难，那困难，国家缺油才是最大的困难。铁人那种为国分忧，为拿下大油田，宁可少活20年的大无畏革命精神，深深地感动着我们。我以铁人为榜样，与工人一起摸爬滚打在现场，不分白天黑夜搞会战，年底在实习生中被评为唯一的二级红旗手。

1961年8月，我和同班学友，后来成为我妻子的陈宝玲响应国家的号召，一毕业就重返大庆会战的战场，立志为祖国的石油工业贡献青春和力量。得知大庆油田将成为世界上特大油田之一，它的开发和建设，将使中国贫油的日子成为历史，我们无不欢欣鼓舞。听到有的外国专家小看我们中国人，断言中国技术落后，靠自己的力量开发不了这么复杂的油田。甚至挖苦说：凝固点、含蜡量这么高的油田，除非搬到赤道上去开采。更令人气愤的是，有的国家妄图用石油卡我们脖子，撤走了专家。我们就在干打垒的门上贴出一副对联，上联是：莫看毛头小伙子，下联是：敢笑天下第一流，横批是：闯将在此！闯字里的马字故意写得很大，我们就是要闯出中国自己的油田发展道路，为祖国争光，为民族争气！

谁参加了大庆会战，谁就能够理解这不是年轻人的张狂，不是心血来潮。那是一场能不能使新中国摘掉贫油、落后的帽子，从而自立于世界民族之林的大决战！石油是工业的血脉，如果血液能够代替石油，以铁人为代表的石油工人也愿意付出满腔热血。大概就是这个时候，我和油田的命运紧紧地拴在一起了，探索油田开发规律的使命也成了我人生中一个永恒的课题。

油田开发不久，就出现了油井含水上升，原油产量下降的情况。为了探索地下油水分布规律，我和几个同伴白天揣上窝窝头，到井上去观察、取资料，晚上进行分析比较，画油水变化曲线，写情况反映，并且自己刻蜡纸、油印报表等，一干就是大半夜。当时粮食定量低，饿了就煮几块白菜叶子，困了就趴在桌子上打个盹儿。尽管又苦又累，我们却斗志旺盛、情绪乐观，因为有早日拿下大油田的信念支撑着我们。“五两三餐保会战，一杯盐水分外香”的日子，使我对“艰苦”和“幸福”这两个字眼儿总是感到同样亲切。

1963年，油田生产规模达到500万吨。同年11月，周恩来总理庄严向世界宣告，中国基本实现了原油自给。石油落后的帽子被彻底甩掉了！那一天，我和同事们都流下了眼泪。艰苦卓绝的大庆石油会战，会战中的“两论起家”和“两分法前进”，给了我一生中最宝贵的财富。让我学会了辩证思维，树立起实践第一的观点，我受益终身。

油田开发初期，出现了“注水三年，水淹一半，采出程度只有5%”的严重局面。大庆油田的开发前景一时叫人万分担忧。

在油田一次重要的技术会议上，我依据手里的大量资料，对“温和注水”“均衡开采”理论提出了自己的看法。大庆是陆相生油的大型砂岩油田，地下重重叠叠的油层，呈现着明显的“非均质状态”。简单地说，就是有厚油层，也有薄差油层。同一层次的不同部位，也千差万别。打个比方说吧，就像两个人在赛跑，厚油层像体力好的大个子，跑得快；薄差油层像体力差的小个子，跑得慢。“温和注水”“均衡开采”就是让大个子和小个子跑一个速度，这怎么行呢？这不符合地下油水运动的客观规律呀。当时负责地质开发工作的领导听了我的这番话，就说，你这个同志讲得有道理，要快些拿出证据来。并当场拍板，叫我组织个试验小组，制订方案，到实践中试一试。于是我和同事们在一口已经含水达60%多、产量由日产60吨下降到30吨的油井上开始了试验。记不清有多少个日日夜夜，为了弄清油层水淹情况，我和工人、技术人员一起针对每一口井的情况进行具体分析，分别设计如何注水、压裂、找水、堵水、分层调整和作业，变“温和、均衡”为因势利导。分层注水、分层开采，让“大个子”和“小个子”都能在自己的跑道上发挥技能。结果，油井的生命力旺盛了，日产百吨以上的高产井又成批涌现出来。“非均质”开发理论的形成，对全面提高大庆油田的开发水平，为原油产量不断增长，趟出了一条注水开发的新路。

为了给油田全面提高采油速度提供实践依据，我和同事们又捆起行李卷，住进了中区西部试验区。白天，我们带上干粮，到井上去调查，取资料，晚上进行分析比较，画油水变化曲线，确定需要调整采取措施的井号层位，编写施工设计，常常干到半夜。为了核准每一个数据，为了画准每一条曲线，为了搞清地下油水每一个微小的变化，我们在不到9平方公里的试验区里，整整干了10年。也可以说，在地层的夹缝里、在油和水之间，整整摸索了10年。

随着油田开采程度的加深，地下情况不断发生变化，旧的矛盾解决了，新的矛盾又产生了。到1975年，试验区主力油层产量下降幅度增大，油井平均含水上升到54%，这意味着油田的命运又一次面临兴旺与衰竭的考验。而这个时期，国家的经济形势也异常严峻，几乎处于崩溃的边缘。当时主持中央工作的邓小平同志要求大庆油田进一步提高采油速度，为国家提供更多的原油。他明确提出："要大力开采石油，尽可能多出口一些。"历来自觉为国分忧、与党和国家共命运的大庆人，深深感到自己责任重大。我们科技人员也恨不得掀开地层，把石油取出来。为国家排忧，王铁人"宁肯少活20年，拼命也要拿下大油田"；为国家解难，我宁可把心血熬干，也要让油田稳产再高产！

那年冬天，气温零下30多度，我和试验组的4名同志顶着北风，坚持住在工地上，晚上经常被冻醒。房子小，只能放三张床，我就抢着睡桌子。由于休息不好，加上过度劳累，我的风湿病又加重了，腰和背疼痛难忍，整天弓着腰，手指头也不听使唤，连鞋带都系不上。有时疼得实在忍不住了，又不能让同事分心，我就想些美好的事儿，望着天上的星星一颗一颗地数。有一阵子，星星也数不成了，风湿病引起眼睛虹膜发炎，一发作起来，头痛眼也痛，直想往墙上撞。大夫说我患的是类风湿强直性脊椎炎，一生难以治愈。

一天傍晚，我从作业队往驻地走，为了抄近路，我在荒野中穿行。突然，我被绊倒了。仔细一看，原来是一块土坷垃。"真没用。"我一边埋怨自己，一边支撑身子，却怎么也站不起来，觉得上身和下身都脱节了。想起医生对我说的话，不抓紧治疗，可能会引起瘫痪，眼睛也有失明的危险，我一下子紧张起来，心想，这可糟了，我还年轻啊，我不能在这个时候倒下。我咬紧牙关，想站起来，但腰部一阵剧痛，怎么也起不来，我哭了。我慢慢活动四肢，先是坐起来，然后跪起来，再用一只手拄地，我终于站起来了！打那以后，我更是把时间看作生命，抓紧试验区的工作，盼望早一天打开这个能够展示油田前景的窗口。

有一些人的想象中，大庆下面好像有一条石油河，一口井打下去，原油便会呼呼往上冒。实际上，大庆的地层下面全是一层层的岩石，石油就渗透在其中的一些岩石中。所以石油地质工作者身在地面，心在地层。从地层有多厚、油层有多少、范围有多广、埋藏有多深，到油水如何运动、如何分布，不同层的流速有多快、压力差异有多大、温度有多高，各种参数如何变化，等等，都要精心收集，占有庞大复杂、难以计数的第一手资料，而且还要经过试验室各种参数的测定、模拟试验和数模计算以及物理、化学分析，从而准确认识、掌握千米以下油、气、水的动态规律。就这样，我和同事们穷十年之功，采集分析了1000多万个数据，创出了“分层开采”的方法，不仅保持了试验区中含水期的高产稳产，同时，绘制出了大庆油田第一套试验区高含水期地下油水饱和度图，终于摸清了油水在平面上和剖面上的分布情况，研究了油水的层间矛盾、平面矛盾、层内矛盾及其演变过程，揭示出了油田不同含水期开采的基本规律和稳产办法。

1976年，大庆油田年产原油5030万吨。这个数字表明，大庆油田不但跨入了世界特大型油田的行列，而且开创了中国石油工业发展的新纪元。当我看到有关资料这样表明：大庆以成倍增长的出口原油为国家换回了大量外汇，最高年份全国每100元换汇额就有大庆人创造的14元。我感到特别光荣和自豪。

越来越重的风湿病使我的腰有点弯曲了，可为了国家的富强、为了石油工业的发展，我就是再苦再累也值得。

1985年，大庆第一个稳产10年的目标胜利实现以后，大庆又提出了第二个稳产10年的奋斗目标。这是一个更加艰难、更富有挑战性的10年。突出的矛盾是，经过多年开采，油田已经进入高含水期。如果没有足够的接替资源，储采将严重失衡，原油产量势必很快递减。所以必须做好具有战略目标的先导试验，搞好技术储备。石油是不可再生资源，要想做到储采平衡，继续高产稳产，就必须挖掘潜力。那么，这个潜力在哪里呢？

在油田开发的实践中，我逐渐认识到大庆油田表外储层中的潜力是很大的。所谓表外储层，是指厚度在0.5米以下的薄差油层，就像做衣服剩下的边角废料、针头线脑，没有利用价值。按国际惯例，这些特差油层不计算在储量表内。可大庆油田的表外储层每口井都有，每个油层都有。单独看这些油层很“瘦”，含油性极差，但大庆油田有上千平方公里，加起来不是很“肥”吗？如果这类油层开采成功，就可以变废为宝，就可以增加几亿吨的地质储量，就等于为国家又找到了一个大油田！当局领导问我们能不能做到再稳产10年，我的回答是有信心的。

在领导的支持下，我和同事们开始了攻克表外储层的试验。这种试验，在国内外是没有先例的。特别是对于含钙表外储层，油层更薄，更致密，更坚硬。大家看，这两块石头就是取自于千米地层，像磨刀石一样，这就是含钙表外储层，或者叫“毛毛层”。如果扔到大街上，谁能相信这里面能采出石油来呢？为了减少浪费，我们选择了一种新的布井方法，但井打完射孔投产后，根本没有产量。我认真观察，只在起出油管的管壁上沾了一点点原油。不少人感到前途渺茫。有的说，含油性这么差，能有工业开采价值吗？有人劝我，表外储层是客观存在，但还不具备工业开采价值，作为稳产对象放到规划中风险太大了，万一落空，影响了第二个10年稳产，这个责任你担得起吗？我爱人也关心地对我说："老王啊，螃蟹壳里的肉好吃，螃蟹腿里的肉也好吃，螃蟹的尖尖爪可不好吃啊，万一卡在嗓子眼里，嚼不烂、咽不下，到时候多难受啊。"她说的不是没有道理，这的的确确是一个困难大、风险大的试验。我记得周总理的两句诗：面壁十年图破壁，难酬蹈海亦英雄。多年来，我经常勉励自己：人生的道路一旦选定，就要勇敢地走到底，只有坚韧不拔，才能找到新路，才能获得成功。我想，搞石油的人，思想里首先要有油，只有思想不断解放，依靠科技进步，勇于探索，地下的油才能不断被挖掘出来。

根据油管上沾的一点点油迹，我又守在现场，用放大镜长时间仔细观察"毛毛层"的岩心，心里越来越亮堂了。这些"毛毛层"中的油，实质上是运动着的，是鲜活的，是可以采出来的。地下的厚油层和薄油层就像一棵大树的主根和须根一样，从断面上看，这些油斑斑点点，是孤立的，但地下的油层是立体的，所有的薄差层都像大树的须根，根根与厚油层紧密相连。所以，我的结论是：油既然能够运移储藏进去，掌握相应的开发技术，就可以把它开采出来。许多石油开发的"禁区"既然是人设定的，那么，人就可以打破它。

我认准这个理儿，一干就是七年。在七年的时间里，经过反复实践，我们对表外储层的地质特征、潜力分布、开采条件、产能特点、挖潜效果及开发效益，等等，有了正确认识，从而为全面开发表外储层提供了一系列科学依据，为大庆油田继续高产稳产，进一步提供了资源保证。表外储层开采的成功，扩大了油田开发挖潜领域，使表内储层的注采关系得到相应调整和完善，对提高油田采收率，起到重要作用。

表外储层的地质储量，经过反复测算可达7亿吨。依靠薄油层固井、防窜、封窜技术，薄油层水淹层测井系列解释技术，保护薄夹层的限流及平衡限流法的压裂改造技术，深透无杵体射孔技术，大排量、高含水井的找水、堵水技术，以及各方面的相应措施，把表外储层及其周围的油拿出来，可以为国家创造2000多亿元的财富。实践使我越发懂得了“科学有险阻，苦战能过关”的道理。

1986年，我被国家人事部授予“中青年有突出贡献专家”的称号。一份荣誉一份鞭策。我把自己始终定位在石油地质开发的坐标系上，那成千上万的数据，都紧连着我的每一根神经;地下油水的每一个微小变化，也足以让我牵肠挂肚。我已经无法使自己停下来。病痛也好，烦恼也好，只要一接触到那些跳跃着油田生命的数据、资料和图表，我就感到其乐无穷;任何报酬，都不如给我时间。

90年代，大庆油田全面进入高含水后期，如果继续沿用世界上普遍采用的“提液稳油”的办法，年产液量将大幅度增加。投入资金加大了，经济效益自然大大降低。

从国民经济发展的全局战略出发，国家要求石油工业“稳定东部，发展西部”，总公司领导要求“东部要硬稳定”，大庆油田务必要为东部稳定“雪中送炭”。当时，我国东部绝大多数油田已处于高含水后期，西部尚在勘探。东部油田稳不住，全国石油产量就会有大的波动。差不多占全国陆上石油产量半壁江山的大庆油田，如何保持高产稳产，让国家有缓冲时间去勘探开发新的石油资源，这确实是一个重大的政治任务。

1991年年初，在油田开发技术座谈会上，来自全油田的科技工作者，在调查研究的基础上，各抒己见、献计献策。经过集思广益，局领导决定在全油田实施“稳油控水”战略。

“稳油控水”涉及以沉积相为重点的精细地质描述和可采储量预测等九大配套技术及上百个攻关项目，全油田几万名科技人员和广大职工都要投身到这一巨大的系统工程中来，是新时期的一场科技大会战。

经过群策群力和科学论证，为实施“稳油控水”工程，我提出了“三分一优”结构调整的具体做法和调整原则。这个方案，改变了油田开发各个阶段都要提液的传统做法，很快在全油田推广应用。它使大庆油田实现了三年含水上升率不超过1%，有效地控制了产液量剧增的局面。“八五”期间，累计多生产原油610多万吨，少产液24749万吨，累计增收节支150多亿元。这一凝聚着油田广大科技人员和职工心血的成果，向世人宣告，大庆又攀上了世界油田开发的新高峰！世界上同类油田高产稳产的最长时间是12年，而大庆到1996年年底，胜利地高产稳产了21年！大庆会战初期提出的“要在油田开发上当世界冠军”的目标实现了！

1996年，“稳油控水”系统工程荣获了国家科技进步特等奖。我光荣地出席了在北京举行的颁奖大会。最使我终生难忘的是，今年1月17日下午3点，在人民大会堂福建厅，江泽民总书记和李鹏总理亲切地接见了我。江总书记拉着我的手，关切地问：“你有脊椎炎，还有三个字是什么？”真没想到日理万机的总书记对我一个普通的科技工作者是这样关心。我忙说：“是类风湿。”总书记摇了摇头，亲切地说：“还有三个字。”我说：“是类风湿在腰上的反映，变成僵直性脊椎炎。”总书记点点头说：“是僵直性，要注意身体。”我感动得不知说什么才好，心里暗暗发誓，我一定要为大庆油田的持续高产稳产鞠躬尽瘁，竭尽全力！

各位领导、同志们：

我为党和人民做了一点应该做的事情，也可以说是尽了一个石油科技工作者应尽的责任，党和人民给了我很高的荣誉。我说，我的成长离不开党的关怀和培养，离不开大庆精神的哺育和熏陶，离不开领导和同志们的帮助和支持，每一项成果的取得都是油田几十万职工共同努力的结果，我个人的作用太有限了。我永远记着铁人王进喜讲过的一句话："功劳应该写在党和人民的账本上，我的小本本上，只能记差距。"

前不久，江泽民总书记在接见中国石油天然气总公司工作会议的代表时说："大庆职工和石油队伍是我国工人阶级的英雄队伍。"正是这个英雄的群体，培育了我。

还有我的妻子陈宝玲，她也是搞地质的，和我有着一样的理想和抱负。是她的付出，才使我有充分的精力，去攻克一个又一个难关。

前些年，报纸上宣传我以后，我不断接到全国各地的来信，有的寄来治病的偏方，有的寄来中草药，还有的从精神上鼓舞我战胜疾病。总公司和油田的领导、同志们一直对我十分关心，多次安排我去治病、疗养，从而使我的病情大为好转。

大庆油田二次创业比当年石油会战更艰巨，科技含量更高，作为大庆油田勘探开发科学研究院院长，作为大庆科技队伍中的一个老兵，我备感使命在身。成绩属于过去，前面任重道远。我今年59岁，但我觉得自己还年轻，和大庆油田一样充满着生机和活力。我要继续发扬大庆精神和铁人精神，不辜负党和人民的期望，为创造油田跨世纪的辉煌，贡献我的所有，我的全部力量！

（出自《亲切的关怀，永远的激励——党和国家领导人与大庆建设纪实》）

参考文献

[1]梁华，刘金文．中国石油通史［M］．北京：中国石化出版社，2003.

[2]焦力人．当代中国的石油工业［M］．北京：中国社会科学出版社，1988.

[3]刘宝和．中国石油勘探开发百科全书（综合卷）［M］．北京：石油工业出版社，2008.

[4]大庆油田有限责任公司．大庆油田五十年文史资料［M］．北京：石油工业出版社，2009.

[5]余秋里．余秋里回忆录［M］．北京：解放军出版社，1996.

[6]山东省地方史志编纂委员会．山东省志·石油工业志［M］．济南：山东人民出版社，1996.

[7]大庆简史编纂委员会．大庆简史［M］．北京：当代中国出版社，1994.

[8]胜利油田大事记编纂委员会．胜利油田大事记［M］．东营：石油大学出版社，2003.

[9]《百年石油》编写组．百年石油［M］．北京：当代中国出版社，2002.

[10]《当代中国石油工业》编辑委员会．当代中国石油工业［M］．北京：当代中国出版社，2008.

[11]龙南阳．延长油矿史［M］．北京：石油工业出版社，1993.

编著者感言

接到出版社撰写《石油精神读本》的特殊使命，开始执笔上阵，就是踏上艰难而又极其漫长的长征路。

无论夜与昼，都坐在始终是挂着窗帘的办公室中，暖红的灯光从来不知停歇地流泻着，整个上身伏在写字台上，发傻地写着、写着，恍然觉得独自跋涉在茫茫长征路上，皑皑雪峰，凶险四伏的草地，还有赤水河、腊子口、六盘山……越往前走，就越是感到步履艰难，只有幽深的孤寂笼罩着我。

《石油精神读本》的撰写“水深莫测、险象环生”，真想掉头就跑。但是，临阵脱逃不是勇士的抉择，简直可以称得上是无法逃避，每当停歇的念头似小鸟扇动翅膀时，我的眼前便会闪动着石油工人兄弟那亲切而无限期待的明亮目光，我不由得浑身一激灵，体内如同打了鸡血一样骤然勃起一股股激情，再也不敢懈怠，甚至不敢回头张望，继续敲击手中的键盘，又疾步走在《石油精神读本》撰写的长征路上。

如今在大踏步地从胜利走向胜利，在本书即将付梓之际，有很多的感言涌上心头。

感谢《石油精神读本》项目部9位同仁、专家的协同奋战，其中目录、第一章“石油精神总论”、后记均由中国工业史审稿专家、中国石化高级专家周洪成撰写，并且承担全书的统稿、审稿、修改等职责。

第二章“革命年代的石油精神”由著名专家、国家二级作家、《石油工业史》主创者之一耿庆昌撰写。

第三章“新中国建设初期的石油精神”由《中国油气田开发志》创作者之一、《石油工业史》主创者之一曲晓论撰写。

第四章“改革开放时期的石油精神”由中国石油大学资深博士、《石油工业史》主创者之一刘茂诚撰写。

第五章“新时代的石油精神”由中国石油报社资深媒体人士、《石油工业史》主创者之一杨荣才撰写。

第六章“石油精神的主要元素”由中国石化胜利油田年轻富有创新精神的信息技术、定额造价专家宋涛撰写。

第七章“石油精神的经典故事”由工人日报社经济新闻部媒体专家周怿、教育系统青年专家赵婉琪撰写。

全书图片均由《石油工业史》主创者之一毛怀军承担征集，同时承担部分内容的文字撰写工作。

感谢中国能源化学地质工会全国委员会主席张波在繁忙工作之余拨冗为本书撰写序言，编著者当铭记在心。

感谢中国石化、中国石油、中国海洋石油、延长石油有关部门领导、专家把关审稿，提出许多宝贵意见，给予充分肯定，没有他们顾全大局作出高度评价，也许这部作品还在其“母腹”中苦熬时日。

为本书编著工作提供文字、图片资料的大庆油田王昆、姜锋，延长石油肖向东、白栋，胜利油田刘宗辉、朱克民，渤海油田郭太现、张喆等各位领导同志，在此一并致谢。

感谢中国石化出版社领导、编辑对《石油精神读本》一书作出的辛勤努力。

明天是党的十九届四中全会胜利开幕，谨以此书献给成功召开的四中全会，献给全国石油工业战线的百万石油英豪。

编著者

2019年10月27日于北京